우리 동네 상담사가 전하는

정서중심
실천 육아

우리 동네 상담사가 전하는

정서중심
실천 육아

배선미 지음

그 작은 사람 덕분에 알아가는
진짜 사랑, 그리고 성장

좋은땅

글쓴이를 아는 것, 곧 글쓴이에 대해 아는 것은 글을 통하여 무엇을 말하고자 하는 것인지를 확실히 이해하는 데 도움이 됩니다. 그래서 글쓴이에 대한 이야기를 잠간 꺼내 봅니다. 그러면 혹여라도 글쓴이가 전달하고자 하는 내용을 적확한 단어나 용어로 표현하지 못하였더라도 글의 의미를 이해하는 데 도움이 될지도 모릅니다.

지면을 통해 인쇄된 단어들은 중요한 것을 전달하는 데 최선의 방법이 아닐 수도 있습니다. 그렇다면, 양육자와 보호자 그리고 아동에 대한 이야기를 하는 것보다 더 중요한 것은 무엇일까요? 글을 통하여 글쓴이가 경험한 양육자와 보호자 그리고 아동에 대한 신념, 정서, 희망, 그들의 일상생활 속에서 이루어지는 모든 것들이 중요하다는 것을 전하고자 할 때, 이 방법이 적절한 것인가 하는 생각도 하였습니다. 그럼에도 불구하고 아이들을 만나고 양육자와 보호자를 만나면서 그들과 함께하는 시간들을 통하여 글쓴이 또한 성장하고 있음을 감사하게 생각합니다.

글쓴이는 결혼을 한 지 6년 만에 임신을 하였고, 출산 후 나홀로 육아를 하였습니다. 주변에 친인척이 없어 매일을 고군분투하며 어떻게 또 하루를 잘 보낼 수 있을까를 염려하는 불안한 나날들이었습니다. 초보 양육자로서 아이가 백일이 되도록 혼자서 목욕시키는 것도 두려워 늦은 밤 배우자가 올 때까지 기다렸다가 아기 목욕 보조역할을 하였습니다. 임신 전까지 직장을 다녔었고, 어렵게 임신한 아이를 안전하게 지켜야 했기에 직장을 그만두고 모든 것을 아이를 낳고 키우는 데 몰입하였습니다. 세상에 처음 나온 아이는 만지면 부서질 것 같았고, 내가 안으면 떨어뜨릴 것만 같아 스스로가 불안한 엄마였습니다. 그런 엄마와 달리 아빠인 배우자는 익숙하고 안전하게 아이를 잘 다루었습니다. 마치 엄마와 아빠가 바뀐 듯하였습니다. 아이가 네 살(만 2세)이 될 때까지 오로지 육아와 가사에만 집중하였습니다. 나의 목표는 36개월까지는 아이와 함께하며 안정적인 애착을 형성하는 것이었습니다. 아이를 키우면서 눈에 띄는 글자는 무엇이든 읽어 주었고, 일상에서의 놀이를 함께하면서 함께 자랐습니다. 아이와 함께하는 놀이에 대한 정보가 많지 않았던 24, 5년 전에 아이와 무엇을 할까는 늘 고민거리였습니다. 놀잇감으로 노는 것에는 한계가 있었고, 블록놀이나 종이에 끄적이고 책 보기 등이 전부였습니다. 주방에서 식사 준비를 할 때는 주방기구 중에서 안전한 그릇들을 제공하여 엄마의 발아래에서 놀도록 하면서 중간중간 관심을 주고 이야기를 건네는 것으로 '너와 함께한다'는 것을 전하였습니다. 아이가 걷기 시작하자 무작정 밖으로 나섰고, 공원 한쪽에서 공을 쫓아다니며 놀았습니다. 7남매의 막내로 태어난 나는 어렸을 때도 유난히 예민하고 가리는 것이 많았고, 친구라고 해 봐야 한 손에 꼽을 정도였습니다. 먹는 것도 조금씩 먹어 형제들보다 체구도 작고, 타인과 낯선 환경이나 상황에 적응하려면 남들보다 더 많은 탐색의 시간이 필요했습니다. 아이를 키우면서 아이에게 대하는 태도와 나의 기질, 아이의 기질 등을 더 살피게 되었고, 나와 내 아이 그리고 배우자의 기질과 성장 환경에서의 차이에 대해 생각하면서 나처럼 너무 조심스럽고 겁이 많은 사람으로는 키우지 말아야겠다는 생각을 하였습니다. 나보다는 나은 사람으로, 나보다는 진화된 인간으로 성장할 수 있도록 돕는 역할을 해야겠다는 생각을 하였습니다. 그러다 보니, 좋아하지 않는 운동(배드민턴, 축구, 발야구, 실내농구 등)을 놀이처럼 아이와 함께 배우며 즐거움을 알아 가기 시작하였습니다. 아이가 25개월이 되었을 때, 더 이상 엄마와 집에서 지내는 것이 심심했었나 봅니다. 어느 날 아침 산책길에 동네 어린이집의 노란색 차량에 아이들이 타는 것을 보며 "나도 저기 가고 싶어." 라고 하였습니다. 그 말이 처음에는 '내 아들이 나랑 지내는 게 재미없나 보다'라는 생각이 들어, 조금은 서운하였습니다. 나의 목표인 36개월이 되려면 아직 더 있어야 했기 때문입니다. 워낙 말수가 적었던 내가 아이를 키우면서 아이와 상호작용을 위해 가능한 많은 말을 건네는 연습을 하다 보니, 무엇이든 아이에게 설명하고 안내해 준 영향으로 아이는 또래 남아에 비해 언어발달이 훨씬 빨랐고, 어린이집이나 유치원에서 교사들은 대화와 타협이 가능한 아이라는 평을 하였습니다. '아이가 무얼 알겠는가?' 하는 말들을 합니다. 엄마의 눈에는 마냥 어린 네 살의 아이가 어린이집에 가고 싶다는 말을 하였을 때, 심심하다는 표현과 함께 또래관계에 대한 욕구와 양육자와의 분리욕구가 작동했을 것입니다. 아이와 함께 동네 가정어린이집 입소상담을 하였고, 비교적 어렵지 않게 적응을 하였습니다. 아이를 보내 놓은 첫 일주일은 혼자 남겨진 집에서 너무 슬펐고, 마치 아이에게서 내가 유기된 듯한 마음이 들기도 하였습니다. 아이는 적응을 잘하는데 엄마인 제가 분리불안을 겪었던 것입니다. 아이가 어린이집에 다녀와서 재회하게 되면 아주 많이 환영해 주었고 행복한 모습으로 아이와 만났습니다. 다음 날 어린이집으로 향하는 아이와는 서로 잘 지내자는 파이팅을 전하며 깊은 포옹을 하였습니다. 아이가 사회적 생활을 하는 덕분에 또래 어머니들과 커뮤니티가 자연스레 생겼지만, 특별히 가깝게 지낸 어머니는 없었습니다. 아이가 어린이집에 즐겁게 다니기 시작하면서 혼자서 집에 있기 무료하고 아이만 바라보며 기다리고 있는 시간들이 아깝게 느껴지고 아이에게 미안한 마음이 들었습니다. 이에 아이를 잘 키우기 위한 공부를 해야겠다는 새로운 목표를 세웠고, 그 목표를 위해 다시 학업을 시작하였습니다. 아이에게는 늘 잘 지내줘서 고맙고, 엄마가 공부하고 일을 할 수 있도록 도와줘서 고맙다고 전하였습니다. 아이의 등원과 하원은 언제나 유치원 선생님과 함께 문을 열고 닫을 정도였기 때문에 유치원을 졸업하는 날까지 대부분의 날들을 엄마인 저는 눈물을 머금고 다닐 정도였습니다. 그 과정을 함께해 주는 배우자와 긴급한 상황에서 꼭 필요한 때 도움을 요청할 수 있는 후배가 있었기에 그 힘든 터널을 지나올 수 있었습니다. 아이가 고3일 때도 일과 병행하며 박사논문을 썼습니다. 아이의 수능공부는 아이가 하는 것이고 저는 그저 아이에게 정서적인 지지자가 되는 것으로 제 역할에 대한 소임을 다하였습니다.

저 스스로도 나홀로 육아를 하면서 마음속에 힘들었던 부분들이 있었고, 아이를 키우는 과정들에 수많은 인내와 배움, 기다림의 시간이 필요하다는 것을 알게 되었습니다. 이에 저의 실제적인 경험에 더하여 전문적인 상담을 진행해 왔던 지난 10여 년 동안의 양육자나 보호자들이 각 단계별 공통적으로 겪는 사례들만을 발췌하여 책을 발간하게 되었습니다. 아주 작은 도움이 되길 바랍니다.

* 본서에서 사용된 나홀로 육아(Parenting alone)라는 용어는 2018년 저자의 박사논문에서 정의한 용어입니다. 나홀로 육아는 남편 또는 아내의 도움 없이 혼자서 육아를 도맡아 하는 것을 말하는 신조어(네이버 국어사전, 2017)로 소위 '독박육아'라고 말합니다. '독박'이라는 용어가 억울함과 피해의식을 담고 있는 부정적인 뜻인 만큼 이를 '육아'라는 신성하고 고귀한 단어에 붙여서 사용하는 것은 오히려 육아의 고충을 더하는 사고체계를 만드는 것이라 여겨집니다. 무언가를 칭하는 용어가 현상을 전하면서도 조금 더 순화된 표현이라면 시작부터 피해의식을 느끼지는 않을 것입니다. 나홀로 육아는 현재 부부중심 핵가족으로 친가 또는 시가의 부모님이나 친척, 기관에 자녀를 맡기지 않고 전업모로서 홀로 육아를 담당하며 고군분투하고 있음을 표현하는 용어임을 밝힙니다.

25~36개월

37~48개월

49~60개월

61개월 이후~만 7세까지

실천하기 위한 몇 가지의 전제

인간의 생애에 가장 중요한 것은 '관계로 시작되어 관계로 맺음 한다.' 하여도 과언이 아닙니다. 그렇다면 우리 인간은 어떤 관계를 맺고 살아가야 온전한 삶을 영위할 수 있을까요? 온전하다는 것은 완전하다는 것과는 다르게 안전하고 안정적인 자연스러움을 내포하고 있습니다.

'안정적인 관계'의 시작은 부모-자녀 간의 안정적인 애착 형성을 기반으로 합니다. 인생 초기 모든 인간은 부모를 통하여 관계를 학습하고 연습하게 되며 자신의 관계 양상을 형성하게 됩니다. 부모, 특히 주 양육자와의 안정적인 애착 형성이 이루어진다면 생애 초기 이후로도 자신과의 관계, 환경과의 관계, 타인과의 관계 등에 큰 어려움을 겪을 가능성은 현저히 줄어들게 됩니다. 물론, 삶을 살아가며 인간은 각자가 지닌 많은 것들로 인하여 각기 다른 어려움들을 경험하게 됩니다. 자신의 생득적인 특성, 후천적인 환경, 주변인들의 영향과 인생의 전환기에 따른 어려움 등으로 예측할 수 없는 수많은 일들을 경험하게 됩니다. 어려운 상황을 겪을 때 어떤 사람들은 어렵더라도 해내는 사람이 있는가 하면, 조금만 힘들고 어려운 상황이 되면 회피하거나 미리 포기해 버리는 사람도 있습니다. 이런 차이는 어느 한 요인만으로 단정 지을 수 없으며, 한 사람의 성장과정을 살펴봄으로써 이해될 수 있습니다.

대부분의 주 양육자 역할을 하는 여성들이 삶에서 많은 어려움을 겪는 과정 중에서도 특히 힘든 순간을 꼽으라 하면 공통적으로 결혼과 임신, 출산 그리고 육아를 꼽습니다. 지금까지 살아온 자신을 둘러싼 관계가 더욱 확장되는 과정에 첫발을 내딛기 시작하면서부터 인생관과 가치관에 혼란을 겪기도 합니다. 모든 인간관계에서의 처음은 서로 좋은 관계로부터 시작됩니다. 관계에서 허니문 시기(서로에게 호감을 갖는 시기)가 지나게 되면 비로소 현실의 생활에 접어들게 됩니다. 이때부터 '문제'라는 것에 맞닥뜨리게 됩니다. '그냥 조금만 참고 살면 되지', '내가 참으면 별일 없을 거야' 등과 같은 마음으로 참기도 합니다. 그렇지만 어느 한쪽이 참으면서 유지되는 관계는 결코 건강할 수 없는 관계가 되기 십상입니다. 그래서 '참는 데도 한계가 있다'라는 말이 있습니다. 참는 데는 반드시 한계가 찾아옵니다. 꾸준히 마음먹게 되는 어떤 다짐과 같은 생각과 말은 언젠가 행동으로 옮기게 되어 있습니다. 그렇기 때문에 '애 학교 마칠 때까지만 참자', '애들 결혼할 때까지만 참자' 등과 같은 다짐을 하는 것은 이후 황혼 이혼 또는 졸혼(卒婚)이나 별거 등으로 연결됩니다. 이런 예견된 다짐을 하면서 참지 말고 압력솥의 김(압력)을 조금씩 빼내듯이, 풍선의 바람을 조금씩 빼내듯이 그때그때마다 표현하며 살아야 폭발하지 않습니다. 표현하고 소통하며 살려면 먼저 자신을 이해하는 것으로부터 시작되어야 합니다.

자신이 현재 불편하고 불만족스러운 점이 무엇인지, 상대에게 무엇을 요청해야 할지, 무엇을 구체적으로 할 수 있고 할 수 없는지 등을 알아야 합니다. 우리가 어떤 일을 맞닥뜨리는 데에는 자신과 타인, 상황에 따라 같은 사안이라도 달리 받아들일 수 있게 됩니다. 세 가지 중 하나라도 긍정의 요소가 있다면 다른 결론으로 이어질 수 있습니다. 예를 들어, 길을 걷다가 돌부리에 걸려 넘어질 뻔한 경우에 현재 자신의 기분이 좋은 상태라면 '내가 잘 보질 못하였구나' 할 수 있습니다. 그 반대의 경우엔, '에잇, 누가 이걸 여기다가 놔둔 거야' 내지는 '이런 걸 안 치우고 사람들은 도대체 뭘 하는 거지?'라고 상황과 타인을 탓할 수도 있습니다. 이런 경우에 자신의 기분 상태가 좋을 때에는 이 돌부리를 아이들이나 타인이 다칠 것을 염려하여 다른 곳으로 옮겨 놓을 수도 있습니다. 아주 작은 사안이라도 우리는 자신과 타인, 상황에 따라 결과가 달라질 수 있음을 먼저 인식하는 것이 중요합니다. 여기에서 더 중요한 것은 타인과 상황을 변화시키는 데는 훨씬 더 많은 시간과 노력이 필요할 수 있고 어쩌면 영원히 변화시킨다는 것은 불가능한 일일 수도 있습니다. 그렇지만, 자신의 사고나 관점에 변화를 주는 것은 자신의 의지에 달려 있기에 더 용이할 수 있습니다. 이러한 이유로 자신을 객관적으로 이해하는 것이 중요합니다. 특히, 결혼생활을 하고 아이를 양육하는 과정에서 매우 중요한 요소 중 하나가 자신의 성장과정을 통해 경험한 모든 것들이 총체적으로 적용되는 경험들을 하게 되기 때문에 우리 각자 자신을 이해하고, 상대를 이해하는 과정이 반드시 필요합니다. 이러한 이해의 과정이 선행된다면 우리의 생활이 훨씬 덜 갈등적이고 더 우호적일 수 있으며 '소통'이라는 것을 하며 살아갈 수 있습니다.

현장에서 만나는 아이를 키우는 부모님들의 공통적인 질문 중 하나가, '이런 건 어디에서 물어봐야 돼요?'입니다. 저자가 모든 것을 다 알 수는 없지만 함께하는 페이스메이커 역할만으로도 초보 부모님들에게는 힘이 됨을 알 수 있는 말, '어떤 것이라도 말씀해 보세요. 함께 고민해 보게요.'입니다.

우리 동네 상담사가 전하는 정서중심 실천 육아

아이를 임신하고 출산하고 양육한다는 것은 지금까지 경험해 보지 못한 새로운 일 중에서도 가장 어렵고 힘든 일입니다. 불과 30여 년 전까지만 해도 아이를 낳으면 원가족 또는 이웃 친지들과 함께 키울 수 있었고, 사소한 것이라도 모르면 직접적으로 물어보고 확인할 수 있는 환경이었습니다. 2000년대로 접어들며 더욱 스마트한 세상이 펼쳐지고 인간관계 또한 외현적으로는 심플함을 추구하게 되었으며, 가족 구성원들 간의 동거 형태에서도 변화가 더욱 뚜렷하게 되었습니다. 핵가족화 또는 소가족화로 변화되며 각자의 삶을 더욱 중시하게 되면서부터 각자도생(各自圖生)으로 칸막이를 치기 시작하였습니다. 워낙 시대적 흐름이 빠르게 변화하고 있고 변화하는 흐름과 속도에 적응하는 것조차 버거워지는 각 개인들의 삶에 언제까지고 다 자란 성인 자녀들의 뒷바라지까지 하기에는 이미 우리 사회도 고령화로 인한 고단함을 겪고 있는 것은 의심할 여지가 없게 되었습니다. 내 문제는 내가 알아서 풀어야 하고 모르면 인터넷을 찾아보거나 여기저기 정보를 찾아 나서야만 이 복잡한 세상에서 내 아이 키우기를 할 수 있게 되었습니다. 내 아이를 키우면서 부딪치는 한계가 많아질수록 정작 자신을 돌보는 것에는 관심조차 쓸 수 없게 된 것이 현실이 되었습니다. 사람마다 내적·외적 자원의 양과 질이 다른 것은 어쩔 수 없다 하더라도, 최소한의 지지체계라도 작동이 된다면 각자도생의 현실에서 아이를 키우면서 느끼는 자신의 한계, 관계로 인한 좌절감과 우울감 등으로 조금은 덜 힘들지 않을까요.

나 자신이 가진 것이 조금 부족하고 미비하여 삶이 버겁고 힘들더라도 주변에 한 사람이라도 자신의 이야기를 들어 준다면 힘든 고비를 지나갈 수 있지 않을까. 비록 직접적인 큰 도움은 되지 않더라도 내가 겪는 현실의 어려움이 '나만의 문제는 아니었구나', '내가 비정상이 아니라 상황이 그래서 그렇구나'라는 마음만으로도 위안이 되기를 바라는 마음에 사례별로 정리해 보고자 합니다.

＼ 자신을 들여다보는 연습

먼저, 전제로 해야 되는 부분은 자신을 들여다보는 연습입니다. 자신이 무엇 때문에 힘든지, 어떤 상황에서 마음이 힘들고 사고체계가 멈춰 서게 되는지…… 예를 들어, 자신의 어린 시절 경험했던 부모님의 갈등상황에서 불안감에 떨었던 자신이 현재도 내면에 자리하고 있는지 또는 어떤 도전에 선뜻 다가서기 힘들어하는 기질적인 특성이 있는지 등을 살펴보아야 합니다. 또는 누군가와 긴밀하고 깊은 관계를 맺기 힘들었던 기억은 무엇인지. 이를 살펴보는 것은 매우 중요한 일입니다. 왜냐하면, 자신의 미해결된 핵심적인 어려움이 무엇인지를 아는 것만으로도 앞으로의 자신의 인생 전반에 변화를 이끌 수 있는 시작점이 될 수 있기 때문입니다. 대부분의 사람들은 자신의 미해결된 과제와 유사한 상황에서 반복적인 어려움을 겪습니다. 관계에 어려움이 있는 사람은 관계가 지속되고 친밀해질수록 버거워하기도 합니다. 더 친밀하고 깊어지는 관계가 두려워 관계를 정리하려고 합니다. 이러한 경우 어린 시기에 예측하지 못하였던 이별과 불안정 애착이 평생 내면에 자리하고 있는 영향일 수 있습니다. 이별이 두려워 관계를 시작조차 하지 못하거나, 더 깊은 관계로의 발전이 어려울 수 있습니다.

＼ 완벽하려고 하니 힘든 것입니다.

아이를 키우면서 수많은 힘든 일들을 겪지만, 그래도 아이가 있기에 견딜 수 있는 것들이 얼마나 많은가요. 부모가 양육자로서 모든 걸 완벽하게 해내려고 하니 힘든 것입니다. 부모도 인간이기에 힘들고, 매일매일 난생처음으로 내 아이의 오늘을 함께하는 것이니 실수할 수도 있습니다. 지나고 나면 또 후회라는 것을 남길 수도 있습니다. 그렇지만, 자신을 너무 완벽한 부모로 만들기 위해 스스로를 괴롭히지 않았으면 좋겠습니다. 이 세상에 가장 존귀한 일 중의 하나가 사람을 만드는 일이고, 아이를 키우는 일입니다. 아이를 낳아 키우는 이 세상의 모든 부모는 세상 누구보다 빛나는 일을 하는 소중한 존재임에 틀림없습니다. 그러니 자기 자신부터 스스로를 보호하고 아껴 줘야 합니다. 또한, 부모도 사람인지라 화도 나고 짜증 나고 힘들 수 있습니다. 그것을 감추려 하지 않아도 됩니다. 화나는 상황에서 화를 내는 것은 당연한 일입니다. 문제는 화를 내는 것이 나의 문제인지, 상황으로 인한 것인지는 명확히 살펴볼 필요가 있습니다. 만일, 나의 감정으로 인한 문제로 내가 이 세상에서 가장 사랑하지만 가장 나약한 존재인 아이에게 감정을 쏟아 내고 있는 것은 아닌지를 살펴볼 필요가 있습니다. 상황으로 인한 것이라면, 어쩔 수 없는 상황으로 인한 것이라면, 그 누구라도 어쩔 수 없을 것입니다. 이미 우리 모두는 그 순간에 최선을 다하고 있을 가능성이 매우 높습니다. 어쩔 수 없는 상황으로 좌절하고 힘들어 포기하고 싶을 때도 있겠지만, 다시 일어서는 것도 스스로가 할 수 있는 최선의 선택 중 하나입니다. 넘어졌던 곳에서 다시 일어나 다시 시작하면 되는 것입니다.

＼ 더디 가도 괜찮습니다.

최근에는 여러 요인으로 인하여 아이와 함께 지낼 수 있는 시간들이 과거에 비하여 상대적으로 부족한 게 사실입니다. 더 많은 시간을 아이와 함께할 수 없는 자신을 너무 원망하거나 자책하지 않았으면 좋겠습니다. 다른 아이들에 비하여 더 좋은 환경을 제공해 주지 못하는 스스로를 무능하다고 비하하지 않았으면 좋겠습니다. 지금 내 아이에게 부모라는 울타리가 되어 주는 자신, 아이를 이 세상 누구보다 사랑하는 마음이 있다면 그것으로도 이미 충분한 부모환경의 밑바탕은 되어 있는 것입니다. 이 세상 온 우주를 통틀어 보아도 부모인 나보다 내 아이를 사랑하고 아끼는 마음을 가진 이는 아무도 없습니다. 그러므로 사랑하는 그 마음을 온전히 그리고 올바른 방법으로 표현하고 대처할 수 있는 방법들을 함께 고민해 보고, 자신과 아이에게 맞는 방법들을 찾아서 실행해 보기를 권하고 싶습니다. 양육자가 되면 조급한 마음이 들 수 있습니다. 더 잘 키우고 싶고, 더 행복하게 해 주고 싶기 때문입니다. 이러한 조급한 마음이 양육자의 언어로, 표정으로, 행동으로 아이에게 그대로 전달이 됩니다. 아이들은 양육자의 마음을 기가 막히게도 잘 알아차리는 마법과 같은 능력이 있습니다. 아이를 돌보는 모든 순간에 조금 더 마음의 여유를 찾을 수 있다면, 더디 가더라도 제대로 갈 수 있습니다.

＼ 내 아이의 기질 특성 알기

부모가 자기 자신을 이해하는 과정을 가졌다면, 그다음으로 중요한 것은 내 아이의 기질과 발달적 특성입니다.

[기질의 세 가지 유형(그 외 35%의 아동은 혼합된 기질 가능)]

순한 기질 (easy child)	까다로운 기질 (difficult child)	느린 기질 (slow-to-warm-up child)
음식 섭취와 수면의 규칙성을 빨리 발달시킴	신체기능이 불규칙, 음식 섭취와 수면, 일과의 규칙성이 늦게 발달	까다로운 아동보다는 규칙적이고, 순한 아동보다는 불규칙함
새로운 자극에 긍정적으로 반응하며, 변화에 적응이 빠름	새로운 음식, 낯선 사람, 일상생활의 변화에 쉽게 적응 어려움	반응강도가 약하고, 새로운 자극에 잘 반응하지 못하며, 다소 부정적인 반응을 보임
평온하고 긍정적인 기분, 미소를 많이 짓고, 좌절에 대해 거의 저항 없이 받아들이며 쉽게 안정됨	다른 아이들에 비해 더 오래, 더 크게 움	양육자가 강압적이지 않으면, 적절한 적응성, 관심과 즐거움을 나타냄
양육자에게 기쁨과 즐거움을 줌	양육자의 인내와 체력 및 자원을 더 많이 필요로 함	양육자의 인내가 필요함
40%가 이 유형에 속함	10%가 이 유형에 속함	15%가 이 유형에 속함

보통, 기질이라고 하면 대표적으로 세 가지를 들 수 있습니다.

까다로운 기질과 순한 기질 그리고 느린 기질이 있습니다. 기질은 선천적인 영향이 매우 크고, 비교적 안정적이고 지속적인 특징이 있습니다.

여기에서 안정성이라고 하는 개념은 평생 동안 기질이 급변하는 경우는 드물다는 뜻입니다. 인간의 기질은 변화되기 어렵지만, 환경과의 적응 정도에 따라 까다로운 기질도 순한 기질처럼 살아갈 수 있게 됩니다. 아동이 환경에 보다 적응적이기 위해서는 심리적으로 안정적인 양육자와의 상호작용이 선행되어야 하며, 환경과의 상호작용에서도 너무 서두르지 않도록 하여 아이가 스스로 안정감을 느낄 수 있도록 시간이 주어져야 합니다. 조금 더 탐색할 시간이 주어져야 하고 아이가 가장 신뢰하는 양육자가 안정적이고 평정심을 유지할 수 있는 모습을 참조할 수 있어야 합니다. 아이들은 양육자의 안정적인 모습을 통하여 타인도 새로운 환경도 기본적인 신뢰감을 바탕으로 접하게 되고, 탐색해 보고자 하는 욕구가 자연적으로 발생하게 됩니다.

까다로운 기질의 아이는 부모 또는 성인들이 돌보기가 더 힘들다는 보고들이 있습니다. 같은 상황에 놓여 있더라도 까다로운 기질의 아이는 조금 더 예민하고 환경에 적응하는 데 시간이 걸립니다. 반면, 순한 기질의 아이는 어느 상황 또는 누구와 함께 있더라도 금세 적응하여 돌보는 성인들을 보다 편안하게 합니다.

여기에서 중요한 것은 아이의 기질을 제대로 파악하고 있는 것이 양육자나 아이 모두에게 긍정적인 양육환경을 제공할 수 있다는 것입니다. 내 아이가 까다로운지, 아니면 양육자인 자신의 상황이 여의치 않은 것인지를 파악해 볼 필요가 있습니다. 까다로운 기질의 아이는 어떤 상황, 어떤 환경에서든 까다로운 기질의 특성을 보이게 됩니다. 이를 적응적으로 돕기 위해서는 양육자의 민감함이 매우 중요합니다. 아이의 정서 상태를 언어로써 표현해 주고, 있는 그대로를 수용해 주는 것만으로도 안전감을 가질 수 있습니다. 까다로운 기질의 아이가 표현하는 언어적이거나 비언어적인 표현을 잘 감지하여 무엇이 불편한지를 살펴보고, 정제된 언어로 표현해 주는 것이 좋습니다. 언어발달이 이루어지지 않은 어린아이일수록 더 민감하게 상황의 전후를 살펴볼 필요가 있습니다. 언어발달이 충분히 이루어진 아이일 경우에는 자신의 현 상태가 무엇 때문에 불편한지를 스스로 이야기하도록 하고 어떻게 도와주면 좋을지를 구체적으로 탐색하여 함께 생각해 보는 것도 좋습니다.

　순한 기질의 아이는 환경에 비교적 쉽게 적응하고 타인과도 어려움 없이 친해질 수 있습니다. 그러나 순한 기질의 아이 또한 양육자의 민감성이 필요한 건 마찬가지입니다. 보통, 순한 기질의 아이들은 자기표현에 어려움이 있습니다. '무던하다'고 하는 것이 꼭 좋은 것만은 아니라는 것입니다. 어린이집이나 유치원 등의 기관에 입소하게 되면서부터 순한 기질의 아이들이 손해를 많이 본다는 부모님들의 공통된 보고들이 있습니다. 무엇이든 배려하고 양보하고 자신의 주장을 펼치지 못하니, 항상 손해 보는 것 같고 선생님의 관심을 받기 어렵다는 것들을 볼 때, 순한 기질의 아이에게는 자신의 생각이나 의견을 적극적으로 표현할 수 있도록 가정 내에서 세심히 살펴 주는 것이 중요합니다.

　아이가 스스로 배려하고 양보하는 것을 편안해한다면, 특별히 문제로 여기지 않아도 됩니다. 이러한 행동을 통하여 자신이 얻는 2차적 이익이 있기 때문에 이러한 행동을 하는 자신을 자랑스러워하며 스스로 멋진 사람이라고 생각하기 때문입니다. 타인으로부터 칭찬을 받거나 고맙다는 인사를 받는 것에 대해 기쁨을 얻기도 하고, 이러한 행동의 근간에는 타인과 더 잘 지내고 싶은 본능이 있기도 합니다. 그렇기 때문에 배려하고 양보하고 참는 것에 따로 불편해하지 않는다면 그것이 아이에게는 편안한 상태일 수도 있습니다.

느린 기질의 아이는 무엇을 하든 동일 연령에 비하여 더 많은 시간이 필요합니다. 이 기질의 아이들은 자신의 속도가 따로 있습니다. 급할 것이 없고 느긋한 특성이 있습니다. 양적인 성장과 발달에서도 느릴 수 있으며, 행동양식이나 환경에 대한 적응적인 면에서도 느릴 수 있습니다. 느린 기질의 아이를 조급한 성인의 입장에서 판단하여 자꾸 다그치고 재촉하면 아이 입장에서는 더욱 위축되고 환경 적응에 어려움을 겪을 수 있습니다. 상호작용 시 반응이 늦고, 감각적으로도 둔감해 보일 수 있습니다. 성인의 입장에서는 답답함을 느낄 수 있지만 이 기질의 아이 입장에서는 자신의 속도감으로 성장하고 있을 가능성이 높습니다. 아이가 자신에게 문제가 있는 것이 아닌 있는 그대로의 특성이라는 것을 알 수 있도록 존재 자체에 대한 인정과 수용이 우선적으로 이뤄져야 합니다. 아이가 조금 늦게 반응하고 천천히 행동할 때에는 지지적인 표현과 칭찬을 동반하여 스스로 잘 성장하고 있음을 알도록 하는 것이 중요합니다. 늦더라도 끝까지 성취하는 경험이 많을수록 이후의 행동선택에 긍정적인 영향이 있다는 것을 양육자와 성인들은 기억해야 합니다.

어린 시기의 아이일수록 성인들은 사각지대 없이 아이들을 살펴야 합니다. 아이들이 머무는 어느 곳이라도 양육자나 보호자들의 눈이 머물러 모니터링함으로써 아이들이 무엇을 하고 있는지, 무엇을 느끼는지, 무엇을 필요로 하는지 등에 대해 파악하고 있어야 합니다. 이것은 가정과 기관 그리고 아이들이 머무는 그 어느 곳이든 때와 장소, 대상에 제한이 없습니다. 그래야 아이들을 늦지 않게 도울 수 있고, 적절히 개입할 수 있습니다.

\ 최선의 양육태도란 무엇인가?

최근에 많은 부모님들은 자신의 양육태도가 올바른가에 대한 확인을 받고 싶은 욕구가 높은 게 현실입니다. 그래서 간편형으로 제공되는 양육태도 검사 등을 통하여 스스로 점검하고 취약한 부분을 보완하고자 노력들도 많이 합니다. 그렇지만 자신의 양육태도에 변화를 가져오기란 그리 쉽지가 않습니다. 그 이유는 다양하겠지만 자신의 원가족으로부터 전수받았던 양육행동의 경험과 배우자와의 양육태도 차이에서 오는 것이 상당합니다. 물론, 부모 모두가 양육태도 점검을 통하여 내 아이를 위한 최선의 양육환경을 고민하는 부모님들의 경우엔 긍정적인 변화를 통하여 보다 안정적인 양육환경을 제공하기도 합니다.

부모 입장에서 양육태도에 변화를 가져오려고 하여도 쉽지 않은 것은 이전의 익숙했던 방식으로 자꾸 회귀되는 현상 때문입니다. 이는 우리가 평생 해 보지 못한 부모로서의 경험과 매일 성장하며 변화하는 아이를 대상으로 주어지는 새로운 도전 과제들로 인하여 익숙해지기까지 여러 난관들과 방해요소들이 따르기 때문입니다. 양육태도의 변화를 전반적으로 바꾸기란 쉽지 않습니다. 아주 작은 것부터 구체적으로 하나씩 변화하는 것으로 시작할 수 있습니다. 예를 들어, 아이에게 매일 긍정적인 메시지 10개씩 전하기 등으로 시작해 보는 것은 그리 어려운 일이 아닙니다.

아이가 엄마를 보고 웃어 줬을 때, 간단한 심부름을 하였을 때 등등. '그렇게 웃으니까 기분이 좋구나', '심부름을 해 줘서 엄마를 도와주니 많은 힘이 되는구나'와 같은 긍정적인 메시지를 전하는 것부터 시작하여 익숙해지는 때까지 하고, 그다음의 것을 시작하는 것입니다. 이렇게 1~2주일마다 하나씩 추가하며 변화해 가다 보면 자신도 모르게 습관이 되어 자연스럽게 체화가 되면서 자신의 양육태도가 됩니다. 변화하고자 하는 양육태도가 있다면 성실함과 집요함으로 권태를 참아 내면서 기초를 확립하는 시간을 견디어야 합니다. 그렇게 작은 결들이 모여 하나의 나이테가 되듯이 자신의 양육태도로 자리 잡게 됩니다.

때로는 부부간의 양육태도가 다른 것으로 인하여 부부갈등을 일으키기도 합니다. 이때, 중요한 것은 누가 잘하느냐 익숙하냐가 아닌 내 아이를 위해서는 어떤 양육태도가 적합한 것인지를 고민해야 합니다. 양육의 주체는 양육자이지만 그 영향을 오롯이 받는 대상은 내 아이라는 것을 명심해야 합니다.

아이는 세상에서 내가 가장 사랑하지만 가장 나약한 존재입니다. 나를 이 세상에서 가장 신뢰하고 나를 통해서 세상의 이치를 깨우치게 되며, 나를 영웅이라 여기는 존재입니다. 그 존재를 통하여 우리는 진정한 사랑이라는 것이 무엇인지를 배우게 되고, 나보다 더 소중한 존재가 이 세상에 있다는 것을 그 작은 사람을 통하여 알게 됩니다. 미국 USC 대학 심리학과 데이비드 닐 교수는 마음이론의 하나인 '체화 인지(體化 認知)'에 대해 설명하였습니다. 체화 인지란 몸으로 경험한 것을 통해 무언가를 이해한다는 것입니다. 우리가 상대방의 감정을 이해하는 순서는 첫째, 상대방의 얼굴 표정을 무의식적으로 따라 하고, 둘째, 내 얼굴 근육이 신경을 자극해 뇌에 신호를 전달합니다. 셋째, 뇌에서 상대방의 감정을 이해합니다. 아이도 성인도 상대방과의 긍정적인 경험을 통하여 내적으로 더 단단히 성장해 갑니다.

＼ 부모의 양육신념

양육태도와 비슷한 개념인 양육신념이 있습니다. Miller(1988)에 의하면 부모의 신념은 아동의 발달이나 양육에 대한 부모의 사고라고 하였습니다. 이는 부모가 자녀를 양육하면서 굳건하게 믿는 심리적이고 정신적인 활동이라 할 수 있습니다. 신념이라는 것은 교과서적인 정보와 지식 전달에 의해서만 획득되는 것이 아닌, 일상생활 속에서 자연스러운 관계적 상호작용에 의해서 형성되는 것입니다. 부모의 신념은 부모의 양육행동을 유도하고, 자녀의 발달에 직간접적으로 영향을 미치게 되며, 자녀를 대하는 구체적인 행동양식의 표출에 직접적으로 영향을 미치게 됩니다. 부모의 신념은 양육과 교육에 대한 신념으로 나뉩니다. 여기에는 똑똑한 자녀가 갖고 있는 능력 중에 어떠한 능력이 더 중요하다고 생각하는지, 자녀의 어떠한 기술과 능력을 발달시키는 것이 중요하다고 여기는지, 자녀가 어떠한 교육을 받아야 한다고 생각하는지를 포함합니다. 그렇기 때문에 부모와 자녀 관계에서 모든 경험의 시작점이 양육의 신념이며, 신념은 모든 행동을 이끌어 내며 타인과의 상호작용 속에서 이루어지는 경험들을 구조화시키는 출발점이라 할 수 있습니다. 부모의 양육신념은 자녀의 인지발달과 사회성 발달 등의 모든 영역에 영향을 미치고, 부모의 양육태도에 매우 중요한 역할을 합니다. 대부분의 우리나라 부모들은 자녀를 성별에 따라 달리 대하게 됩니다. 딸보다는 아들에게 더 지적이고 야망적이길 바라고, 독립적이고 모험심을 갖도록 강조합니다. 이는 오랜 역사적 배경과 문화적 특성으로 인하여 부모 자신도 모르게 그렇게 배워 왔고, 그렇게 길러졌기 때문일 것입니다. 그러나 이제는 시대의 흐름에 따라 유연하게 변화되어야 하고, 성별에 따른 차별적 태도나 또는 역차별적 시각으로 접근해서는 안 됩니다. 자녀의 개성에 따라, 재능에 따라 그들 각자가 지니고 있는 고유함을 인정하고 보다 유연한 역할을 할 수 있도록 이전 세대와는 다르게 길러져야 합니다.

부모 스스로 완벽한 부모가 되어야 한다는 신념을 갖게 되면 자녀를 과잉보호하게 되고, 독선적이며 통제적일 수 있습니다. 또한 모든 것에서 완전을 요구하고 결점을 찾게 됩니다. 이런 부모의 신념으로 자녀들은 자신의 무능함과 무가치함을 느끼게 되며 자녀 또한 완벽주의자가 됩니다. 그럼으로써 도전을 두려워하며 작은 실수나 실패에도 좌절을 크게 느끼게 되고 자율성이 결여됩니다. 반면, 책임 있는 부모가 되어야 한다는 신념을 갖게 되면 자녀를 믿고 존중하며 스스로 선택할 수 있게 함으로써 선택에 대한 책임감을 갖게 합니다. 자녀에게 격려를 자주 하여 자녀가 죄의식을 갖지 않게 하고 인내심을 갖고 대합니다. 또한 자녀의 독립성과 자율성, 제한과 규칙에 대해 명확합니다. 이런 부모의 신념 아래 성장하는 자녀들은 자신감을 갖고 도전을 두려워하지 않으며 자신만의 문제해결 능력을 키우게 됩니다. 자신과 타인을 존중하고 훌륭한 사회적 관계를 맺게 되며, 새로운 시도로 어려움을 겪더라도 인내하며 크게 좌절하지 않습니다.

현재 자신이 갖고 있는 부모로서의 양육신념과 교육신념은 무엇인지, 넓은 의미로 부모의 신념은 무엇인지를 살펴보면 어떨까 합니다. 나는 어떤 부모가 되고 싶은지, 내 아이가 건강하고 올바르게 성장하려면 어떤 부모가 되어야 하는지를 생각해 본다면 그 안에 답이 있을 겁니다. 그 방향으로 가기 위해서 부모로서 지금 당장 변화되어야 하는 신념과 행동은 무엇일지를 생각해 보면 좋겠습니다.

마음읽기의 올바른 방법

최근에는 마음읽기란 용어를 그 어느 때보다 더 많이 사용하는 것을 알 수 있습니다. 그만큼 우리가 사는 이 시대가 마음과 관련된 것에 어려움을 겪고 있다는 것을 반증하는 것이라 여겨집니다. 그렇지만 마음읽기의 방법에 대해서 구체적으로 알고 실천하기는 그리 쉬운 일이 아니라고들 합니다.

마음읽기는 상대방의 인지, 정서, 행동의 발달 수준이나 처한 상황에 대한 구체적이고 사실적인 공감의 언어입니다. 상대방의 발달 수준을 기본적으로 알고 현재 처한 상황에 대해 면밀히 파악하고 있어야 제대로 된 마음읽기를 할 수 있습니다. 기계적으로 "~~~했구나." 등과 같은 것은 진심으로 전해지지 않습니다.

특히, 아이들을 대상으로 한 마음읽기를 할 때에는 상황이 일어나기 전 상황을 파악하고 있어야 온전한 마음읽기를 할 수 있습니다. "○○이가 조금 전에 친구에게 이걸 전해 주려고 했는데, 친구가 받지 않아서 속상했구나." 와 같이 구체적인 상황과 정서에 대해 읽어 주는 것이 마음읽기의 핵심입니다. 이렇게 마음읽기를 하고 나면, 언어로 표현이 가능한 아이라면 자신의 생각과 의견을 더 자세히 이야기할 것입니다. 그러고 난 후, "친구가 왜 그걸 받지 않았을까?" 라고 물으면, "친구가 다른 것을 보고 있었나 봐." 라든가, "친구가 내가 뭘 하려는지 몰랐던 것 같아." 와 같이 말을 할 겁니다. "그럼, 친구에게 이것을 주고 싶다는 것을 어떻게 알리면 알 수 있을까?" 등으로 풀어 갈 수 있습니다.

만일, 언어적으로 충분히 표현이 되지 않는 발달 수준의 아이라면 그 상황에 대해서 읽어 주고, "그래, 그럼 이걸 친구에게 잘 보이게 전해 줘 볼까? ○○이가 주고 싶었다고." 이렇게 읽어 주어 자신의 생각과 일치하게 되면 속상했던 마음이 풀리게 됩니다. 속상했던 마음이 풀리지 않게 되더라도 너무 염려할 것은 없습니다. 자신에게 관심을 가져 주는 것만으로도 아이들의 마음은 괜찮아지게 됩니다.

＼ 훈육에 대한 올바른 이해

아이들에게 훈육하기 가장 좋은 적기(適期)는 어떤 상황에 직면했을 때가 가장 효과적일 수 있습니다. 예를 들어, 아이들 간의 갈등이나 부모에 대한 관심을 받으려고 하는 때 등을 들 수 있습니다. 훈육(訓育)의 뜻은 가르치고 기른다는 것입니다. 그것도 잘 말입니다. 대부분의 성인들은 훈육에 대해 '무조건 가르쳐야 한다', '야단을 치고 혼내서라도 가르쳐

우리 동네 상담사가 전하는 정서중심 실천 육아

야 한다' 등과 같은 의견을 갖고 있습니다. 아이들, 특히 영유아 시기의 아동들에겐 친절하고 자상한 설명을 통하여 알려 주어야 합니다. 잘 가르치고 잘 배우기 위해서는 존중하는 마음을 담아 아이가 알아들을 수 있도록 아이의 수준에 맞춰 설명해 주고 몸소 보여 주어야 합니다. 아이가 잘 배워서 자신의 것으로 익숙하게 소화시킬 수 있도록 알려 주는 것이 진정한 훈육이라고 할 수 있습니다. 훈육을 할 때는 '단호함'이 있어야 합니다. 단호함과 친절함이 다른 뜻이라 생각될 것입니다. 단호함이라는 것은 엄격하고 무섭고 강압적인 것이 아닙니다. 화난 표정이 아닌 조용하지만 명확하고 정확하고 구체적인 메시지를 주는 것입니다. 특히, 되고 안 되고의 규칙과 제한에 대한 설명에는 단호함이 필요합니다. 예를 들어, 놀잇감을 던지거나 물건을 던지는 행동은 안 됩니다. 해서는 안 되는 행동에 대해서는 단호한 어조로 알려 주어야 합니다. "네가 이 놀잇감을 던지면 다음엔 이 놀잇감을 가지고 놀 수 없어." 라고 알려 줍니다. 이때, 표정은 아이를 조용히 바라보며 아이가 잘 들을 수 있도록 말합니다. 한 번의 안내만으로 바로 들을 수도 있고, 아닐 수도 있습니다. 같은 행동을 또 할 때에는 "이 놀잇감을 던졌구나. 이제 이 놀잇감으로 놀지 않기로 했구나. 이건 치울 거야, 저쪽에 있는 다른 놀잇감으로 놀 수 있단다." 이렇게 함으로써 아이가 거부당했다는 생각이 들지 않도록 합니다. 규칙을 알려 주고 스스로 선택(생각과 행동) 할 수 있도록 합니다. 해서는 안 되는 행동을 했을 때의 결과를 경험하게 하고 그 결과에 대한 책임을 받아들일 수 있도록 합니다. 대신 거부당했다는 느낌보다는 대안을 제시하여 또 다른 선택을 할 수 있도록 하는 것입니다. 이렇게 하는 것은 아이로 하여금 자신의 존재에 대한 거부가 아닌, 자신의 선택과 행동에 대한 결과를 경험하도록 하면서도 허용 가능한 적응적인 행동을 할 수 있도록 합니다. 이러한 경험을 통하여 스스로 생각해 보고 선택하고 행동하면서 주어지는 긍정적인 메시지를 받게 되면서 올바른 습관을 기를 수 있게 됩니다. 습관을 만든다는 것은 시간과 공간 그리고 사람의 일정함으로 시작할 수 있습니다. 동일하거나 유사한 상황이 발생하는 시간과 공간에서 동일한 사람과의 동일한 방법으로 자리 잡을 수 있게 되는 것이 가장 자연스러운 습관 들이기입니다.

훈육을 할 때는 감정을 진정시키고 명확한 기준을 가져야 합니다. 현재 상황과 맞지 않는 쓸데없는 말들을 늘어놓으면 말꼬리를 잡히게 되어 권위가 서질 않습니다. 미리 생각하고 정리해서 말하고, 뒤끝은 없어야 합니다. 때로는 단호한 선언이 장황한 설명보다 효과적일 수 있습니다. 아이를 훈육해야겠다는 마음보다는 부모님이 아이를 사랑하고 있다는 걸 보여 주어야 합니다. 아이의 문제행동을 고치기 위해서는 시간이 많이 필요하다는 것을 잊지 않는 것이 중요합니다.

＼ 훈육과 학대의 경계선

많은 부모가 훈육과 학대의 차이를 모호하게 알고 있습니다. 자신이 하는 체벌은 학대가 아니고 정당한 훈육의 차원이라 주장합니다. 아이들이 어린 시기에 학대를 당하게 되면 아이의 뇌는 정상적으로 발달하지 않습니다. 특히 두려움과 공포를 담당하는 편도체와 기억을 담당하는 해마의 크기가 작아지고, 충동성을 조절하고 억제하고 유연성을 담당하는 전두엽의 기능을 저하시킵니다. 이러한 주요 뇌 기능의 손상은 아이에게 순간적인 불편감에서 벗어나려는 임기응변식 거짓말과 절도, 반항 등의 행동을 유발합니다. 아이가 어릴 때는 아이답지 않고 애어른처럼 순종적인 아이로 자라다가 사춘기 전후로 우울증과 조울증 등을 겪으며 자해와 자살 시도 등의 어려움을 겪게 되는 사례 등은 이미 어렵지 않게 접하게 됩니다. 인지적으로 집중력과 기억력이 저하되고 신체적인 성장에서도 저체중과 저신장으로 손해를 보게 됩니다. 아이들에게 폭력을 사용하지 않고 효과적인 훈육을 하려면, 바람직한 행동에 대해서는 적극적으로 칭찬하고 격려하여 강화하고, 문제행동에 대해서는 제한과 규칙을 일관적이고 지속적으로 적용하는 것이 중요합니다. 여기에서도 부모는 자신의 미해결된 내면의 상처와 결핍에 대한 통찰이 선행되어야 합니다. 대부분의 인간은 스트레스 상황에서 폭력적이고 공격적인 태도로 타인을 대하게 됩니다. 이 대상이 자녀나 어린 대상일 때는 더욱 위험한 상황이므로 전문가의 도움이 필요합니다.

자녀를 훈육하기 위한 규칙과 제한을 알아 두는 것도 중요합니다.

첫째, 자녀의 바람직한 행동에 대한 강화하기 : 긍정적인 행동은 즉시 칭찬 및 격려하고 보상하기(이때의 보상은 물질적인 보상만을 의미하는 것은 아님.)

둘째, 잔소리, 위협 또는 협박하지 않기

셋째, 규칙은 일관성 있게, 지속적으로 적용하기

넷째, 옷차림이나 머리모양과 같은 사소한 것들로 아이와 다투며 힘 빼지 않기

다섯째, '컴퓨터 게임 금지', '한 달 동안 스마트폰 사용 금지' 등과 같은 실현 불가능한 제한하지 않기

여섯째, 부모가 수용 가능하고 아이가 달성 가능한 적절한 행동을 명시하기

일곱째, 규칙에 우선순위 매기기 : 공격성이나 자신과 타인에게 상처를 주거나 피해를 주는 문제행동을 규칙의 우선으로 두기

여덟째, 발달 연령에 따라 나타날 수 있는 행동을 알고 수용하기

아홉째, 아이의 기질적 성향에 맞춰 대하기 : 까다로운 기질과 순한 기질의 훈육방법이 다르기 때문에 적절한 방법 찾아 적용하기

＼ 아이들도 아픈 만큼 성장하는 시간이 필요합니다.

요즈음의 아이들은 깊이 고민하는 시간을 갖기 어려운 환경에서 성장합니다. 조금이라도 힘든 상황에 놓이는 것을 양육자들이 견디기 어려워하는 영향이 가장 큰 것으로 판단됩니다. 내 아이가 신체적으로 힘든 상황과 정서적으로 힘들어하는 상황들을 함께 견디는 과정은 아이의 심신이 단단해지는 과정이기도 합니다. 물론, 심신의 병리적 진단이 있을 때는 예외적인 상황이므로 이에 해당되지 않습니다.

아이들이 신체적으로 힘든 상황의 가장 흔한 예로 놀잇감 정돈과 자신의 물건 제자리에 놓기 등이 있습니다. 충분히 놀이를 한 후에 정돈하는 것을 양육자나 보호자가 다 해 주는 경향이 있습니다. 이렇게 하면 당장 빨리 성인이 원하는 잘 정돈된 환경을 만드는 목표는 성취되겠지만 아이

들의 정돈습관과 자신이 하던 활동의 최종 마무리까지 하는 것을 배우는 것에는 도움이 되지 않습니다. 아주 어린 시기부터 함께 정돈하면서 연령이 증가함에 따라 스스로 마무리 지을 수 있도록 해야 합니다.

정서적으로 힘든 상황도 마찬가지입니다. 무엇이든 빨리 해치워야 하고 빨리 결론짓기 위한 것이 양육자의 견딜 수 없는 부분은 아닌지 살펴볼 필요가 있습니다. 아이가 고집을 피우거나 떼를 부린다고 느낄 때, 아이의 상황을 살피지 않고 그저 기분 좋은 상태로 만들려고 하는 성인들의 모습을 자주 보게 됩니다. 이것은 아이가 불편해하는 상황을 보고 있는 성인들이 불편하고 견딜 수 없는 것일 수도 있습니다. 그러다 보니 자신의 마음이 불편하여 아이의 정서적인 부분을 섬세히 살피기보다는 상황적 문제해결에 목표를 두게 되어 부정적인 정서의 경험을 다루는 방법이 아이나 보호자 모두 서툴게 됩니다. 조금 시간이 걸리더라도 무엇 때문에 불편한 정서 상태였고, 그 정서의 표현방법이 부적응적인 행동양상으로 나타났는지를 살펴보는 연습이 생애 초기부터 필요합니다. 그러한 연습을 통하여 가장 근원적인 문제의 핵심을 해결하게 됩니다.

아이들이 아프다는 것은 성장하고 있다는 것이고, 아프고 나면 면역력이 생깁니다. 몸도 마음도 아프면서 한 단계 더 성장하고 발달해 가는 것입니다. 너무 조급하게 상황을 해결하고 모면하려고만 하지 않는다면, 조금 늦더라도 우리 아이들은 자신의 생각과 감정을 통하여 스스로 잘 성장할 수 있게 됩니다. 그렇게 성장할 수 있는 시간들을 성인들은 함께 채워주면 됩니다.

＼ 왜, 정서중심인가?

양육자와 보호자 그리고 아동의 정서를 지각하고 표현하고 활용할 수 있도록 하는 '정서중심의 실천육아'는 어떻게 해야 하는지 함께 고민해 보는 내용을 발달단계에 따른 실제 사례를 중심으로 정리했습니다. 정서중심은 상황에 적절한 행동을 유발하여 적응적 행동을 하도록 돕고, 상황적 요구에 적절한 인지적 양식의 형성과 보다 나은 의사결정을 촉진할 수 있도록 돕습니다. 또한 사회적 행동을 결정하는 데 효과적인 핵심 정보가 되기도 합니다. 인간관계에서의 정서적 정보는 의사소통의 수단이 되어 타인에게 자신이 경험하는 정서를 표현함으로써 자신의 심리적 상태를 타인에게 전달하여 상호작용을 조절하기도 합니다. 이러한 정서표현을 통하여 인간관계에서 필요한 정서적인 지지와 공감의 수준이 높아지게 됩니다.

인간의 정서와 인지, 행동의 세 가지가 유기적으로 조화롭고 균형 있게 발달하기 위해서는 무엇보다 안정적인 정서를 바탕으로 내적 안정감이 구축된다면 인지발달과 행동의 조절까지도 더 유리하게 됩니다. 양육자와 보호자, 아동의 안정적인 정서적 관계 안에서 적응적인 관계, 적응적인 발달이 이루어질 수 있습니다.

우리 동네 상담사가 전하는 정서중심 실천 육아

＼ 언어발달을 돕기 위한 기본적인 환경

　최근에는 언어발달과 관련한 어려움을 겪는 아동들이 더 증가하고 있습니다. 이는 현대의 가족특성과 맞물려 있기도 합니다. 과거의 아이들은 확대가족(또는 대가족) 안에서 성장하였기 때문에 언제나 '사람의 말(언어)'을 듣고, 자신의 '말'을 하면 누군가 들어 주는 환경에서 자랐습니다. 그에 비하면 현대는 대부분이 핵가족으로 부모님은 항상 바쁘고, 대부분의 가정에서 아이를 하나 또는 둘을 낳아 기르는 현실로 인해 서로 둘러앉아 두런두런 이야기를 나눌 수 있는 심리적, 시간적 여력이 부족합니다. 아이들이 언어를 배우는 과정에서 언어에 노출되는 환경은 매우 중요합니다. 언어에 노출된다는 것이 기계적인 음성을 통한 일방향적인 것이 아닌, 사람의 성대를 울리며 표정과 분위기를 통하여 전해지는 언어적인 환경이 아이들의 언어발달에 도움이 됩니다. 자연스러운 언어발달이 이루어지기 위해서는 아이들에게 주변인들의 언어적 상호작용이 매일 6시간 정도는 노출되는 환경이어야 도움이 되며 그러한 환경에서 분위기를 파악함으로써 참조가 되는 것입니다. 이런 환경에서 자란 아동들은 자연스럽게 말을 따라 하게 되고 분위기에 맞는 언어를 사용하게 됩니다. 그런 측면에서 최근의 아동 언어발달과 관련된 어려움이 증가하는 것은 어쩌면 자연스러운 현상일 수 있습니다. 각 가정에서 부부끼리, 부모와 자녀끼리 서로 언어적 상호작용을 하는 것만으로도 아이들의 언어발달을 도울 수 있다는 것을 기억하면 좋겠습니다.

＼ 영아기 및 걸음마기 언어발달 이정표

영아기와 걸음마기에 해당하는 만 3세까지의 언어발달 이정표를 참고하여 내 아이의 언어발달 현주소를 살펴볼 수 있습니다.

[영아기 및 걸음마기 언어발달 이정표]

월령	발달 내용
출생 시	울음
1~2개월	목울림 소리와 웃음
3개월	말소리 놀이를 함
6개월	옹알이 시작
8~10개월	단어를 이해하기 시작(보통 '안 돼' 혹은 자기 이름)
10~14개월	몸짓을 사용함. 첫 단어를 말함
18개월	어휘 급증 시작
20개월	몸짓 사용이 줄어들며, 사물에 대한 명명이 늘어남
18~24개월	두 단어 문장 사용, 언어이해의 급격한 확장 : 50~200단어를 말함
30개월	거의 매일 새로운 단어 학습, 3개 혹은 그 이상의 단어 결합, 이해 잘함
36개월	1,000개의 단어를 말함. 발음과 문법이 향상됨

＼ 인간발달의 이정표

인간의 발달 수준은 학자에 따라 조금씩 다르지만 각 영역별로 일반적인 발달의 이정표를 살펴보면 참고가 될 것입니다.

[프로이트의 심리성적 발달 이정표]

구강기 (출생~18개월)	항문기 (18~36개월)	남근기 (36개월~ 만 6세)	잠복기 (만 6세~ 사춘기 이전)	성기기 (사춘기 이후)
영아의 쾌락 추구는 입에 집중	영아의 쾌락 추구는 항문에 집중	아동의 쾌락 추구는 성기에 집중	성적인 관심을 억제하고 사회적, 지적 발달	성적인 관심의 재출현, 성적인 쾌락의 대상은 가족 이외의 타인

첫 단계인 구강기(oral stage)는 생후 1년 반까지에 해당하며 구강(입)이 쾌락의 주된 원천이 됩니다. 아기들은 모든 물체를 입으로 가져가서 빨고 깨물고 씹는 것으로 즐거움을 느끼고 긴장을 감소시키기 때문에 수유나 이유기에 따른 방식이 성격과 관련이 됩니다. 이 시기에 충분히 구강적 욕구를 충족하지 못하게 되면 이후에 손가락을 빨거나 손톱 깨물기를 하며 더 성장한 이후에는 식이조절과 관련된 어려움을 겪거나 흡연, 음주, 약물 관련 이슈 등의 고착행동으로 나타나게 됩니다.

두 번째 단계는 항문기(anal stage)로 1세 반에서 만 3세까지의 시기이며 항문에서 쾌락을 얻습니다. 이 시기 아이들은 배설물을 보유하고 배설하는 행동을 통해 즐거움을 추구하기 때문에 배변훈련 과정에서 양육자 또는 보호자와 마찰을 경험하기도 합니다. 배변훈련과 관련하여서는 아이의 항문 괄약근 조절이 발달되어야 가능합니다. 이를 간과하여 주변에서 배변훈련을 종용하거나 비교함으로써 준비되지 않은 발달 상태에서 강제 배변훈련이 이루어지면 이후 자위행위 등의 고착행동과 성인기 이후에는 성과 관련된 이슈 또는 타인에게 베풀기 어려운 자린고비 등이 나타날 수 있습니다.

세 번째 단계는 남근기(phallic stage)로 만 3세에서 만 6세 시기이며 성기에서 쾌락을 추구하여 남아나 여아는 성기를 만지면서 즐거움을 얻기도 하여 성인들이 보기에는 자위행위를 많이 한다는 보고를 합니다. 또한 이 시기에는 아동이 동성의 부모 대신 이성 부모와의 강한 유대감과 애정을 갈망하는 오이디푸스 콤플렉스를 경험하기 때문에 특히 성격 형성에 중요한 시기입니다. 이러한 기제는 아동이 동성의 부모가 자신의 잘못된 욕망에 대해 벌을 줄 것이라고 인식하게 됨에 따라 차츰 동성의 부모를 동일시함으로써 해결됩니다. 이러한 동일시의 영향으로 아동은 성역할을 습득하는 한편 초자아를 발달시키게 됩니다. 이 시기에 건강하게 발달하지 못하게 된다면, 이후에 타인에 대해 오만하고 겸손하지 못한 자기과시적인 태도를 갖게 됩니다.

네 번째 단계인 잠복기(latency stage)는 만 6세부터 만 11세 사춘기 이전까지의 아동입니다. 이 시기의 아동은 성적인 관심 대신 사회적인 기술과 인지적인 기술을 발달시킴으로써 정서적인 안정을 얻게 됩니다.

다섯 번째 단계는 성기기(genital stage)로 사춘기 이후에 일어나며 성적인 관심이 다시 깨어나는 시기입니다. 어린 시기와 달리 가족 외의 사람으로부터 성적인 즐거움을 얻으려 합니다. 프로이트에 의하면 부모와의 관계에서의 미해결 과제가 이 시기에 다시 나타나는 한편, 미해결 과제가 해결되면 성숙한 애정적 관계를 형성할 수 있게 됩니다.

　아이들은 각 단계를 거치는 동안 욕구충족을 적절하게 경험하게 되면 적응적인 성인으로 성장하는 반면, 각 단계에서의 욕구에 지나친 집착을 하거나 충족되지 않으면 다음 단계로 전이되지 못하고 그 단계에 고착(fixation)되는 현상이 나타나게 되어 안정적 정서와 인성발달에 장해를 겪게 됩니다. 예를 들어, 지나치게 이른 시기에 엄격한 단유와 배변훈련을 경험했던 아동은 다음 단계로 진행하지 못하고 구강기와 항문기에 고착됩니다. 프로이트의 심리성적 이론은 아동발달에서 양육자와의 생애 초기 경험의 중요성을 강조한 이론으로, 성인기의 비정상적이거나 부적응적인 행동의 근원을 아동기의 욕구충족 경험에서 찾을 수 있다고 봅니다. 이에 더하여 아이들이 건강하고 적응적인 성인으로 발달하기 위해서는 자신을 둘러싼 환경과 문화적 경험이 중요합니다. 특히, 어린 시기일수록 직접적이고 구체적인 경험들이 매우 중요합니다.

[피아제(Piaget)의 인지발달 이정표 4단계]

감각운동기 (0세~만 2세)	전조작기 (만 2세~만 7세)	구체적 조작기 (만 7세~만 11세)	형식적 조작기 (청소년기 이후)
· 영아는 신체활동으로 감각적인 경험을 조합함으로써 사고를 구조화함 · 출생 시 반사적 행동에서 시작하여 상징적 사고가 나타나는 때까지임	· 아동은 언어와 심상으로 세상을 표현하기 시작함 · 감각정보와 신체 움직임 간의 연결이 아니라 상징적 사고가 발달하고 있음을 의미	· 아동은 구체적 사건에 대해 논리적으로 생각하고 사물을 범주로 구분하기 시작함	· 청소년은 보다 추상적이고 이상적, 논리적인 사고를 하게 됨

피아제의 인지발달은 크게 4단계, 즉 감각운동기, 전조작기, 구체적 조작기, 형식적 조작기로 나뉘며 각각의 단계는 질적으로 다른 특성이 있습니다. '아동이 성장함에 따라 문제해결을 얼마나 많이 또는 정확히 할 수 있는가?'와 같은 양적인 부분에 초점을 둔 것이 아닌, '세상에 대한 이해나 생각하는 방법이 어떻게 차이가 나는가?' 하는 질적인 부분에 초점을 두고 있습니다.

첫 번째 감각운동기는 생후 첫 2년 동안의 시기로 영아는 반사적인 행동으로 시작하여 여러 가지 감각적 경험과 운동적 경험을 통해 사물이나 환경을 이해하게 됩니다. 이 시기의 아이들은 환경에 직접 행동하고 감각을 사용하면서 탐구하고 배웁니다.

두 번째 전조작기는 만 2세에서 만 7세까지로, 사물이나 상황에 대해 정신적으로 조작할 수 있는 능력이 덜 발달되어 눈에 보이는 대로 사물을 이해하거나 비논리적인 사고를 하게 됩니다. 전조작기의 인지적인 특성은 정신적인 조작이 불가능하고 자기중심적인 사고를 하며 사물의 본질보다는 외양에 근거하여 보이는 대로 판단합니다. 상징적 사고의 출현으로 상징화의 가장 분명한 증거는 언어로, 이 시기 동안 아동의 언어가 급격히 발달합니다.

세 번째 구체적 조작기는 만 7세에서 만 11세까지의 시기로, 아동은 조작적인 사고가 가능해짐에 따라 보존개념이 형성되고 분류화, 서열화가 가능해집니다. 그렇지만 여전히 구체적인 사물이나 현재(지금-여기)에 국한된 제한적 사고능력을 보입니다. 사물의 외관이 변해도 자신의 정체성을 보존하거나 유지한다는 것을 이해합니다.

네 번째 형식적 조작기는 청소년기 이후로 구체적인 사실뿐 아니라 추

우리 동네 상담사가 전하는 정서중심 실천 육아

상적이고 가설적인 상황에 대해서 정신적인 조작을 할 수 있어 과학적인 사고와 논리적인 사고가 가능해집니다. 토론과 글을 쓰고 깊이 사고할 수 있으며, 자신의 철학을 만들어 내고 우주에 대해 설명할 수도 있습니다. 자신의 생각에 대해 숙고하고 면밀한 검토를 통해 자기 비판적으로 될 수 있습니다.

피아제의 이론에 따르면, 인지능력의 발달은 생물학적으로 결정되기 때문에 이러한 발달단계들은 일정한 단계 순서로 진행되며 각 아동의 발달속도는 차이가 있으나 발달적 내용은 점진적으로 진행됩니다.

[에릭슨(Erikson)의 인간발달 이정표 8단계]

발달단계	발달과업
영아기(생후 1년)	신뢰감 대 불신감
걸음마기(1~3세)	자율성 대 수치심 및 의심
유아기(3~6세)	주도성 대 죄의식
아동기(6~11세)	근면성 대 열등감
청소년기(11~20세)	정체감 대 정체감 혼미
성인 초기(20~30대)	친밀감 대 고립감
성인 중기(30~50대)	생산성 대 침체감
노년기(60대 이후)	자아 통합감 대 절망감

에릭슨은 인간의 발달을 8단계로 나누고 있습니다.

첫 번째 단계에서는 신뢰감 대 불신감으로 생후 1년 동안의 경험을 토대로 합니다. 갓 태어난 아기들은 양육자 또는 보호자의 반응적이고 애정적인 돌봄에 의해 신체적으로 편안함을 느끼고 미래에 대한 불안이나 두려움을 가지지 않고 타인에 대한 신뢰감을 형성합니다.

두 번째 단계에서는 자율성 대 수치심 및 의심으로 영아기와 걸음마기인 만 1세에서 만 3세까지에서 경험하게 됩니다. 첫 번째 단계에서 양육자 또는 보호자에 대한 신뢰감을 형성한 걸음마기 영아는 자기 의지대로 행동하기 시작하면서 자율적이고 주장적이 됩니다. 그러나 제한을 너무 많이 하고 처벌을 엄격하게 하면 의심이나 수치심을 갖게 됩니다. 강압적인 부모는 아동의 실패에 주목하고 아동이 자신에 대해 부정적인 감정을 갖도록 하여 수치심을 느끼게 되기 쉽습니다.

세 번째 단계에서는 주도성 대 죄의식으로 유아기인 만 3세에서 만 6세에 나타납니다. 사회적 활동범위가 넓어짐에 따라 이에 필요한 일들을 감당해 내기 위한 능동적이고 목적지향적인 행동 및 책임지는 행동이 요구됩니다. 책임감이 발달하면 주도성이 증가되지만 책임감이 없고 불안을 느끼게 되면 죄책감을 갖게 됩니다. 양육자나 보호자의 강압 수준이 매우 높거나 낮을 경우 아동의 죄책감 수준은 높아질 수 있습니다.

네 번째 단계에서는 근면성 대 열등감으로 초등학교 시기에 경험합니다. 아동은 주도성을 통해 더 많은 새로운 경험을 하게 되며, 점차 지식을 배우거나 인지적 기술을 완성하는 데 모든 에너지를 쏟게 되기도 하지만 무능력감이나 비생산적인 열등감에 빠질 위험도 있습니다.

다섯 번째 단계에서는 정체감 대 정체감 혼미로 청소년기에 경험합니다. 청소년기 아동은 새로운 역할이나 성인으로서의 모습 등 자신의 실체나 역할에 대해 다양한 생각을 하게 됩니다. 부모는 청소년 자녀로 하여

우리 동네 상담사가 전하는 정서중심 실천 육아

금 다양한 역할이나 활동을 탐색할 수 있는 기회를 제공함으로써 긍정적인 정체감 형성을 도울 수 있습니다.

여섯 번째 단계는 친밀감 대 고립감으로 성인 초기에 경험합니다. 타인과 친밀한 관계를 형성해야 하는 과업에 직면하게 됩니다. 이 시기에는 건강한 우정관계나 친밀한 관계 형성을 통해 친밀감을 경험하며, 그렇지 않은 경우 고립되고 소외된 느낌을 경험합니다.

일곱 번째 단계는 생산성 대 침체감으로 성인 중기에 경험합니다. 이때 주된 관심사는 자녀를 잘 기르고 다음 세대를 위해 잘 이끌어 주는 일입니다. 자신의 직업과 가정생활에서 성공적인 삶을 영위할 때 생산성을 발달시키나 그렇지 못한 경우에는 침체감을 경험합니다.

마지막으로 자아 통합감 대 절망감은 노년기에 경험합니다. 죽음을 앞두고 그동안의 삶을 되돌아보면서 만족스럽고 의미 있는 것으로 받아들이면 자아 통합감을 얻게 되는 반면, 신체적·심리적으로 무력감과 후회감을 갖게 되면 더 이상 어쩔 수 없다는 생각으로 절망감을 경험합니다.

발달과업들은 긍정적인 요소와 함께 부정적인 요소도 포함되어 있으며, 주로 사회적인 관계 내에서 수행됩니다. 또한 각 단계에서의 위기를 성공적으로 해결하는 것은 그 단계에서 이루어야 할 발달과업을 균형 있게 발달시키는 일입니다. 단계 간의 이행기에는 긴장이 고조되고 불안하며, 심지어 더 미숙한 행동으로 퇴행하는 시간일 수 있습니다. 예를 들어, 미운 네 살, 미친 일곱 살이라고 지칭되는 영유아기에서 학령 전기로의 이행과 중 2병을 앓고 있다고 지칭되는 아동기 중기에서 청년기로의 이행은 잠재적 스트레스가 특히나 많은 시기입니다. 양육자나 보호자가 보기에는 문제행동이라고 하는 것들이 사실은 정상 성장의 일부에 포함되는 시기라는 것입니다. 아이들이 크면 사라지는 것들, 즉 손가락 빨기, 자위행위, 배변훈련의 퇴행 등이 이에 속할 수 있습니다. 인간은 각 단계에서 요구되는 기술과 태도를 습득함으로써 건전한 사회의 한 구성원으로 자리 잡게 되는데 어느 단계로의 이행시기에는 조금 힘든 구간이 있을 수 있습니다.

** 부모나 양육자가 가져야 하는 가장 궁극적이고 기본적인 태도는 아이에게 심리적 안정감과 안전한 환경을 제공하고 성장한 이후에 자기 스스로 생각하고 사고하며 실행할 수 있도록 어린 시기부터 세상살이 연습을 충분히 해 주는 것입니다. 그러기 위해서는 적절한 통제와 기준 없이 무조건적 허용은 하지 않는지, 그 기준이라고 세운 것들이 누구를 위한 기준인지를 살펴야 합니다. 잘 모르겠으면, 그때 그 상황에서 그 나이의 내게 엄마(또는 보호자)가 해 주었으면 좋겠는 태도는 무엇일지 생각해 보면 도움이 될 것입니다. 아이들은 언제나 보호받아야 하고 그 보호 속에서 세상을 살아가는 것이 안전하고 믿을 만하다고 느껴야 합니다.

우리 동네 상담사가 전하는 정서중심 실천 육아

핵가족의 발달단계와 발달과업

[핵가족의 발달단계와 발달과업]

가족 발달단계	발달과업
신혼기 가족 (결혼~자녀 출산 전)	· 원가족과의 분화 · 역할과 책임관계의 기준 설정 · 만족스러운 소득과 지출체계 수립 · 상호 만족스러운 애정표현과 성생활 체계 수립 · 효율적인 대화체계 수립 · 친인척과의 원만한 관계 및 경계 형성 · 임신과 부모됨에 적응 및 준비
영유아기 자녀 가족 (자녀 출산~첫 자녀 6세)	· 영유아 자녀를 효율적으로 양육 · 영유아 자녀의 부모역할 적응 · 시간, 에너지, 공간, 가사의 재조정 · 만족스러운 부부관계 유지 노력
학동기 자녀 가족 (첫 자녀 7세~ 첫 자녀 12세)	· 자녀의 잠재력 개발에 대한 교육적 배려 · 자녀의 학업성취 지원 · 아동이 정서안정과 소속감을 갖도록 환경 조성 · 만족스러운 부부관계 유지 노력
청소년기 자녀 가족 (첫 자녀 13세~ 첫 자녀 19세)	· 청소년 자녀의 자아정체감 형성, 진로선택 및 준비, 사회적 역할 획득, 학업성취, 정서적 독립 지원 · 자녀와의 생활에 적응하기 · 재정계획 및 실천 · 만족스러운 부부관계 유지, 중년기 준비
성년기 자녀 가족 (첫 자녀 20세~결혼 전)	· 자녀와 인격적 관계 정립 · 자녀의 진로, 취업 지원 · 재정계획 및 실천 · 중·노년기 준비

자녀 독립기 가족 (첫 자녀 결혼~ 막내 자녀 결혼 전)	· 자녀의 결혼과 독립 지원 · 부부관계 재정비 · 건강대책 세우기/중년기 위기감 극복 · 조부모 역할 수행/노년기 준비
노년기 가족 (막내 자녀 결혼 후~ 배우자 사망)	· 노화 및 은퇴 적응/건강 유지 · 부부관계 유지 및 증진 · 성인 자녀, 인척, 가족 친지와의 유대감 유지 · 배우자의 질병과 사별, 죽음에 대한 수용

출처 : Duvall(1977), 유영주(1984), 전효정(2007) 참조, 재구성

건강한 가족의 특성은 원활한 의사소통, 애정과 존중, 성장과 행복 증진을 위한 헌신, 문제해결 기술, 부모의 권위 및 세대 간의 경계 유지, 분명한 역할책임, 가족규칙의 안정성과 융통성, 공통의 가치관과 종교 공유 등으로 정리됩니다. 가족체계를 이해함으로써 가족의 건강성을 향상시키는 데 도움이 될 수 있습니다. 가족생활은 상호작용하는 과정이면서 시간의 흐름에 따라 변화하고 발달하는 특성이 있습니다. 많은 가족 치료적 접근에서는 병리적이거나 결함의 관점이 아닌 가족의 발달적 측면과 안정성과 연속성을 유지시키는 가족의 능력을 중점으로 보는 긍정적 관점이 가족을 이해하는 데 유용하다고 믿습니다.

가족발달이론에 바탕을 둔 가족생활주기에 따른 발달과업은 듀발(Duvall, 1977)에 의해 처음 제시되었고 가장 많이 알려져 있습니다. 그에 따르면 각 단계에 따른 발달과업이 있습니다. 가족문제가 발생하는 경우는 이전 단계의 발달과제가 불충분하게 달성되었거나 이전 단계의 문제가 누적된 결과이고, 특히 단계가 바뀌는 전이기(transference period)에

가족문제가 발생하기 쉽습니다. 발달단계와 발달과업을 고려하는 것은 가족 구성원 개인과 가족 전체의 시간 차원의 변화를 이해하는 데 매우 중요합니다. 현재, 자신이 속한 가족의 발달단계에 따른 발달과업의 이정표를 살펴보는 것으로 문제를 예측하고 대처하는 데 도움이 될 것입니다.

월령별 정리

＼ 너무 많은 정보로 오히려 혼란스러워요.

'외동이를 둔 초보 부모로서 어떻게 양육해야 할지 잘 모르겠습
니다. 인터넷이나 육아서적, TV, 유튜브 등을 활용하고 있으나,
너무 많은 방법들이 있어서 오히려 혼란스럽습니다.'

인터넷이나 육아서적, 미디어를 통한 전문가들의 조언도 자신과 아이
에게 맞지 않을 수 있으므로 무분별하게 따라 하는 것은 오히려 육아에
방해가 될 수 있습니다. 특히, 방송매체를 통한 코칭이나 솔루션 등은 그
사례에 맞춰서 적용된 것이고 방송에 실려 전해지는 극적인 효과는 상당
한 기간 동안 전문가와 사례자들의 구체적이고 적극적인 협업을 토대로
실천하고 연습한 후 나타난 효과임을 간과해서는 안 됩니다. 이를 시청한
후 그대로 따라 한다고 해서 방송과 같은 효과를 얻기는 쉽지 않습니다.
실제 양육을 하는 자신의 기질과 성향, 자녀의 기질과 성향 등을 고려하
여 어떤 방법을 일관적이고 지속적으로 실천할 수 있는지를 먼저 고민해
봐야 합니다. 또한 서점을 방문하여 여러 육아서적을 찾아보고 그중에서
자신과 자녀에게 적용할 수 있는 구체적인 방법 등이 제시된 서적을 참고
하는 것이 더 유익한 방법이 될 수 있습니다. 시도해 보고 양육자 자신이
소화해 낼 수 있고, 아이에게도 긍정적으로 통하는 것이 자신만의 양육방
법일 수 있습니다. 육아에는 정답이 있는 것이 아닌 다양한 해법이 있습
니다. 이는 어느 한 가지 사례만으로 귀결되는 것이 아니므로 각 가정의
양육자나 보호자가 아이들과 함께 경험하며 터득하다 보면 최선의 방법
을 찾을 수 있게 됩니다. 잘 모르는 부분은 주변에서 무료로 접할 수 있는

전문가를 찾아서 함께 고민하다 보면, 시행착오를 조금은 줄일 수 있으며 보다 객관적이고 합리적인 방법을 찾아볼 수 있습니다.

＼ 기분이 좋거나 짜증이 날 때 자신이나 타인을 때려요.

'현재 9개월 된 외동아들은 너무 기분이 좋거나 짜증이 날 때 부모나 타인의 얼굴을 때립니다. 어리기 때문에 귀엽게 볼 때도 있고, 웃어넘길 때도 있는데 이렇게 계속 두어도 괜찮을까요?'

처음 그런 행동이 나타났을 때 설명을 해 주고, 안 된다는 것을 알려 준 뒤 이후에 동일한 행동패턴이 나타나지 않도록 훈육해야 합니다. 아직 언어로 표현할 수 있는 시기가 아니므로, 자신의 감정을 어떻게 표현해야 할지 몰라서 그럴 수도 있고, 그런 행동을 할 때마다 성인들로부터 긍정적인 반응(이익)을 받았기 때문에 그럴 수도 있습니다. 기분이 좋아도, 짜증이 나고 화가 나도 사람을 때려서는 안 되며, 기분 상태에 따라 언어로 읽어 주고 이럴 때는 어떻게 하는 것인지를 알려 줍니다. 아이의 손을 살짝 잡고, 아이를 바라보고 조용하고 낮은 어조로 "ㅇㅇ이가 지금 짜증이 났구나. 사람을 때려선 안 돼." 라고 반복적으로 알려 주고, 때리는 행동이 일어날 것을 예측한 시점에서 먼저 언어로 행동과 감정을 읽어 주면 됩니다.

↘ 수면 시간

> '12개월 된 딸아이가 늦게 자고 늦게 일어납니다. 낮잠을 오후에
> 두 차례로 나눠서 자고 합쳐서 2시간 정도를 잡니다. 밤에는 11시
> 이후에 잠이 들고 아침에 10시 정도에 일어납니다.'

아이의 하루 총 수면 시간을 살펴보면, 13시간 정도를 자고 있습니다. 돌 정도 된 아이의 수면 시간으로는 부족하지 않은 정도입니다. 보통, 신생아의 경우 하루 총 수면 시간은 18~22시간, 영아의 경우 15~18시간, 생후 2년은 하루 13시간, 만 5세는 하루 12시간 정도입니다. 적정 수면 시간은 개인의 생체리듬에 따라 달라질 수는 있습니다만 일반적으로 이와 같은 기준에서 1, 2시간 정도의 차이가 있습니다. 다만, 아이가 밤 수면 시작 시간이 늦는다면 이후의 낮잠 시간에까지 영향이 있습니다. 성장 호르몬의 분비가 활성화되는 시간인 밤 10시~새벽 2시에는 숙면을 취할 수 있도록 밤 9시에는 잠자리에 들 수 있게 일정한 수면의식을 계획하고 꾸준히 실행하는 것이 좋습니다.

↘ 돌아다니거나 스마트폰 영상을 보여 주며 밥을 먹입니다.

> '나홀로 육아자로서 12개월 된 외동아들을 양육하고 있습니다. 식
> 사를 할 때 5, 6숟가락 정도 먹고 돌아다니며 먹으려 합니다. 식

사를 위하여 스마트폰 영상을 보여 주며 정신없는 틈에 밥을 먹입니다.'

　올바른 식습관을 길들이기 위해서는 양육자와 식사를 함께하는 것이 좋습니다. 미디어 기기를 켜 놓고 식사하는 것은 이후에 여러 가지 측면에서 부정적인 영향을 끼칠 수 있으므로 당장에 멈추어야 합니다. 식사를 잘 하지 않더라도 쫓아다니면서 먹이지 말아야 하고, 조금 먹더라도 자리에 앉아서 잘 먹을 때 확실한 리액션으로 칭찬을 해 주는 것이 효과적일 수 있습니다. 양육자와 함께 식사를 하는 것은 단순히 끼니를 때우는 것이 아닌 소통의 한 장면으로 활용될 수 있고, 식사예절과 식습관에 대한 모델링이 되는 소중한 기회이기 때문입니다. 식사하는 것이 즐거운 경험의 시간이 되어야 좋은 식습관을 길들여 줄 수 있습니다.

＼ 독립수면의 시도는 어떻게 하나요?

　'12개월 된 외동이와 현재 거실에서 가족 모두가 잠을 잡니다. 독립수면 훈련을 하고 싶은데 어떻게 해야 할까요?'

　현재는 아이가 너무 어리기 때문에 완전한 독립수면은 쉽지 않고, 권장하고 싶지 않습니다. 아이가 성장하면서 자연스럽게 독립수면을 하게 되는 시기가 오기도 합니다. 그 시기가 대부분은 초등학교 입학 전후입니다만. 이때가 되기 전에 독립수면 훈련을 하고 싶다면 현재 거실에서 다 같이 자는 것보다는 침실에서 부모는 침대에서, 아이는 바닥에서 자는 것부터 독립수면을 연습할 수 있습니다. 이렇게 하면 물리적 공간은 같지만 영역의 분리가 되는 것으로부터 점진적으로 연습할 수 있게 됩니다. 함께 잤던 엄마가 옆에 없으면 허전할 수 있으므로 엄마를 대신할 수 있는 애착물(모양베개나 이불 등) 또는 애착인형(부드러운 천으로 만든 인형)을 제공하는 것이 좋습니다. 영역의 분리수면 중, 아이의 방을 함께 꾸미면서 물리적 공간이 분리가 됨을 예측할 수 있도록 하고 심리적인 준비를 할 수 있도록 합니다. 아이에게는 자신의 방에서 잠을 자는 것이고, 안방은 엄마와 아빠가 함께 자는 방이라고 설명을 해 주어야 합니다. 영역의 분리가 이루어진 후, 가끔씩 아이의 방에서 아이가 잠을 자도록 연습하면서 물리적 공간의 분리도 가능해질 수 있습니다. 잠을 자다가도 엄마 아빠가 보고 싶으면 언제든지 안방으로 올 수 있다고 말해 주고, 안방은 항상 열려 있다고 말해 주고 잠자는 동안 아이가 언제든 올 수 있도록 열어 둡니다. 자기 전에는 흥분되는 몸 놀이는 삼가도록 하고 조용히 동화책을 읽고 편안히 잠자리에 들 준비를 합니다. 낮 동안 아이가 지나치게 많이 울지 않도록 해야 합니다. 낮에 많이 울거나 심리적으로 힘든 날에는 잠을 자면서 꿈을 심하게 꿀 수 있으며 자다가 엄마 아빠를 찾을 수 있습니다. 독립수면의 시기는 아이의 성장 발달에 따라 달라질 수 있고 심리적인 안정이 우선적으로 이뤄져야 가능할 수 있습니다.

우리 동네 상담사가 전하는 정서중심 실천 육아

✎ 시가와의 고갈등으로 아이에게 화풀이를 합니다.

'결혼 초기부터 며느리인 자신을 함부로 대하고 무시하는 시가가 너무 싫지만, 현재는 혼자가 된 시부를 자주 찾아뵈어야 하는 상태입니다. 갈 때마다 고갈등 상태이고, 시부와 남편의 갈등도 너무 깊습니다. 시가에 다녀오면 며칠 동안 부부간의 갈등이 이어지고 아이를 보살피며 아이에게 화풀이를 하게 됩니다.'

시가와의 고갈등으로 인하여 현재 핵가족체계까지 위험 수준에 달하고 있는 것으로 보입니다. 더 좋지 않은 상황은 가장 약한 존재인 아이에게 화풀이를 한다는 부분입니다. 아이에게는 이 세상에서 가장 안전한 대상이 엄마이고, 부모입니다. 부부간의 갈등으로 인하여 아이에게 미치는 영향도 큰데 아이에게 화풀이까지 하는 상황이라면 아이에게 이 세상은 모든 것이 불안하고 위험하다고 생각될 수 있습니다. 그렇게 되면 세상에 대한 불신감을 품게 될 수 있어 어느 대상과의 관계를 형성함에 있어서도 힘들어질 수 있고, 환경에 대한 적응도 어렵게 됩니다. 자신을 무시하고 함부로 대하는 시가와의 관계에 대해 적절한 경계선을 유지할 필요가 있습니다. 혼자된 시부가 측은하다는 생각 때문에 내 아이의 성장에 잠재적 부작용을 계속 만들어 간다는 것은 심각하게 고민해 볼 필요가 있습니다. 고갈등의 관계에서 최소한 엄마만이라도 빠져나와서 아이를 안전하게 키울 수 있는 심리적인 안전기지가 우선적으로 구축되어야 합니다. 남편과 대화를 통하여 며느리로서 할 수 있는 자신의 역할한계를 전하고, 남편이 자신의 아버지와 어떻게 지낼 것인지는 남편에게 선택할 수 있도록 하면 되겠습니다. 이 사례는 부부 또는 가족상담 전문가와의 상담이 필요한 사례입니다.

＼ 사회성 발달을 어떻게 도울 수 있을까요?

'14개월 된 외동딸을 가정보육하고 있습니다. 최근에 영유아 발달 검사에서 다른 영역에서의 발달은 정상발달 내에 있으나 사회성 발달 지연으로 나타났습니다. 대부분을 가정 내에서 엄마와만 지내며 타인과의 접촉은 제한된 상황입니다.'

대부분 양육자들은 첫아이를 키우면서 양육자의 성향에 따라 타인과의 접촉의 빈도나 질에 차이가 있을 수 있습니다. 사례처럼 가정에서만 지내고 아이와 엄마만이 상호작용을 하게 되면, 낯선 장소나 상황, 타인과의 접촉을 꺼리게 되고 사회성 발달에도 도움이 되지 않습니다. 양육자의 성향상 타인을 만나는 것도 익숙하지 않고, 아이와의 상호작용 내용에서도 사회적인 상황을 배울 수 있는 정도에 미치기는 어려운 정도일 가능성도 있습니다. 아마도 아이의 발달검사를 통하여 충격을 받았을 것입니다. 이제라도 늦지 않았으니, 주변 가까운 곳의 커뮤니티 또는 산후조리원 동기들이나 친구들과의 관계를 구축하여 아이가 직·간접적으로 사회적 상황을 배울 수 있기를 권합니다. 이제 14개월이므로 본격적인 사회관계, 또래관계를 배울 수 있는 적기라고 생각하면 되겠습니다. 가정 내에서도 부모가 자녀에게 더욱 적극적이고 반응적인 상호작용을 함으로써 발달을

우리 동네 상담사가 전하는 정서중심 실천 육아

도울 수 있고, 부부간에 대화하는 장면을 자주 노출하는 것도 도움이 됩니다. 위에 언급한 것들이 어렵다면, 상호작용하는 방법 등을 전문적으로 코칭받을 수 있는 전문기관을 찾는 것도 한 방법입니다.

＼ 강박적 행동으로 아이를 힘들게 합니다.

'16개월 된 딸아이를 키우면서 엄마인 저는 더럽거나 어질러져 있는 상황을 견딜 수가 없습니다. 아이가 놀잇감을 빨거나 손가락을 입에 넣는 것도 참을 수가 없습니다. 아이를 쫓아다니면서 정리정돈 하기에 급급하여 아이와 제대로 놀이를 할 수가 없고 아이도 어느 순간부터는 저의 눈치를 봅니다.'

아이의 발달단계상 무엇이든 해 보고, 실패도 해 보는 직접적이고 구체적인 자신의 경험이 필요한 시기입니다. 아이가 집 안에서 가장 안전하고 가까운 엄마 앞에서 노는 것조차 눈치 보게 되면 그 어떤 것도 마음 편히 도전할 수 없을 것입니다. 아이들이 성장하는 동안에는 조금 어질러져도 괜찮고 그게 정상입니다. 아이가 있는 가정에서는 그게 더 자연스러운 광경입니다. 너무 강박적으로 깨끗해야 하고, 각 잡혀 정리정돈이 되어 있다면 그것이 더 병리적일 수 있습니다. 정리정돈은 아이가 놀이를 다 끝내고서 놀이의 마무리 단계로서 함께 정리하는 것이 좋은 습관까지 길들여 줄 수 있습니다. 아이와 놀이를 할 때는 정리정돈보다는 상호작용이 훨씬 더 중요하고 그 안에서 재미를 느끼도록 환경을 제공하여야 합니다.

양육자가 정리정돈과 위생에 대한 강박에서 벗어나야 아이를 건강하고 호기심이 많은 아이로 성장시킬 수 있고 무엇이든 도전해 보고 싶은 마음이 들게 합니다. 너무 깨끗한 환경에서 자란 아이들의 경우, 면역력이 오히려 약하여 이후 또래관계나 기관 환경에 적응하는 과정에서 잔병치레를 더할 가능성도 있습니다. 일부러 오염된 환경에 노출시킬 필요는 없지만 자신의 놀잇감을 빨거나 손가락을 입에 넣는 것과 같은 행동에 대해서 더럽다는 반응을 보이거나 혼을 내는 것은 주의해야 합니다. 자연스러운 상황에서 일상 면역이 생기게 됩니다. '조금 지저분해도 괜찮다', '조금 더러워도 괜찮다'라고 스스로 생각해 보며 지금 정리정돈하고 청소하는 것을 점진적으로 줄여 가고 그 시간을 아이와 함께하는 시간으로 만들어 가길 바랍니다. 또한 양육자의 강박적 행동에 이르게 되는 강박적 사고는 어디에서 근원이 되었는지를 탐색해 볼 필요가 있겠습니다.

＼ 경력단절 기간이 불안합니다.

'30대 초반의 16개월 된 외동아이를 양육하면서 현재 경력단절이 되었습니다. 학창시절 재학 중에도 아르바이트를 하였고, 결혼 후 출산하기 직전까지 계속 직장생활을 하였습니다. 아이를 어느 정도 키웠다고 생각하니, 저의 진로에 대한 걱정이 앞섭니다. 직업을 구하기도 어려울 것 같고, 점점 직업생활과 멀어지는 것은 아닐까 하는 불안감이 있습니다.'

학창시절부터 일을 한 것으로 봤을 때, 직업과 경제관념, 생활력이 매우 강한 어머니인 것 같습니다. 자신의 직업생활에 만족하였던 사람들은 다시 직업군으로 돌아가고 싶어 하고 경력이 단절되는 것에 대한 불안감을 더 크게 인식합니다. 한 아이의 어머니로서 16개월 된 아이가 비교적 안정적으로 자랐다는 평가를 하는 것인지, 이만하면 분리를 해도 괜찮은 것이라 평가하는 것인지를 생각해 볼 필요가 있습니다. 아이의 안정적인 성장을 위한다면, 특별히 가정경제의 어려움이 없고 아이와 지내는 것이 너무 힘든 상황이 아니라면 다시 직업을 갖는 것에는 조금 더 시간을 갖고 생각해 보기를 권합니다. 아이의 입장에서는 자신의 의사를 표현할 수 있는 언어발달 수준과 배변훈련이 완결된 시점이 더 이로울 것입니다. 인간의 평균수명으로 봤을 때, 현재 양육자의 연령은 그리 많은 것은 아니기에 객관적인 시각에서 조금은 여유가 있는 상황이라 할 수 있습니다. 아이와 안정적인 양육시기를 보내며 자신의 전공과 관련된 일이 되었든, 새로운 직업군을 찾아 공부를 하여 자격을 갖추는 시간을 갖는 것은 어떨까 합니다. 그 무엇을 선택하고 결정을 하는지는 각 개인과 각 가정의 상황에 따라 달라질 수는 있겠으나, 현재 아이의 월령이 너무 어리기 때문에 이후에 아이와 관련된 더 큰 잠재적 어려움이 발생할 가능성이 있다는 것을 염두에 두는 것이 좋습니다. 한 아이를 온전히 안정적으로 잘 키우는 것은 일차적으로 부모의 책임이자 의무이고 그 어떤 일보다 고귀한 일임에 틀림없습니다.

＼ 친구 같은 아빠, 정답일까요?

'17개월 된 딸아이에게 남편은 친구 같은 아빠가 되길 원하여 아이가 원하는 것을 무엇이든 들어주고 있습니다. 이게 맞는 걸까요?'

최근엔 프레디(freddy)라고 해서 친구 같은 아빠, 친구처럼 편안한 아빠라는 트렌드가 일기도 하였습니다. 이러한 관계가 아버지와 자녀 간에 잘 설정이 된다면 좋은 점들이 많이 있습니다. 사례처럼 무엇이든 다 들어준다고 해서 프레디가 되는 것은 아닙니다. 이를 잘못 해석하여 접근하면 부모와 자녀 사이의 경계가 무너지고 역할에 대한 역전현상이 일어날 수 있어 부작용이 발생하기도 합니다. 아이가 조금 더 성장하게 되면 자기 마음대로 하려고 하고, '머리 꼭대기에 있다'는 부모들의 표현처럼 될 수도 있습니다. 부모의 권위가 잘 정립이 되어야 하고, 아이에게 친절하고 다정하면서도 정서는 수용하되, 행동에 대해서는 되고 안 되고의 명확성과 일치성, 지속성과 일관성이 바탕이 되어야 아이의 정서·행동을 조절할 수 있도록 도울 수 있습니다. 부모의 권위가 건강하게 정립이 된다면 자녀는 친구처럼 자연스럽고 편안하게 자신의 힘든 부분이나 요구사항에 대해서 안정감을 바탕으로 표현할 것입니다. 그러기 위해서는 일상생활에서의 사소한 상호작용에도 진심이 있어야 하고, 아이들의 놀이에도 함께 참여하는 것으로 재미와 관계를 도모할 수 있습니다. 아이들은 자신을 믿어 주는 사람, 자신이 믿는 사람의 말을 더 잘 따르기 때문입니다.

우리 동네 상담사가 전하는 정서중심 실천 육아

✏ 모유만을 찾는 아이, 잘 성장할까요?

'현재 17개월 된 외동아들이 이유식을 거부하고 모유만을 찾습니다. 놀다가도 금세 모유를 찾아 잠시 동안 물곤 합니다. 또래에 비해 체중이 적고 신체발달이 늦어 건강한 성장이 안 될까 걱정이 됩니다.'

보통 단유 시기는 생후 6개월에서 1년 사이로 세계보건기구에서 권장하고 있습니다. 그렇지만, 양육자와 아이의 안정적 애착 형성을 위해서는 조금 늦어도 괜찮습니다. 다만, 현재 아이가 모유 이외의 모든 음식물을 거부하고 있기 때문에 균형 잡힌 성장에 방해가 될 수 있으므로 모유를 갑자기 단유하기보다는 월령에 맞는 분유 수유와 병행함으로써 단유를 도울 수 있습니다. 식사하는 장면에서 온 가족이 둘러앉아 함께 식사하는 모습을 자주 갖는 것이 도움이 되고, 부모의 음식을 대하는 태도 등을 참조함으로써 즐겁게 식사하도록 하여야 합니다. 습관적으로 모유를 찾는 것은 엄마의 젖가슴을 통해 심리적 안정을 찾고자 하는 아이의 전략일 수 있으므로 양육자와 함께 즐거운 놀이로 안정감을 찾을 수 있도록 돕는 것이 좋습니다. 아이가 젖가슴을 만질 때, 뿌리치거나 거부적인 태도보다는 다른 활동이나 놀잇감 등으로 주의를 환기시키는 것이 도움이 됩니다.

＼ 너무 어린 것 같은데 혼자서 하려고 합니다.

'17개월 된 딸아이입니다. 최근 들어 혼자서 숟가락질을 하며 먹으려고 합니다. 자꾸 흘려서 치우기가 힘들어 떠먹여 주는 것이 편한데 고집을 피웁니다.'

이 시기의 아동들의 발달적 특성으로 정상적인 행동입니다. 아이들은 자신의 능력을 확인하고 싶어 하고 스스로 성장하고자 하는 욕구와 자아 개념을 형성하는 과정이므로 혼자서 해 볼 수 있게 기회를 제공하는 것이 좋습니다. 지금 당장은 떠먹여 줘서 깨끗하고 빨리 식사를 마칠 수 있어 좋을 수 있지만, 이렇게 습관이 되면 혼자서 숟가락질을 해야 하는 시기에도 떠먹여 줘야 될 수도 있습니다. 혼자서 해내는 행동을 잘할 수 있도록 지지표현을 하는 게 좋습니다. 이렇게 함으로써 자신감과 유능감, 자존감을 향상시킬 수 있습니다. "우리 ○○이가 이렇게 해 보는구나. 혼자서 해 보려고 하네. 이렇게 숟가락질을 하면서 맛있게 먹네." 등과 같은 표현이 격려가 되고 지지가 됩니다. 아이들은 매일 도전하는 삶을 살아가며 현재를 살아가는 최고의 천재들임을 기억하기를 바랍니다.

＼ 언어치료, 필요할까요?

'17개월 된 외동딸입니다. 아직까지 한 단어도 말하지 못하고, 말

우리 동네 상담사가 전하는 정서중심 실천 육아

을 알아듣는지 못 알아듣는지도 모르겠습니다. 언어치료하는 곳
에 전화로 문의를 하니, 아직 연령이 어려서 판단하기 어렵다고 합
니다.'

현재, 아이의 월령이 언어치료의 필요 유무를 진단할 수 있는 월령은 아
닙니다. 아이와 함께 상호작용 놀이를 진행해 본 결과(아이와 양육자의 상
호작용 놀이 관찰 실시), 아이가 수용언어 능력은 잘 발달되어 있는 것으로
보입니다. 언어발달을 촉진시킬 수 있는 가장 좋은 방법은 언어치료를 받
는 것보다 일상생활에서 부모를 통한 언어적 상호작용과 반응적이고 민감
한 상호작용이 무엇보다 효과적입니다. 아이와 놀이를 할 때나 일상생활
에서 아이의 표정 등을 민감하게 살펴보고 현재 기분상태, 반응 등에 대해
서 언어적으로 표현해 주는 것이 좋습니다. "ㅇㅇ이가 지금은 졸린 것 같
구나.", "ㅇㅇ이는 이 놀이가 마음에 드는 것 같네." 등과 같은 언어적 표현
을 자주 해 주는 것이 좋습니다. 아이가 순하다고 해서 혼자서 놀이를 하
도록 하는 것은 아이를 방치하는 것과 같습니다. 놀잇감을 활용하여 어떻
게 놀이를 하는지 놀이방법 등을 알아 갈 수 있도록 구체적인 경험을 가능
한 많이 하는 것이 좋습니다. 주변의 환경에 대한 호기심을 자극할 수 있도
록 안전한 물리적 환경을 구성하고, 환경 탐색을 하면서 즐거움과 함께 안
정성을 확보하여 언어적 자극과 상호작용을 꾸준히 하면 언어치료는 받지
않아도 될 것입니다. 물론, 아이의 구강구조나 청각적인 기능 이상이 없다
는 전제하에서 말입니다. 불안하겠지만 소아과나 이비인후과를 방문하여
구강구조나 청각 기능을 먼저 검사받고 의학적으로 이상이 없다는 소견을

받는다면 일상생활에서 충분히 언어발달을 도울 수 있습니다. 또한 아이가 뭔가를 요구하기 이전에 미리 준비하여 대령하는 것은 언어표현의 필요성을 느끼지 않게 할 수 있으니, 행동 언어로 요구사항을 표현할 때까지 기다렸다가 언어로 표현해 주면 도움이 됩니다. "○○이는 지금 물을 마시고 싶구나. 엄마가 물을 컵에다 따라 줄게~" 등과 같은 표현으로 들려주고, 보여 주면 됩니다. 아이의 언어발달이 늦는 것은 가족들의 과묵함도 영향이 있습니다. 조금 수다스럽게 적극적인 언어표현을 하는 것이 언어치료보다 더 효과적인 치료환경이 될 수 있습니다.

＼ 엄마 껌딱지, 괜찮을까요?

'18개월 된 외동이 딸을 둔 엄마입니다. 아이가 엄마 껌딱지입니다. 아빠가 바쁘긴 하여도 시간이 날 때마다 아이와 친해지려고 노력하지만 거부합니다. 아빠가 놀자고 쫓아다녀도 도망 다니고 엄마만 찾습니다.'

아빠가 아이와 놀아 주려고 하는 노력은 좋아 보입니다. 아빠가 18개월 된 아이와 어떻게 놀이를 하는지 잘 살펴보길 바랍니다. 여아의 특성을 잘 파악하고 있는지, 월령의 특성을 잘 파악하고 있는지 등을 살펴보고 아빠의 '놀아 주려는 욕구'가 과도한 것은 아닌지도 살펴봐야 합니다. 대부분의 아빠들이 어린 아기들과 놀이를 할 때 성인처럼 대하는 특성이

우리 동네 상담사가 전하는 정서중심 실천 육아

있습니다. 아빠는 재밌게 놀아 주려고 아이에게 부비기도 하고, 과한 놀이를 하기도 하는데 어떤 아이들은 이러한 아빠의 노력에도 불구하고 거부감을 보이기도 합니다. 특히나 엄마와의 상호작용에서 안정감을 느끼는 아이들일수록 아빠는 참여자로부터 서서히 시작하여 '아빠랑 함께해도 안전하구나, 편안하구나' 하는 마음이 들어야 놀이로 이어지게 됩니다. 아이의 현실적인 연령에 맞는 놀이로 몸과 마음을 낮추면 되겠습니다.

\ 분리불안인 것 같습니다.

'18개월 된 외동아들을 양육하고 있는 엄마입니다. 명절 때 아이를 친정 부모님께 맡기고 3박 4일 동안 여행을 다녀왔습니다. 이후, 아이가 손가락을 빨기도 하고 엄마 곁에서 떨어지려고 하지 않습니다. 어떤 때는 자신의 머리를 손으로 마구 때리기도 합니다.'

아이가 분리불안을 겪었을 것으로 추측이 됩니다. 아이가 어리기 때문에 어머니의 여행계획에 대해 말하지 않았을 수 있습니다. 어느 날 갑자기 엄마가 자신의 눈앞에서 사라져 기다려도 오지 않고, 밤이 되어도 오지 않아 불안한 마음이 들었을 것입니다. 부모도 때로는 육아에서 벗어나 자신의 시간이 필요합니다만, 이렇게 육아에서 벗어나기 위한 잠시 잠깐의 시간도 아이들에겐 연습이 필요합니다. 갑자기 자신에게 가장 소중하고 가장 신뢰했던 사람이 사라져 버리면 아이들은 '이 세상에 믿을 사람

하나 없다.'라고 여길 수 있습니다. 아이의 마음이 준비가 될 수 있도록 여행 일정에 맞춰 미리 조금씩 분리되는 연습을 해야 합니다. '엄마는 반드시 돌아온다'는 것을 확인하는 경험이 필요합니다. 매일 5분에서 10분, 30분에서 1시간으로 점진적으로 분리되는 시간을 증가시켜서 반나절 정도의 시간 동안 떨어질 수 있다면 짧은 여행은 가능합니다. 그럼에도 불구하고 18개월 된 아이에게 3박 4일은 너무 긴 시간임에는 틀림없습니다. 너무 어린 시기에 아이에게 중요한 양육자와의 이별은 가능한 1일 이내로 하는 것이 좋고, 아이와 약속하였던 시간 내에 재회를 하는 것이 바람직합니다. 외가에서 지냈던 경험이 많았고, 외할머니와의 애착이 잘 형성되었다면 조금은 수월할 수도 있었겠지만 나홀로 육아 환경에서 분리되었다면 아이에게 불안감은 떨치기 힘들었을 겁니다. 아이가 자신을 유기하고 떠났다는 생각에 심리적 불안(분리불안)을 달래고자 하는 행동전략으로 어머니 곁에서 떨어지지 않으려 하는 것이고, 자신의 감정을 어찌할 도리가 없기 때문에 자신의 머리를 때리는 것입니다. 아이가 정서적인 안정을 온전히 찾을 때까지, 어머니에 대한 신뢰를 재구축할 수 있을 때까지 충분한 안정애착 형성을 도와야 합니다.

＼ 아빠의 과격한 놀이

'19개월 된 아들입니다. 아빠가 아이와 잘 놀아 주기는 합니다. 그런데 아빠가 자신의 수준으로 놀아 주다 보니 가끔 아이를 위로 던졌다가 받기도 하고 높은 곳에 올려놓았다가 울면 내려 주는 등의 과격한 놀이를 합니다. 그럴 때마다 불안합니다.'

아빠가 아이와 놀아 주려고 하는 모습에 일단은 고마운 마음이 듭니다. 그런데 아들아이를 둔 아빠들이 간혹 노는 모습에서 아이를 마치 놀잇감처럼 대하는 것 같다는 생각을 하게끔 놀이하는 것을 보게 됩니다. 아이를 위로 던졌다가 받거나, 높은 곳에 올려놓는 등은 매우 위험한 일입니다. 그것은 놀이가 아닌 아이를 공포와 불안에 휩싸이게 하는 것이므로 하지 말아야 할 행동입니다. 아마도 아이와 어떻게 놀이를 해야 할지 몰라서 그럴 가능성이 있습니다. 아이의 수준에 맞춰 신체 감각놀이나 공간을 활용한 신체 활동을 통하여 자신의 신체 조절을 배울 수 있도록 놀이를 하는 것이 좋습니다. 예를 들어, 매트가 깔린 거실에서 미니 축구, 아이의 키 높이에 맞춘 미니 농구대를 활용한 놀이, 숨바꼭질이나 조물조물하면서 놀 수 있는 천사점토와 같은 촉감놀이도 좋습니다. 특히, 아빠들이 놀이를 할 때는 목표지향적일 가능성이 높기 때문에 아이에게 정서적 반응과 언어적 반응을 해 주는 것을 잊지 않아야 합니다. 이 시기의 아이에게는 아이의 행동 하나하나 작은 것에도 지지와 격려표현을 하는 것이 좋습니다. "아이쿠 우리 ○○이가 그걸 발로 뻥 차서 골인하였네~" 등과 같은 표현을 연습하여 자연스러운 언어습관이 될 수 있어야 합니다.

＼ 아이의 불안감이 높습니다.

'20개월 된 딸아이의 불안감이 높은 것 같습니다. 평소 부부관계가 좋지 않아 자주 부부싸움을 하였고, 아이에게도 자주 노출이 되었습니다. 이로 인한 것인지 아이는 눈치를 살피고 고개를 숙이는 경우가 많습니다. 엄마 곁에만 있으려 하고 아빠와 단둘이 있게 되는 상황이 되면 거부합니다. 남편이 화가 나면 아이에게도 수시로 욕을 하고 불안감을 조성한 영향도 있겠지요?'

아이에게 부모는 이 세상의 전부라 하여도 과언이 아닙니다. 부모를 통하여 세상을 보고 배웁니다. 이런 부모들이 갈등상황이 잦고 아이에게까지 욕설을 하는 환경이라면 아이가 느끼기에 이 세상은 안전하지 않고, 언제 터질지 모르는 폭탄을 안고 있는 불안한 상황으로 인식됩니다. 또한 부모의 갈등상황이 자신으로 인한 것이라 생각할 수도 있습니다. 그렇기 때문에 주변의 눈치와 분위기를 살피고 안전한 상황인지 아닌지 등에 촉각을 곤두세우게 됩니다. 자신의 의지와 상관없이 언제고 갈등상황이 발생할지 모른다는 불안감으로 그나마 조금 안전하다고 생각되는 엄마 곁에 머무르려고 하는 것입니다. 이렇게 성장하는 아이들은 타인과의 관계에서도 불신감과 불안감으로 안정적인 대인관계 형성에 어려움을 겪을 수 있습니다. 더 늦기 전에 부모의 안정적인 환경을 구축하는 것이 좋습니다. 부부관계에서 갈등의 근본적인 원인은 무엇인지를 파악하여 해결점을 찾는 것을 권합니다. 아이를 낳아 키우는 부모는 아이의 건강한 성장을 위해 책임감을 가져야 합니다. 그 책임감을 다하는 부모의 모습을 통하여 아이는 세상을 바라보게 됩니다. 부모는 아이들에게 이 세상 그 무엇보다 가장 안전한 대상이어야 하며, 아이들에게 공포의 대상이 되어서는 안 된다는 것을 잊지 말아야겠습니다.

＼ 떼가 심합니다.

'20개월 된 딸아이를 나홀로 육아 중이고, 대부분 엄마와만 지내는 외동으로 또래에 비해 언어발달이 늦고 떼가 심합니다. 말귀는 잘 알아듣는데 말로 표현을 하지 않습니다.'

현재 수용언어 발달에는 이상이 없고, 표현언어 측면에서 늦다는 것은 부모님과의 언어적 상호작용이 원활하지 않은 영향일 수 있습니다. 현재 나홀로 육아로 대부분 엄마와만 지내는 날들이고 언어적 자극을 받을 수 있는 환경에 노출되지 않으면 언어발달이 또래에 비해 늦을 수 있습니다. 언어적 자극을 줄 수 있는 환경을 조성하고, 나홀로 육아일지라도 아이의 행동을 언어로 표현해 주는 것으로도 환경에 변화를 줄 수 있습니다. "○○이가 ~~을 하고 있구나, ~~을 보고 웃는 것을 보니, 기분이 좋아 보이네." 등과 같이 언어로 표현하는 것으로도 효과가 있습니다. 또한 아이가 무엇인가를 요구하거나 손가락으로 가리킬 때에도 구체적인 언어표현으로 해 주는 것이 발달에 도움을 줄 수 있습니다. 대부분 떼가 심하다고 하는 시기는 언어적 표현이 원활하지 않고, 따라서 자신의 의사를 제대로 전하지 못하였을 때, 자신의 마음을 알아주지 않을 때 떼를 쓰거나 고집을 부리는 등의 행동언어를 구사하게 됩니다. 언어발달이 원활하게 이뤄지고 자신의 욕구나 의사를 제대로 알아준다면 떼가 줄어들게 됩니다. 또한, 언어발달이 충분히 이뤄진 후에도 아이들이 소리를 고래고래 지르거나 고집을 부리는 것은 부모님과의 관계에서 불안이 높을 수 있어, 불안감이 높은 아이일 수 있습니다. 이때는 아이가 보이는 행동의 양상을 문제 중심으로 접근하기보다는 사랑과 안정적인 관계로 접근하는 것이 필요합니다.

＼ 스마트폰을 끊을 수 있을까요?

'20개월 된 외동아들을 어떻게 키울지 항상 고민만 합니다. 지금 가장 걱정이 되는 것은 아이가 스마트폰으로 동영상 보는 것을 좋아합니다. 어떻게 놀아 줄지를 몰라서 부모인 저희 모두 아이가 울면 동영상을 재생해 틀어 줍니다. 그러다 보니 이게 습관이 되어 버린 것 같습니다. 저와 남편도 수시로 스마트폰을 들여다보고, 남편은 쉬는 날엔 거의 게임이나 동영상을 보고 있습니다. 어떻게 해야 스마트폰을 끊을 수 있을까요?'

아이가 스마트폰을 처음 접하였을 때는 무심코 부모님이 사용하는 것을 지켜보았을 것입니다. 그러다가 스마트폰에 집중하는 것을 보고 아이가 울지 않게 되자 문제 상황이 줄어드는 것 같아 제공하였을 것입니다.

아이들은 주어진 환경에서 어떻게 습관을 길들이게 되느냐에 따라 달라지게 됩니다. 부모님 모두 스마트폰을 손에서 놓지 않고 있는 환경이고, 아이와 어떻게 놀아 줘야 할지를 모르거나 피곤하다는 핑계로 아이를 스마트폰 동영상 속으로 몰아넣었을 가능성이 매우 높습니다. 아이가 20개월이기 때문에 스마트폰 동영상보다 더 즐거운 놀이로 전환한다면 스마트폰 몰입을 개선할 수 있습니다. 아이들의 균형 잡힌 뇌 발달을 위해서는 최소한 만 2세가 되는 시기까지는 미디어 기기의 노출을 피해야 합니다. 만 2세 이전에 스마트폰의 일방적인 동영상을 접하는 것은 아이들의 뇌에 핵폭발과 같은 영향을 끼치는 것으로 이후에 어떠한 즐거운 자극을 주어도 스마트폰을 찾게 만듭니다. 어쩔 수 없는 상황이라 하더라도 부모님과 함께 TV 화면과 같은 큰 화면으로 보면서 상호작용의 매체로 활용하여야 합니다. 스마트폰의 동영상을 틀어 주고, 부모님도 스마트폰을 들여다보고 있다면 아이의 건강한 발달과는 거리가 먼 육아를 하고 있으므로 지금 당장 멈춰야 합니다. 아이와 함께할 때에는 스마트폰과 미디어 기기는 꺼 두고 아이가 잠을 자거나 할 때 사용하고, 기본적으로 연락을 주고받는 전화기능에 한해서만 사용하는 것을 몸소 보이는 것이 좋습니다. 이 시기의 아이들은 자신의 시야에서 보이지 않으면 찾지 않게 되고 혹시 보이더라도 즐거운 놀이로 주의를 전환하게 되면 자연스럽게 개선될 수 있습니다. 더 늦기 전에 아이를 바라보고, 더 많은 상호작용으로 아이와 안정적인 애착 형성 및 친사회적 기술을 배울 수 있도록 모델링이 되어 주길 바랍니다. 스마트폰 사용은 모든 아이들에게 최대한 늦게 접할 수 있도록 하는 것이 앞으로도 이로울 것입니다. 스마트폰 사용 연령이 낮아질수록 아이들의 건강한 성장에는 방해가 되고, 이후의 성장과정에서도 더

많은 심리적 · 경제적 손해를 감수하게 될 것입니다. 성장한 아이들에게
도 1일 최대 스크린 타임은 2시간 이내로 제한하고 콘텐츠의 모니터링이
반드시 필요합니다. IT 개발 관련 기업가들이 자녀들에게 오히려 미디어
사용을 최대한 늦추면서 휴먼플레이와 아날로그적 활동을 하게 하는 데
는 그만한 이유가 있습니다. 미디어 노출의 양극화 현상으로 인하여 많은
아이들이 무방비한 환경에 놓여 있다는 것을 아이들의 보호자들은 깨달
아야 합니다.

＼ 어린이집은 언제 보낼까요?

'20개월 된 외동딸을 나홀로 육아로 아이와 함께 시간을 보내며
놀이를 하는 것에 한계를 느끼게 되어 어린이집에 보내려고 합니
다. 시기가 적절할까요?'

  나홀로 육아로 아이와 종일 지내는 것이 힘들 수 있습니다. 아이를 양
육하는 것은 생각보다 훨씬 더 많은 인내와 창의적인 요소를 담고 있습
니다. 아이를 어린이집에 보내는 것은 각 가정이 처한 상황에 따라 달라
질 수 있습니다만, 아이가 현재 20개월이기 때문에 언어발달과 배변훈련
이 된 시점이 될 때까지는 아이와 함께 안정적 애착을 형성할 수 있는 시
간을 갖는 게 좋습니다. 양육자와의 안정적 애착이 온전히 이뤄지고 언어
발달이 원활하게 이뤄지고, 배변훈련이 완성되는 시점이 가장 좋은 시기

우리 동네 상담사가 전하는 정서중심 실천 육아

입니다. 대부분의 학자나 전문가들은 36개월까지는 어머니의 무릎학교에서 안정적인 정서를 구축하고 기본적인 생활습관까지 익힌 후에 기관에 다니는 것이 이후의 적응 및 성장에도 무리가 없다고 합니다. 그렇지만 현대는 각자의 가정 상황에 따라 다르므로 어느 것이 정답이라고 할 수는 없습니다. 그럼에도 가장 중요한 것은 아이의 적응과 관련된 문제이기 때문에 정서적 안정이 가장 중요하다고 할 수 있습니다. 이를 감안할 때, 최소 30개월까지는 가정 내에서 안정적인 보살핌과 언어발달 및 배변훈련을 어느 정도 해결한 후 기관에 보내는 것을 권유하게 됩니다.

＼ 소리를 지르고 물건을 던집니다.

'20개월 된 딸아이를 가정보육 중입니다. 아이가 소리를 지르거나 물건을 던집니다. 문화센터나 마트, 키즈카페 등에서 자기 맘에 들지 않으면 소리를 지르고 다른 사람에게도 소리를 지르는 경우가 많습니다. 또한 자신이 하고 싶은 대로 못 하게 되면 물건을 던집니다.'

현재 아동은 언어발달의 과정에 있으므로 자신의 의사표현을 충분한 언어로 표현하기 어렵기 때문에 행동언어로 표현하는 것입니다. 그렇기 때문에 자신이 하고 싶은 것을 못 하게 되었을 때의 불편함을 소리 지르거나 물건 던지기 등으로 표현하는 것입니다. 이러한 행동을 하기 이전의 상황을 면밀히 살펴보고, 아이가 무엇 때문에 짜증이 났고 행동언어로 표현하였는지를 정제된 언어로 마음을 읽어 주어야 합니다. 아동이 불편한 상황이나 환경에 처했다면 그 환경은 적절한 환경이 아닐 수 있으므로 아동의 입장에서 안전한 환경과 상황으로 변화를 주는 것이 좋습니다. 또한, 이러한 행동을 할 때 성인들은 무조건 "안 돼." 라고만 표현하는데 구체적으로 무엇이 안 되는 것인지를 이야기해 줘야 합니다. 화를 내면서 이야기하는 것이 아닌, 잘 가르쳐 주고 안내해 준다는 마음으로 조용하고 낮지만 단호한 목소리로 "그렇게 소리를 지르거나 물건을 던지면 안 돼." 하고 그 상황에서 벗어나서 진정이 된 후 아이가 들을 수 있는 상태가 되면 이야기를 해 줍니다. 아이들이 자신의 의사표현을 언어로 할 수는 없지만 듣고 이해할 수는 있고, 자주 설명해 주면 분위기로도 파악할 수 있게 됩니다. 아이들은 한 번, 두 번 이야기하고 설명해 준다고 해서 알 수 없습니다. 보호자들이 인내심을 갖고 수백 번, 수천 번을 알려 줘야 알 수 있다는 생각으로 접근하는 것이 좋습니다.

＼ 시가와의 갈등

'40대 중반으로 21개월 된 외동아들을 키우고 있습니다. 시모와의 갈등이 깊습니다. 손윗동서와 잦은 비교로 위축되어 현재는 시댁과의 왕래를 본인은 거의 하지 않고 있으며, 앞으로도 힘들 것 같습니다.'

우리 동네 상담사가 전하는 정서중심 실천 육아

남들보다 늦은 나이에 결혼을 하게 되면, 자신의 생활 방식에 더 고착되었을 가능성이 있습니다. 결혼과 동시에 새로운 가족관계 등으로 인하여 어려움을 겪기도 하는데요. 특히 시모님의 손윗동서와의 비교는 더 힘들게 할 가능성이 높습니다. 아이가 아직 어리기 때문에 육아도 힘들 텐데요. 이러한 갈등 구조 속에서는 남편의 역할이 매우 중요합니다. 며느리는 법적으로 맺어진 관계이고, 시부모님과 결혼을 한 것이 아닙니다. 배우자와 결혼을 하다 보니 시부모님이나 시가와의 관계가 이루어지게 된 것입니다. 그렇기 때문에 혼인관계로 맺어진 가족관계로 인하여 서로에게 지나친 기대와 관심을 갖는 것은 부부관계 및 독립된 가정생활에 방해가 될 수 있습니다. 남편과 원활한 소통을 통하여 왜 시가에 가는 것이 힘든 것인지 자신의 생각을 전하고, 남편에게 어떻게 도움을 줬으면 좋겠는지 요청하되 자신이 시가에 할 수 있는 기본 도리에 대해서는 지킬 수 있도록 하는 것이 좋습니다. 결국엔 부부가 서로를 선택한 것이기 때문에 현재의 핵심 가족체계가 건강하게 자리를 잡는 것이 우선이므로 부부가 한 팀이라는 것을 잊지 말고 협력하는 것이 좋습니다. 남편은 시모의 아들이기 이전에 현재 가정의 가장으로서 독립적으로 자리매김을 해야 하는 것이 지금-현재의 과업입니다.

＼ 낯선 사람을 싫어합니다.

> '21개월 된 딸아이가 놀이터에서 놀다가 초등학생 저학년 남자아이들이 예쁘다고 말을 걸거나 안아 주는 일들이 있을 때 싫어합니다. 이때, 엄마인 저는 '오빠가 예뻐서 그래'라고 하지만 아이가 자신이 싫다는 것을 표현하지 못하면 어떡하나 하는 걱정이 앞섭니다.'

아동의 기질과 성향에 따라 낯선 환경이나 사람에 대해서 탐색의 시간이 더 필요한 아동이 있기도 하고, 호기심이 왕성하여 금세 적응하는 아동이 있습니다. 아동이 자신의 좋고 싫음을 명확히 타인에게 전달할 수 있도록 양육자와의 안전한 관계에서 역할 연습을 통하여 배울 수 있습니다. 또한, 아이들을 예쁘다고 만지거나 허락하지 않았는데 안는 등의 행위에 대해서는 관계에 따라 그 안전성 확보 유무를 살펴보는 연습과 자신의 의사표현을 명확히 할 수 있도록 충분히 연습을 하여 익숙해질 수 있도록 도와야 합니다. 이런 경우에는 어린아이에게 타인의 입장을 얘기해 주는 것이 우선이 아니라, 내 아이의 입장을 타인에게 전하는 것이 우선입니다. "아이가 만지는 걸 싫어해(또는 불편해해). 예쁘고 귀여워서 만져 보고 싶었구나. 나중에 아이가 오빠랑 친해지면 괜찮아질 수도 있어. 그때까지는 그냥 말로 반갑다고 해 주면 좋겠구나.", "우리 ○○이는 만지는 게 싫구나." 등과 같은 표현을 함으로써 아이의 입장을 타인에게 전할 수 있습니다.

우리 동네 상담사가 전하는 정서중심 실천 육아

＼ 전반적인 발달을 어떻게 도울 수 있을까요?

'22개월 된 딸아이를 가정보육하고 있습니다. 최근에 배변훈련을 하고 있는데 잘되지 않습니다. 현재 초등학생인 첫째 아이는 훨씬 더 이른 시기에 배변훈련을 어렵지 않게 끝냈던 것 같은데, 늦둥이 둘째는 전반적인 발달상태도 늦은 것 같고 밤에 잠을 자다가도 소리를 지르고 울기를 자주 합니다. 무엇 때문일까요?'

아이들의 발달은 전 영역에 걸쳐 균형 있게 발달하는 것이 좋습니다. 이 중 어느 한 영역이라도 발달에 지연이 있거나 어려움이 있다면 이를 도움으로써 다른 영역의 발달까지 더 촉진할 수 있게 됩니다. 현재 배변훈련이 순조롭지 않고 언어발달이 늦음으로써 양육자와 아이가 겪는 답답함과 어려움이 예측됩니다. 첫째 아이와 다르게 많이 늦다고 하였는데 배변훈련은 지금 시작하여도 발달상 늦지 않은 시기이므로 조급한 마음은 갖지 않아도 되겠습니다. 아이들의 발달 속도는 조금씩 차이가 있기 때문에 조금 더 마음의 여유를 갖기를 바랍니다. 전반적인 발달을 돕기 위해서 가정 내에서 양육자와 구성원들의 양적, 질적인 상호작용의 기회를 마련하여 아이로 하여금 긍정적인 자극의 경험이 일상을 통하여 이루어질 수 있도록 하는 것이 도움이 됩니다. 언어발달을 돕기 위해서 아이가 전하는 메시지나 신호, 요청 등에 대해 충분한 언어표현을 함으로써 도울 수 있습니다. 아이들은 자신이 보고 듣고 경험한 것을 내적으로 축적한 후 어느 순간 자신의 표현방식으로 나타내게 됩니다. 현재의 언어발달 수준과 전반적인 발달 수준을 파악하기 위해 전반적인 발달검사를 통하여 객관적인 수준을 파악해서 구체적으로 도움을 줄 수 있어야 합니다. 아이가 밤에 잠을 자면서 소리를 지르고 우는 것은 낮 동안의 힘들었던 상황의 영향일 수 있습니다. 해소되지 못한 심리적 스트레스로 숙면을 취할 수 없게 만드는 것입니다. 낮 동안에 배변훈련으로 인한 스트레스나 자신의 욕구를 충족시키지 못하였을 경우 아이들은 잠을 편히 잘 수 없어, 다음 날에도 짜증이 많고 떼를 부리는 일들의 악순환으로 이어지게 됩니다. 이런 날들이 지속되면 아이의 건강한 성장을 해치고 성격까지 부정적으로 형성하게 됩니다. 아이를 양육하는 동안에 양육자들은 어떻게든 빨리 성장시키고 과업을 완성하는 데 초점을 두게 되는 경향이 있습니다. 계획하는 모든 것이 양육자의 순서나 일정에 따라 이루어지는 것이 아닌, 각 아이의 성장속도나 시기, 발달 수준에 따라 다를 수 있으므로 아이를 먼저 바라보고 현 수준에서 어느 정도의 준비가 되었는지 자연스럽게 그 수준을 맞춰 가는 것이 바람직합니다. 너무 빨리, 조급하게 문제해결을 하려 하거나 목표달성을 하려고 하는 것은 아이의 정서적인 측면에 부작용을 끼치게 됨을 염두에 두어야 합니다. 또래들보다 2~3개월 늦어도 괜찮습니다. 영유아 발달검사에서 전반적인 발달 상태를 살펴보고 도움을 주어도 특별한 경우가 아닌 이상은 별문제 없이 우리 아이들은 잘 자랍니다.

＼ 또래 학부모들과의 관계 형성의 어려움

'아이의 또래 엄마들보다 연령이 높아 어린이집을 가게 되면 학부

모들과의 관계 형성에 어려움이 있을까 봐 두려움과 염려가 있습니다.'

자녀의 또래 엄마들과 잘 지내는 것은 내 자녀에게도 좋은 영향을 끼치므로 잘 지내는 것이 좋습니다. 관계가 좋으려면 자신이 나이가 많다고 먼저 염려하기보단 연장자로서 열린 마음으로 다가서는 것이 좋습니다. 연령이 많기에 인생의 경험에서는 또래 엄마들보다 더 많은 정보들을 제공할 수도 있는 장점이 있습니다. 그러므로 타인에게 귀감이 될 수 있는 부분이 있을 수 있으므로 미리 염려하지 말고 자신과 뜻이 잘 통하는 또래 엄마 한두 명 정도와 유대관계 맺어 보기를 시도해 보는 것이 도움이 될 것입니다. 첫아이의 사회생활 시작은 부모들의 새로운 사회생활의 시작이기도 하고, 내 아이의 또래생활 적응에 부모들끼리의 친밀함이 도움이 되기도 합니다.

＼ 부부간의 소통이 원활하지 않아 힘듭니다.

'결혼을 늦게 하여 45세에 낳은 23개월 된 외동아들을 양육하면서 부부간의 소통이 원활하지 않고, 엄마인 저 스스로 기분조절이 어렵습니다. 그런 이유로 아이를 양육하는 것이 너무 버겁습니다.'

결혼을 늦게 하였다는 것은 그만큼 부부 각자의 생활을 오랫동안 했다는 것이고, 각자의 생활양식과 가치관의 차이가 있다는 것입니다. 소통이 원활하지 않다는 것이 어쩌면 당연할 수도 있습니다. 40여 년 이상을 각자의 다른 문화와 생활습관 등으로 살아오면서 차이가 많을 것이기 때문입니다. 이제 아이를 낳고 부모가 되었기 때문에 자녀 양육과 교육 등을 위하여 하나의 목표가 생겼으므로 소통의 방식을 긍정적으로 할 수 있도록 함께 고민하고 실행해야 합니다. 부부관계가 원만하지 않으면 아이를 양육하는 것도 더 힘들 수 있습니다. 일반적인 경우 첫째 아이를 출산하는 연령이 늦어도 40대가 되기 이전입니다만, 사례자는 만혼에 첫째 아이의 출산도 늦었기에 젊은 엄마들에 비해 체력적으로도 에너지 소진이 빠를 수 있습니다. 이를 이해하고, 혼자서 모든 걸 감내하기보다는 배우자와 함께 분담할 수 있는 방법을 강구하는 것이 중요합니다. 또한 현재 스스로 기분조절이 어렵다고 하였는데, 이는 산후 우울증 또는 그 외적인 심리적 어려움이 병리적으로 진행이 되었을 수도 있습니다. 심리 상담을 받아 보기를 권유하고, 부부 상담을 통하여 서로에 대한 객관적인 이해를 할 수 있는 기회를 갖는 것이 도움이 되겠습니다.

＼ 동생이 태어난 이후 행동의 변화

'23개월 된 첫째와 백일 된 둘째 모두 아들입니다. 첫째가 동생이

태어난 이후 아무 이유 없이 가죽 소파를 물어뜯어 놓습니다. 야
단을 치거나 혼을 내면 씨익 웃기를 반복하여 체벌을 하기도 합니
다. 왜 그러는 것일까요?'

소파를 물어뜯기 이전의 아이 행동은 어떠했는지를 먼저 살펴보고, 아
이 혼자 방치되어서 심심하거나 관심을 받고 싶은 행동일 수 있습니다.
23개월 된 아이가 혼자서 놀이를 하거나 혼자서 얌전히 있기는 불가능한
일이라 생각하는 것이 좋습니다. 아이가 동생으로 인하여 혼자서 지내야
하는 시간이 발생하지 않도록 함께 놀이를 하거나, 아이가 혼자서 놀잇감
을 갖고 놀이를 하면서 기다리는 동안에도 아이의 행동과 마음을 읽어 주
는 등의 관심 보여 주기를 자주 하고, 혼자서 놀면서 기다릴 수 있도록 언
어적 상호작용을 해 주는 것만으로도 기다릴 수 있는 시간을 확보할 수
있음을 항상 기억하면 좋겠습니다. "너를 낳고 키우면서 행복해서 동생을
낳았거든. 네가 도와줘." 등과 같은 표현으로 동생 육아에 참여시키는 것
도 좋습니다. "○○아~ 동생 기저귀 갈고 우리 ○○하고 놀자~, 잠깐만 기
다려 줘~ 우리 ○○이는 잘 기다릴 수 있구나. 잘 기다리고 있구나~" 등과
같은 말을 걸어 주는 것이 좋습니다. 볼일이 다 끝나고 나면 아이와 잠깐
이라도 놀이를 함께하는 것이 아이가 기다려 주는 것에 대한 보상이라 여
길 수 있고, 다음에도 기다릴 수 있게 됩니다. 그리고 동생이 잠자는 시간
등을 활용하여 조금 길게 첫째와 함께할 수 있는 시간을 계획하는 것이
아이의 입장에서 동생에게 모든 것을 빼앗겼다는 생각을 줄일 수 있어서
부정적인 행동도 줄일 수 있습니다.

＼ 밥 먹일 때 쫓아다니고 있습니다.

> '23개월 된 아들아이가 밥은 먹지 않고, 반찬만 먹습니다. 밥을 먹
> 이기 위해 쫓아다니고 있습니다.'

다행입니다. 반찬이라도 먹으니까요. 현재 23개월인데 여러 가지 식재
료에 대한 호기심은 있는 것 같습니다. 다만, 밥을 먹지 않고 반찬만 먹는
것이 염려스러운 상황인데요. 반찬을 먹고 밥은 2, 3술 정도만 먹어도 크
게 염려할 것은 없습니다. 이 연령의 아이들이 식사할 때는 즐거움이 우
선입니다. 일단 먹는 행위가 즐거워야 식탁에 앉을 수 있게 되고, 이것저
것 음식에 대한 호기심이 생깁니다. 밥을 흘려도 좋으니 스스로 떠먹을
수 있도록 하거나, 부모님이 놀이처럼 접근하여 입 속으로 들어갈 수 있
도록 하는 것도 한 방법입니다. 잘 먹을 때마다 바로 긍정적인 피드백을
보여 주는 것으로 긍정적인 행동을 이끌어 낼 수 있습니다. 안 먹는다고
쫓아다니면서 먹이는 것은 이후의 식사행동에 부정적인 행동패턴을 만들
수 있으므로 주의해야 합니다. 중요한 것은 아이 혼자만 식사하지 않고
함께 식사하는 것이 도움이 됩니다.

우리 동네 상담사가 전하는 정서중심 실천 육아

✎ 과격한 행동을 따라 하는 아들

> '이제 두 돌이 되어 가는 외동이가 6개월 빠른 사촌 형의 소리 지르고 떼쓰고 물건 집어 던지거나 때리는 등의 행동을 따라 합니다. 평소엔 순한 아이인데, 사촌 형을 만나고 오면 이런 행동을 합니다. 손위 시누이는 이러한 행동에 대해 훈육하지 않고 그냥 두고 보는데 어떻게 해야 할까요?'

이런 행동들이 반복되면 마음으로 힘들 것입니다. 한 번쯤은 이러한 부분에 대해 손위 시누이와 이야기를 나눠 보고, 아이들을 위해서 부모로서 함께 어떻게 해야 하는지 고민을 나눠 보는 것이 좋겠습니다. 손위 시누이가 이를 받아들이지 않고 무시하는데, 손위 시누이에게 아이를 어떻게 가르치라고 하면 서로의 관계에 좋지 않을 수 있습니다. 아이들 문제로 인하여 성인들의 관계가 틀어질 수 있게 됩니다. 그렇지만 아이들의 문제행동에 대해서는 누구라도 친절하게 알려 줘야 하고, 30개월 정도 되는 아이가 자신의 의사표현을 그렇게 하는 것이므로 조카의 행동에 대해서 마음읽기를 시도해 보면 아이의 행동에 변화가 있을 것입니다. 누구를 가르치는 것이 아니라 아이의 마음만 읽어 주어도 아이의 행동에 변화가 있으므로 이를 보고 손위 시누이도 생각하는 바가 있을 겁니다. 아이들 틈에 끼어들어서 함께 놀이를 해 보는 것도 좋습니다. 이와 유사한 상황에 직면하였을 때 아이들에게 긍정적인 행동 방법을 알려 주는 것은 모든 성인의 의무이기도 합니다. 이렇게 접근하는 것이 어렵다면, 아이들이 조금 더 성장한 후에 만나거나, 함께 머무는 시간을 가능한 짧게 갖는 것도 한 방법입니다.

＼ 먹으면 안 되는 것들을 먹어요.

'24개월 된 외동아들이 먹어서는 안 되는 것들을 먹습니다. 예를 들어, 돌이나 흙 등을 먹습니다. 왜 그러는 걸까요?'

평소에 감각적인 것을 추구하는 것은 아닌지 살펴볼 필요가 있습니다. 특히 촉각적, 미각적으로 좋아하는 것이 무엇이 있는지를 살펴볼 필요가 있습니다. 이러한 경우는 선천적인 기질의 특성으로 감각적으로 예민한 아이일 가능성이 있습니다. 먹어서는 안 되는 것을 먹으려고 할 때에는 왜 먹을 수 없는 것인지를 설명해 주고 즉시 제거해 줘야 합니다. 또한 평소 식사할 때에는 아이와 함께 식사를 하여 먹는 일이 즐거운 일임을 인식시키고 다양한 식재료의 모양과 색깔, 맛 등에 대해 경험할 수 있도록 하여 맛있게 먹는 모습을 보여 주기를 반복하는 것이 도움이 됩니다. 돌이나 흙이 손에 닿을 수 있는 상황에서 빨리 벗어날 수 있게 하고, 먹어도 되는 것과 안 되는 것의 구분이 가능해지는 시기까지는 가능한 외부활동 시 세심히 살펴보는 것이 좋겠습니다.

＼ 자신의 머리를 벽에 찧는 행동을 합니다.

'24개월 된 아이가 자신의 머리를 벽에 찧는 행동을 합니다. 머리

우리 동네 상담사가 전하는 정서중심 실천 육아

를 찧을 때마다 손을 대 주거나 방석을 대 주고 있습니다.'

아이가 언어발달하는 과정으로서 자신의 의사표현 방식으로 행동언어로 표현하는 것입니다. 자신의 거부의사 또는 불편함 등을 전하는 방식이므로 아이의 안전을 위해서 벽에서 빨리 멀어질 수 있도록 거리를 두는 것이 좋습니다. 손을 대 주거나 방석을 대 주는 것은 이러한 행동을 해도 좋다는 허락의 의미 또는 강화요인으로 받아들일 수 있어 같은 행동을 반복할 수 있습니다. 아이가 이와 같은 행동을 하기 전의 상황을 잘 살펴보고 아이의 마음읽기를 해 주는 것이 좋습니다. "뭐가 맘에 안 들어서 짜증이 났구나. 그렇지만 그렇게 벽에 머리를 찧는 것은 안 되는 행동이야." 하고 떼어 놓습니다. 벽에 찧으려고 하기 전에 벽에 다가가지 않도록 안거나 손을 잡고 말을 건네고 주의 환기를 시켜 다른 곳으로 관심을 유도하는 것도 좋습니다.

✎ 부모를 때리는 아이

'마흔이 넘어서 낳은 아들아이가 현재 26개월입니다. 자신의 뜻대로 되지 않을 때 부모를 때립니다. 엄마인 제가 기분이 괜찮을 때는 괜찮은데 저도 사람인지라 제 기분이 좋지 않을 때는 아이를 심하게 혼을 내게 됩니다. 어떻게 가르쳐야 할까요?'

늦은 나이에 낳은 아이가 얼마나 귀한 존재인지 잘 이해됩니다. 귀한 아이일수록 올바른 행동을 가르치는 것이 더 중요합니다. 모두가 자신만을 귀하게 여기고 떠받들어 주는 아이들일수록 자기중심성이 강하게 되고, 타인이 보기엔 버릇없는 아이라 여길 수 있어 오히려 아이가 받게 되는 불이익이 훨씬 크게 되기 때문입니다. 아이가 아직은 어리고 언어발달이 진행되는 과정이므로 자신의 의사표현이 원활하지 않은 것에도 이유가 있을 것입니다. 아이의 욕구가 무엇인지를 민감하게 살피고, 아이의 행동 언어 또는 표정 등으로 아이가 무엇을 원하는지 그리고 무엇을 표현하고자 하는 것인지를 언어로 읽어 주길 바랍니다. 아이의 정서와 내면을 읽어 주는 것은 아이가 자신의 정서를 인식하고 표현할 수 있도록 도와줍니다. 지금 당장이야 언어로 표현하기 쉽지 않지만 장기적이고 누적적으로 이런 경험들이 쌓인다면 아이의 언어발달이 원활해졌을 때 정확하고 분명하게 자신의 의사를 표현할 수 있게 됩니다. 또한 사람을 때려서는 안 된다는 것을 가르쳐야 합니다. 지금은 어린아이가 때려도 아프지 않아서 귀엽다고 웃어넘기는 것이 아이에게는 자신에 대한 '관심'으로 전해질 수 있기 때문에 때리는 행동이 나쁘다는 것을 모를 수 있습니다. 아이가 때릴 때는 왜 때리는지 상황과 아이의 정서를 살피고 그런 때는 어떻게 해야 하는지 적응적인 행동으로 교정해 주어야 합니다. 예를 들어, 아이가 짜증이 나서 엄마를 때릴 때는 "○○이가 짜증이 났구나. 그렇지만 사람을 때리면 안 되는 거야." 라고 눈을 마주치고 얘기를 해야 합니다. 이때는 팔을 지긋이 잡고(아프지 않게, 다만 행동을 중지시킨다는 정도), 알려 주어야 합니다. "이렇게 짜증 났을 때는 어떻게 하는 것이 좋을까?" 하고 아이가 조금 기분을 전환할 수 있는 놀이나 활동 등을 함께 찾아보는 것이 좋습니다. 당장 놀이로 전환이 되지 않을 때에는 아이와 함께 그냥 있어 주는 것도 괜찮습니다. "이렇게 짜증이 날 때는 가만히 있는 것도 괜찮아." 라고 얘기를 해 주고, 함께 있어 주는 것입니다. 아마도 아직 연령이 어리기 때문에 금세 전환이 될 가능성이 높으므로 꾸준히 연습하여 아이의 적응적인 행동을 도와주기 바랍니다.

＼ 불안한 아빠

'26개월 된 외동아들에게 아빠가 조심하라는 말을 너무 자주 합니다. 아이가 뭘 하든 불안하고 위험하다 생각하고 조금이라도 행동이 큰 놀이를 하거나 도전을 하려고 하는 것에 불안해하며, '조심해', '위험해', '안 돼' 라는 말을 자주 하여 자꾸 아이가 뭘 하려다가도 눈치를 봅니다. 아빠에 비해 엄마인 저는 크게 위험하지 않으면 그냥 두자는 입장인데, 아이 입장에서는 어떻게 해야 할지 모르고 양쪽의 눈치를 살피는 모습을 자주 볼 수 있습니다.'

아이가 성장하는 동안에는 중요한 타인인 부모의 반응을 통하여 자신의 모습을 참조하므로 너무 불안해하거나 믿을 수 없다는 태도를 보이는 것은 아이 스스로 무능하고 불안한 존재라는 자기개념을 획득하게 합니다. 물론, 아직 어리기 때문에 무엇보다 안전이 확보되어야 하는 것은 맞습니다만, 물리적 환경이 안전함에도 불구하고 아주 조금만 큰 활동이나 행동을 하게 되어도 불안해하는 아빠의 모습을 보면 아이는 자신의 호기심에 대한 의구심을 갖게 되고, 새로운 도전을 접할 때마다 위축될 수 있습니다. 물리적 환경이 안전하게 확보가 되었다면 아이 스스로 환경을 탐색하고 호기심을 마음껏 충족할 수 있도록 기회를 제공하여 구체적인 경험을 하는 것이 일상생활에서의 산교육이 됩니다. 이렇게 함으로써 자신의 신체조절력과 행동조절력을 기를 수 있게 됩니다. 아이들이 직접적인 경험으로 체득한 것은 간접적으로 알게 된 것보다 6배 이상의 기억 효과가 있다고 합니다. 이러한 수치가 아니더라도 어린 시기의 아이들에게 직접적 경험은 이후 인생의 전반에도 꾸준히 영향을 끼치므로 참고하면 좋겠습니다.

＼ 낯가림이 심한 아이

'27개월 된 저희 아이는 사람 많은 곳에 가게 되면 부모 뒤에 숨습니다. 평소에도 낯가림이 있는 편이고, 낯선 곳에 가게 되면 익숙해지기까지 시간이 많이 걸립니다.'

우리 동네 상담사가 전하는 정서중심 실천 육아

'관계'라고 하는 것은 어떠한 대상과의 관계로 인간과의 관계, 환경과의 관계, 물건과의 관계 등이 있습니다. 평소 낯가림이 있는 아이의 기질적 특성으로 어떠한 관계든 간에 익숙해질 때까지 조금 더 시간이 필요할 수 있습니다. 낯선 장소, 사람이 많은 곳에서는 자신의 생각을 정리하고 마음의 준비가 필요하고 이곳이 안전한 곳인가를 부모님 뒤에 숨어서 상태를 파악하는 것이므로 충분히 뒤에 숨어서 살펴보는 것을 인정하고 수용해 주는 것이 좋습니다. 이때는 "○○이는 엄마 뒤에서 본 다음에 괜찮아지면 나올 거구나. 엄마랑 같이 살펴보자." 등과 같은 언어적 표현으로 안심시켜 주는 것이 좋습니다. "얘는 왜 자꾸 이래, 다른 애들은 잘도 노는데……." 등과 같은 표현은 아이의 낯가림과 소심한 부분을 더 강화시키고 아이 스스로가 느끼기에 자신은 문제가 있는 아이로 받아들일 수 있으므로 주의하는 것이 좋습니다. 아이의 특성을 이해하고 존중하여 아이와 함께 탐색의 시간을 갖고 부모님을 통해 안전하다는 것을 확인하여 스스로 조금씩 적응할 수 있도록 돕는 것이 필요합니다.

＼ 놀잇감을 다양하게 놀지 않아요.

'27개월 된 저희 아이는 놀잇감을 한 가지만 가지고 놉니다. 어떻게 하면 여러 가지 놀잇감으로 놀 수 있도록 해야 할까요?'

아동의 기질 특성일 수도 있고, 이 월령대의 아이들은 놀잇감이 자신에게 익숙해질 때까지 탐색하는 특성이 있습니다. 충분히 탐색을 하고 난 후에 다른 놀잇감으로 전이될 수 있으므로 염려하지 않아도 됩니다. 다만 조금 더 감각놀이나 신체놀이를 돕는 것이 성장 발달에 더 좋기 때문에 한 가지씩 탐색이 이뤄진 후 양육자는 아이가 놀이의 즐거움을 알 수 있도록 아이와 함께 놀이하는 것이 좋습니다. 아이의 행동을 언어로 읽어 주고(행동 tracking) 역동적이거나 조용한 언어표현 등으로 즐겁게 활동하는 것이 좋습니다. 아이가 혼자서 놀이를 하게 되면 놀잇감의 활용과 놀이방법 등의 확장이 제한적이어서 놀잇감에 집중하여 노는 시간이 짧고, 흥미를 느끼지 못합니다. 월령이 어릴수록, 구체적으로 만 3세 이전(또래놀이가 가능하기 전)까지는 성인과 함께 놀이를 함으로써 놀잇감의 활용, 놀이방법, 상호작용 등을 배울 수 있습니다.

＼ 겁이 많은 아이

'27개월 된 외동이로 가정보육 중입니다. 아이가 너무 조심스럽습니다. 무엇이든 도전하기 좋아하는 엄마와는 다르게 너무 조심스럽고 겁이 많습니다.'

부모가 활달하고 도전적인 성향이어도 아이들은 자신이 안전하다고 생각되지 않으면 조심스럽게 행동합니다. 이렇게 조심스러운 아이들은 다치거나 돌발적인 행동을 하지 않으므로 상대적으로 안전하게 성장할 수 있습니다. 선천적으로 조심스러운 아이일 수도 있으므로 앞으로 성장하는 과정에서 조금씩 안전을 확인하고, 아이 스스로 탐색해 보고 자신과 타인 및 환경을 신뢰할 수 있을 때 도전하거나 호기심 해소를 위한 행동을 할 수 있으므로 너무 급하게 성인의 기준에서 도전적인 활동에 아이를 이끄는 것은 주의하는 게 좋습니다. 아이의 발달 수준과 속도에 맞춰 주는 것이 앞으로 성장 발달에 더 도움이 될 수 있습니다.

\ 어린이집에서 더 어린 반으로 옮겼어요.

'27개월 된 아들아이가 어린이집을 다닌 지 1년 정도 되었습니다. 첫 어린이집에서 6개월 정도 다니다가 자꾸 같은 반 친구들로부터 깨물리거나 꼬집혀서 현재의 어린이집으로 옮기게 되었습니다. 현재는 같은 반 친구들을 우리 아이가 깨물어서 담임교사의 권유로 더 어린 반으로 이동하기로 하였습니다.'

아이들은 자신의 의사를 언어로 표현할 수 있을 때까지 본능적인 욕구를 행동언어로 표현하는 과정을 거치게 됩니다. 이 과정 동안 성인들의 건강하고 올바른 지도를 받게 되면 기다릴 수 있게 되고, 완전한 언어로 의사표현을 하지 못하더라도 공격적인 행동은 줄어들게 됩니다. 이때의 올바른 지도란 아이들의 욕구나 감정, 생각에 대한 알아차림 즉, 마음읽기를 통하여 이뤄질 수 있습니다. 이는 짧은 시간 동안 이뤄지는 것이 아니므로 반복적이고 지속적이고 일관적인 방법으로 체득될 수 있도록 하여야 합니다. 아이들의 마음읽기를 제대로 하려면 성인들은 아이들을 세심하고 민감하게 살펴야 합니다. 특히 어린이집과 같은 1대 다수의 관계에서는 더욱 중요한 것이 사각지대가 없어야 한다는 것입니다. 대부분 아이들의 마음읽기에 실패하는 경우를 보면 성인들의 '빨리 해치워야 한다'는 생각으로 당장의 문제 상황만을 해결하고자 하는 경우가 많습니다. 아이들은 성장하는 모든 과정에서 경험하고 배우고 다시 반복해서 연습하면서 적응을 하게 됩니다. 현재 아이가 자꾸 깨무는 등의 공격적인 행동을 하는 것은 어린 시기부터 배워 왔던 것을 자신의 생존전략으로 삼았을 가능성이 매우 높습니다. 이때, 교사나 부모님들이 통제하거나 혼을 내는 것으로만 해결하려고 해서는 고쳐지지 않고, 아이 마음에는 상처만 남게 됩니다. 이러한 행동으로 인하여 더 어린 반으로 옮기라는 권유를 받았다는 것만 보아도 교사의 대처에 의문점을 갖게 합니다. 아이가 현재 만 2세가 넘었기 때문에 어린 반으로 옮기게 되면 스스로 생각하기에도 자신이 거부되었고 벌을 받았다는 느낌을 받게 될 것입니다. 어린 반으로 옮기게 되면 자신보다 더 어린 아이들이기 때문에 상대적으로 문제 상황은 덜 발생하겠지만 아이 입장에서는 그만큼 성장하고 발달할 기회를 잃게 되는 것입니다. 가정과 기관의 적극적인 소통을 통하여 아이 입장에서 어떻게 하는 것이 더 유리할지를 살피고, 부모님께서는 아이의 성장과 발달을 위한 최선의 방법에 대해 적극적으로 고민해 보기를 권합니다. 현재 어린이집에서의 부정적인 경험 등이 1년 정도 누적이 되었기 때문에 다른 기관을 알아보는 것도 한 방법입니다. 다른 기관을 알아볼 때에는 기관장의 보육과 교육관에 대해 알아보고, 함께할 담임교사에 대한 정보도 알아보는 것이 좋습니다. 기관에 대한 기대를 하는 것보다 우선 가정 내에서 아이에 대해 이해를 하고, 충분한 관심과 애정을 갖고 아이가 자신의 의사표현 방법 등에 대해서 연습할 수 있도록 일상생활에서 경험하기를 권합

우리 동네 상담사가 전하는 정서중심 실천 육아

니다. 혼자서 어렵다면 이런 경우 부모교육이나 부모 양육 상담 등을 통해 도움을 받을 수 있습니다.

＼ 식사 시간이 너무 길어요.

> '27개월 된 아들아이의 식사 시간이 너무 깁니다. 아침에 등원을 할 때는 식사 시간이 너무 길어 대부분 굶고 등원을 하고, 저녁식사 시간에는 2시간 정도가 걸리며 식사량도 매우 적습니다.'

아이가 아마도 먹는 행위를 그다지 좋아하지 않은가 봅니다. 이런 유형의 아이들은 기질적으로 까다롭고 예민할 가능성이 있습니다. 입 안에 느껴지는 음식의 식감에 따라 식사량이 달라질 수도 있고, 저작활동이 힘들어서 그럴 수도 있습니다. 아이가 식사 시 어떤 형태, 어떤 종류, 어떤 식감의 음식을 선호하는지를 파악하여 조리방법이나 음식의 종류 등에 변화를 주는 것을 권유합니다. 아침 등원 시 반드시 밥을 먹여야 한다는 부담감을 내려놓고 아이가 좋아하는 죽이나 빵, 계란이나 과일 등으로 식사를 제공하면서 식사의 선호도를 체크해 보는 것도 좋겠습니다. 먹는 일이 고통스럽다고 느껴지면 자꾸 먹는 것을 거부하게 됩니다. 이를 즐거운 일이라는 것을 경험하게 하는 것이 중요합니다. 아직 어린아이이기 때문에 부모님과 함께 매일 꾸준히 식사하면서 즐겁게 식사를 하도록 하고, 저작활동에 부담스럽지 않은 조리방법 등으로 변화를 주는 것이 좋겠습니다. 식사 시간도 아이의 식사량을 정해 놓고 '꼭 먹여야겠다.'라는 생각보다는 시간을 정해 두고 아이에게도 알려 주면 되겠습니다. "○○아, 밥 먹는 시간은 여기 긴바늘이 6에 올 때까지 먹을 거야." 라고 시계의 긴바늘을 가리키며 식사 시간은 30분이라는 것을 경험적으로 알려 주고, 지킬 수 있도록 해야 합니다. 지금처럼 2시간 동안 먹으면 그 시간 동안 음식은 더 맛이 없어질 것이고 건강상, 위생상으로도 도움이 되지 않습니다. 먹기 싫은 것을 억지로 먹는 그 시간이 아이에게는 고통의 시간일 수도 있습니다. 시간이 지나서 치우고 조금 배고프더라도 중간에 간식 시간이 있으니 너무 염려하지 않아도 될 것입니다. 그렇다고 식사량이 부족하니 간식으로 배부르게 먹는 것은 좋지 않습니다. 간식도 정해진 만큼만 가능한 양질의 간식을 제공하는 것이 좋습니다. 식사 후 우유나 과일 정도가 좋겠지요. 정해진 식사 시간 동안의 식사량이 조금씩 증가하게 되고 아이 스스로도 열심히 맛있게 먹을 수 있도록 격려와 지지표현 등을 잊지 말아야 합니다. "우리 ○○이가 밥을 맛있게 먹네, 이렇게 잘 먹으니 아빠처럼 쑥쑥 크겠구나." 아이들은 자신이 성장하고 있고, 자신의 엄마 아빠처럼 큰다는 사실에 기뻐합니다.

＼ 다국적 가정의 언어발달

'한국인 어머니와 영국인 아버지로 27개월 된 외동아들을 가정보육하고 있습니다. 또래에 비해 언어발달이 매우 늦습니다. 한국말로는 겨우 엄마, 아빠만 하는 정도이고 가정 내에서는 주로 영어만 사용하고 있습니다. 엄마인 제가 한국인이면서도 평소에 말수가 적어서 한국어로 상호작용하는 것이 많지 않습니다. 그런 영향 때문인지 아이가 문화센터 같은 곳에서 진행하는 집단 프로그램에 참여하기 어렵고 혼자서 배회하며 집중을 하지 못합니다. 옆 사람들에게 방해가 되어 진행 도중에 나오기 일쑤입니다.'

아이들의 언어발달에 중요한 영향을 끼치는 일상적 환경은 어느 정도의 언어적 환경에 노출이 되고 언어적 자극을 받으며 자신의 표현에 대한 타인의 반응에 따라 발달자극의 정도가 달라질 수 있습니다. 언어발달이 또래들에 비해 늦는다는 아이들의 부모 특성을 보면 과묵하거나 조용한 가정 분위기의 아이들일 가능성이 높습니다. 본 사례처럼 이중 언어를 사용하는 가정환경의 아이들은 한국어만 사용하는 가정의 아이들보다 훨씬 더 유리한 언어적 환경을 가졌다고 볼 수 있습니다. 그렇지만, 부모님들의 언어적 상호작용 빈도가 높지 않고 한국의 아이들과 함께 지내야 하는 현 상황에서 해당 아이는 대부분의 일상적 언어를 영어로만 사용하는 환경에 있기 때문에 부모님과의 소통에는 크게 어려움이 없겠지만 외부에서 또래나 타인 간의 소통 또는 집단 프로그램이나 활동에 집중하기는 쉽지 않을 것입니다. 아이들의 인지적인 활동과 대인관계에 가장 많은 영향을 끼치는 것은 언어발달로 상대방의 언어나 비언어적인 측면을 통하여 받아들인 정보를 어떻게 언어로 표현하여 전달하고, 자신의 요구사항을 언어로 표현하느냐에 따라 상호작용의 질이 달라지기 때문입니다. 현재 아이가 표현하는 한국어가 엄마, 아빠 두 단어 정도이기 때문에 아이가 느끼는 답답함은 부모님이 느끼는 답답함보다 훨씬 더 클 것입니다. 자신의 생각과 요구 등을 언어로 표현하기 어렵기 때문에 행동언어로 표현할 가능성이 높습니다. 일상생활에서 영어를 사용하는 것과 별개로 한국어를 사용하는 어머니가 지금보다 훨씬 더 수다스럽다고 느낄 정도까지 아이의 행동언어나 정서를 한국어로 표현해 주는 적극적인 언어적 자극이 필요합니다. 가정 내에서는 30개월까지 최선의 노력을 해야 하고, 이후에 변화가 없다면 언어치료를 받아 보는 것도 좋습니다.

＼ 배변훈련 돕기

'28개월 된 외동이로 현재 배변훈련 중입니다. 잘하다가도 실수를 하여 최근에는 밤 수면 중에는 기저귀를 채우고 있습니다. 괜찮을까요?'

아이들이 배변훈련을 하다가 실수를 하는 것은 당연합니다. 실수를 하다가 안정기에 접어들었다가 다시 또 실수를 하는 간격이 길어지면서 배변훈련을 완성하게 됩니다. 대부분 만 3세 이후가 되면 배변훈련이 끝나게 되고 이후로는 자신의 의지에 따라 방광과 항문의 조절이 가능해짐으로써 배변훈련이 완성되는 것입니다. 이런 과정 중 실수를 할 때 야단치거나 혼을 내는 행위 등은 아이에게 죄책감을 갖게 하고 수치심 등으로 자존감을 훼손할 수 있습니다. 실수를 할 수 있고, 괜찮다고 다독여 주며 얼른 깨끗한 옷으로 갈아입혀 주는 것이 심리적인 안정을 도모할 수 있습

우리 동네 상담사가 전하는 정서중심 실천 육아

니다. 배변훈련 시의 스트레스가 높게 되면 성장기 이후까지도 부정적인 영향을 끼칠 수 있으므로 최대한 스트레스를 받지 않도록 하는 것이 좋습니다. 밤 수면 중 기저귀를 채우는 것도 괜찮습니다. 아이가 실수할까 불안해하고, 양육자 또한 실수할까 스트레스를 받게 되면 서로에게 좋지 않고 숙면에 방해가 되므로 기저귀를 채우고, 일주일 정도 기저귀가 젖지 않으면 이후엔 빼도 되겠습니다.

\ 아침에 등원 준비가 어렵습니다.

'28개월 된 아들아이가 어린이집에 다닌 지 2개월이 되었습니다. 아침에 등원 준비할 때 너무 힘이 듭니다. 기저귀 갈고, 옷 갈아입는 것을 싫어하고 자꾸 시간을 지연시키려고 합니다. 그 중간에 외가를 방문하여 보름 정도 머물렀었습니다.'

아이가 어린이집에 다닌 지 아직 2개월 정도밖에 되질 않아서 여러 가지로 적응하는 과정입니다. 이렇게 행동하는 것은 어린이집 가는 것이 싫고, 엄마와 함께 집에서 있고 싶다는 의사표현일 수 있습니다. 또한 적응 과정 중에 외가 방문이라는 이슈가 있었고, 외가에서 가장 어린 대상으로 모든 성인들에게 관심의 대상이 되었을 가능성이 높습니다. 장기간 어린이집에 등원하지 않았기 때문에 처음부터 다시 적응할 수 있도록 도와주어야 합니다. 재적응하는 단계에서는 처음 적응할 때보다 아이가 어린이집에 가지 않아도 되는 몇 가지 전략들을 확인하였을 가능성이 있으므로 충분히 적응이 완료되는 때까지는 가능한 결석 없이 꾸준히 등원을 해야 아침에 어린이집에 가는 것이 당연한 것이라고 받아들이게 됩니다. 아침에 등원을 원활히 할 수 있도록 미리 아침 식사를 준비해 두고, 아이가 깨기 한 시간 전 정도에 기저귀를 갈아 두는 등의 준비를 하는 것이 좋습니다. 아침 식사는 뇌를 깨우는 정도의 저작활동을 할 수 있는 식사로 간단히 준비하면 됩니다. 너무 '아침을 든든히 먹여 보내야 된다, 양치질도 꼭꼭 잘해야 한다.' 등으로 아침부터 아이를 힘들게 하지 않는 것이 좋습니다. 어린이집에 가면 어떤 즐거운 활동이 기다리고 있고, 선생님과 친구들이 기다리고 있다는 등의 이야기를 해 주는 것이 좋습니다. 어느 때 아이가 즐겁게 어린이집에 가려고 나서는 날에는 완벽한 칭찬을 해 주는 것이 그다음 날도 잘 갈 수 있도록 만들어 줍니다.

\ 자신의 영역 침범을 싫어합니다.

'28개월 된 외동딸을 가정보육하고 있습니다. 까다롭고 예민한 아이로 두 돌 전후로는 누군가가 더욱 자신에게 다가오는 것을 싫어하여 소리를 지르거나 자신의 놀잇감에 손을 대는 것도 싫어합니다.'

까다롭고 예민하다는 것에 대한 평가가 어머니의 주관적인 견해인지 객관적인 평가인지는 살펴볼 필요가 있습니다. 경우에 따라 양육자나 보호자는 아이의 단편적인 행동으로 까다로운 아이, 예민한 아이라고 규정

우리 동네 상담사가 전하는 정서중심 실천 육아

하기 쉽습니다. 순한 기질의 아동들도 자신이 불편한 상황에서는 정도의 차이는 있지만 자신의 이익을 취하기 위한 전략(예: 빼앗기, 밀치기, 울기 등)을 사용하여 성인들을 놀라게도 합니다. 아이가 두 돌 전후하여 자신의 소유개념이 생기는 발달과정의 영향도 있고, 놀이의 발달과정상으로 놀잇감을 공유하거나 협동놀이를 하는 것은 어려운 단계입니다. 같이 놀이를 하는 것을 유도하려면 각각의 영역을 확보해 주고 놀잇감도 각각 제공을 하여 자신의 놀이를 하면서 또래에 대한 관심을 유도하여 놀잇감 공유 등이 자연스레 발현되어야 합니다. 이러한 과정을 통하여 친사회적 기술을 배울 수 있는 기회가 됩니다. 낯선 사람이 다가오는 것에 대해 싫다고 표현하는 것은 자신의 안전에 대한 욕구가 강한 것이고, 현재 가정보육 중인 것으로 보아 다양한 타인에 대한 경험이 적은 영향일 수 있습니다. 아이들은 자신이 안전한 환경이라 인식하고 안전한 사람이라는 것을 확인할 때까지 경험과 시간이 필요합니다.

＼ 엄마 껌딱지인 아이

'28개월 된 외동아들이 신생아 때부터 현재까지 엄마 껌딱지처럼 엄마 품에만 있으려고 합니다. 흔날 상황이 와도 안아 달라고 하고 자기 마음대로 하려고 떼를 쓰고 보채기 일쑤입니다. 아이는 자신이 원하는 것을 얻을 때까지 엄마의 진을 빼곤 합니다. 엄마로서 받아 줄 수 있을 때까지 받아 주다가 이제는 아이의 체중이

13kg이 넘은 상황에서 안아 달라, 업어 달라는 등의 요구가 너무 힘이 듭니다. 이런 경우 결국엔 저도 폭발하여 아이를 때리게 됩니다. 이런 아이의 모습을 볼 때면 이기적인 남편의 모습이 겹쳐 보여서 미운 마음이 듭니다.'

현재 아이가 이 가정의 독재자처럼 군림하고 있는 듯합니다. 이렇게 아이가 성장한 근본적인 원인이 있을 겁니다. 보통 이런 경우는 양육자의 양육태도가 너무 허용적이고 일관적이지 않은 상황일 경우, 불안정 애착 형성과 아이의 기질과 양육자의 기질의 조화적합도가 낮은 경우일 수 있습니다. 또는 배우자와의 관계가 원만하지 않아 아이에게 감정을 해소하는 경우 등으로 양육자의 의도와는 별개로 아이가 '제 맘대로 할 수 있는 장(場)'을 지속적으로 제공하고 있는 것입니다. 아이의 행동에 지나치게 반응하는 것은 아이를 더 자극하는 것이므로, 해서는 안 되는 행동(표적행동)을 목표행동으로 수정해 가는 과정에서 어려움이 있더라도 단호하고 굳건하게 행동이 수정될 때까지 밀고 나가야 합니다. 현재까지 적용해 왔던 방법들 중에서 성공을 거두었다가 다시 실패를 하였던 것은 일관성 있게 행하지 않고 상황에 따라 달라지는 양육태도로 인하여 아이에게 다른 전략을 세울 수 있는 빌미를 제공하였기 때문입니다. 아이의 잘못된 행동을 올바르게 고쳐 주기 위해서는 아이가 왜 그런 행동을 하게 되었는지를 먼저 살핀 후, 아이의 마음을 읽어 주어야 합니다. 평소에 긍정적인 행동을 할 때나 특별히 문제행동이라고 여기는 행동이 아닌 경우에는 항상 긍정적인 관심을 보여 주는 것이 좋습니다. 이런 일상적인 아이의 행동에 관심을 주지 않고, 조금 더 과도한 행동을 하였을 때 비로소 관심(부정적인 관심일지라도)을 받게 되면 아이는 이러한 행동을 더 하게 됩니다. 자신이 잘못된 행동을 하고도 이를 무마하고자 안아 달라, 업어 달라는 등의 행동을 하는 것은 양육자의 양육태도로 인해 선택한 아이의 행동전략일 수 있습니다. 그렇게 고집을 피우고 나서 체벌을 당하더라도 이후에 양육자가 죄책감으로 더 깊은 관심을 보임으로써 아이의 이러한 행동을 강화시켰을 가능성이 있습니다. 그렇기 때문에 아이를 혼내기 전에 양육자의 심리상태가 안정적이었는지, 아이가 정말 혼날 상황이었는지를 살펴보고, 혼을 낸다기보다는 아직 어린아이이기 때문에 올바른 방식으로 가르쳐 주어야 합니다. 양육자가 진이 빠지는 정도라면 아이도 힘들었을 겁니다. 그렇기 때문에 자신에게도 위로가 필요하기에 더 보채는 것입니다. 이런 때는 혼을 내기보다는 지긋이 바라보고 가만히 따뜻하게 안아 주면 됩니다. 그러면 아이도 진정이 되고 양육자도 어느 정도 진정이 됩니다. 아이와 심리적 힘겨루기를 하는 것은 서로에게 좋지 않습니다. 때로는 따뜻한 무관심으로 아이를 안전하게 눈과 마음으로 지켜 주는 것이 백 마디 말보다 더 효과가 있을 것입니다. 또한 배우자의 맘에 들지 않는 부분이 닮아서 더 밉다고 하였는데, 그런 배우자를 선택한 것은 바로 양육자 자신이라는 것을 잊지 말아야 하며, 아이가 자신의 부모를 닮는 것은 당연한 것이고 그것은 아이의 탓이 아닙니다. 부부갈등으로 인한 양육자의 심리적 어려움이 아이에게 전이되지 않아야 합니다. 아이는 성인들이 보호할 대상이지 화풀이 대상이 아닙니다.

＼ TV에 몰두하는 아이

'30개월, 13개월의 두 딸을 양육하고 있습니다. 두 아이를 가정에서 양육하다 보니 힘든 때가 많습니다. 힘들 때마다 TV를 틀어주게 되면, 첫째 아이는 2시간이고 3시간이고 TV에서 눈을 떼지 않습니다. 이렇게 몰두하는 걸 보면 집중력이 좋은 것 같은데요.'

아이들은 TV나 미디어에 몰두하는 것을 가장 처음 부모로부터 배우게 됩니다. 이후에 이것으로 인한 다양한 문제점이 발생하게 되는데 이를 아이의 탓으로 돌리는 것은 잘못된 것입니다. 미디어 기기에 몰두하는 것은 그것보다 재미있는 활동이나 놀이가 없기 때문입니다. TV 시청에 몰두하는 것을 집중력이 좋다고 평가하는 것은 잘못된 시각입니다. TV를 시청하는 동안에는 일방적으로 송출하는 것을 보고 있는 시간으로 자신의 뇌 활동을 활성화하는 전두엽의 기능은 활성화되지 않습니다. 뇌 연구와 관련하면, 전두엽의 기능은 통제(혹은 억제), 감독체계, 오류(혹은 갈등의 감시), 계획 및 실행을 위한 정보 유지 등으로 이와 같은 상황이 반복적이고 장기적으로 노출되었을 때는 뇌 발달에 부정적인 영향을 미칠 수 있습니다. 부정적인 영향으로는 인지행동의 감소, 동기부여의 감소, 주위에 둔감함, 정서발달의 손해 등이 대표적입니다. 인지, 행동, 정서의 전반적인 영역에 발달적 불이익을 예측할 수 있습니다. 이를 최소화하기 위해서는 가능한 미디어 기기는 필요한 때만 사용해야 하고, TV 시청을 하더라도 20~30분 정도로 한정하고, 콘텐츠 선정에도 신중을 기해야 합니다. 또한 아동 혼자서 시청하기보다는 양육자와 함께 보면서 이를 의사소통이나 상호작용의 매체로 활용하는 것이 좋습니다. "뽀로로가 버스를 타고 유치원에 가는구나, 기분이 좋아 보이네.", "크롱이는 친구에게 양보를 하며 함께 노네." 등과 같은 의미 있는 표현을 곁에서 하면서 아이의 표정을 살피고 눈 맞춤을 간혹 하는 것으로 TV를 보면서도 사람과의 상호작용을 하는 것이 좋습니다.

＼ 남편의 흡연 문제로 인한 갈등

'남편의 흡연 문제로 갈등이 많습니다. 어떻게 해야 금연을 할 수 있을까요? 최근에 남편은 금연을 하겠다고 연초를 끊고 전자담배로 바꾸었습니다. 전자담배도 건강에 해로운 건 마찬가지인데…… 어떻게 해야 금연을 하고, 흡연으로 인한 부부갈등을 줄일 수 있을까요?'

금연을 돕기 위해서는 남편이 노력하는 부분을 먼저 인정해 주고, 잔소리를 하는 것보다 염려를 해 주는 것이 좋습니다. "당신이 건강관리를 위하여 금연을 결심하고 하나씩 실천하려고 하는 것을 보니 고마워요. 근데, 전자담배도 연기만 수증기일 뿐, 니코틴 성분 등은 연초보다 더 높다고 하니 걱정이네요. 차근차근 계획하고 금연을 위해 전자담배도 끊는 날이 올 수 있기를 응원해요. 혼자서는 금연하기가 힘들 테니, 요즘 지자체에서 금연하면 여러 가지 무료 혜택이 있고 금연도 도와준다고 하더라고요." 하면서 인정과 염려 그리고 정보를 함께 공유해 보면 갈등까지 연결이 되진 않을 겁니다. 남편도 현재 여러 가지 정보를 알아보고 금연을 결심하고 있는 것 같으니, 잔소리를 하면 관계도 나빠지고 금연 의지를 꺾게 됩니다. 누구나 응원을 받고 지지를 얻게 되면 더 힘을 낼 수 있게 됩니다. 금연을 하겠다는 남편을 믿어 주고 기다려 주면 되겠습니다. 중간중간에 응원도 필요합니다.

＼ 물건을 자꾸 던집니다.

'29개월 된 외동아들이 자꾸 물건을 던집니다. 이런 때 무슨 상황인지 알 수 없어 답답합니다.'

아이들이 물건을 던지는 것에는 다양한 원인이 있습니다. 놀이의 하나로 인식할 경우와 자신의 의사표현을 하는 경우 등이 이에 해당됩니다. 물건을 던지는 행동은 안전과 관련되므로 잘 가르쳐 줘야 합니다. 놀잇감을 던지거나 위험한 물건 등을 던지는 것은 안 된다는 것을 알려 주고, 던지는 것을 놀이로 선택한 경우에는 던져도 안전한 물건(솜공이나 종이뭉치 등)을 소파나 통 속에 던질 수 있음을 알려 주는 것이 좋습니다. 아무 물건이나 던지는 때엔 아이가 물건을 던지기 전의 상황을 면밀히 살펴보고 아이가 표현하고자 하는 의사표현이 무엇일지를 추정하여 물어봐 주는 것이 좋습니다. "○○이는 그것이 마음에 들지 않았나 보구나. 그렇지만 물건을 던져서는 안 된단다. 그럼, 어떤 것이 마음에 들지 찾아보자."

우리 동네 상담사가 전하는 정서중심 실천 육아

하고서 던지는 행위보다는 아이의 마음(의도)에 초점을 두는 것이 좋습니다. 또는 던지는 행위를 놀이로 전환하여 놀잇감 바구니나 종이박스 등을 활용하여 신문지를 뭉쳐서 골인하는 놀이로 해소할 수도 있습니다. 아이의 부정적인 행동에 초점을 두게 되면 혼을 내게 되고 해소되지 못한 부정적인 정서로 자리 잡게 됨을 기억해야겠습니다.

＼ 머리 감기를 무서워합니다.

'30개월 된 아들아이가 머리 감을 때 무섭다고 합니다. 아기 때처럼 안아서 머리를 감기다가 체중의 증가로 서서 머리를 감도록 하는데 무섭다고 하여 다시 안아서 머리를 감기고 있습니다. 언제까지 이렇게 해야 할까요?'

아이들은 눈을 감아서 어두운 상황, 눈에 뭔가 들어가서 따가운 상황이 되면 그 상황을 스스로 통제할 수 없어 공포감을 느끼기도 합니다. 머리를 감기기 이전에 물과 친해질 수 있는 놀이로 시작하는 것이 좋습니다. 아이와 함께 양육자가 목욕탕에 물을 받아 놓거나 샤워를 같이하면서 물과 함께 놀이를 하거나, 거품놀이를 하면서 눈에 물이 들어가도 시간이 지나면 안전하다는 것을 경험적으로 알아 가는 시간이 필요합니다. 아이가 인형 목욕시키기 놀이를 하는 것도 도움이 됩니다. 직접적으로 도울 수 있는 방법으로는 샤워 캡을 사용하여 점진적으로 머리를 감는 것에 익숙하게 하여 무서운 일이 아니라는 것을 알아 가도록 하는 것이 좋겠습니다.

＼ 둘째를 맞이하기 전 아이의 행동 변화

> '31개월 된 아들이 있고, 곧 동생이 태어납니다. 아이가 어린이집에
> 다닌 지 6개월이 되었습니다. 어린이집에선 별문제가 없었고, 아이
> 도 잘 다녔었는데 최근 약 3주 전부터 어린이집에 갈 시간이 되면
> 안 가려고 합니다. 엄마인 저도 둘째가 태어나면 아이와 단둘이서
> 보낼 시간이 부족할 것 같아 아이가 가기 싫다고 하면 보내지 않았
> 습니다. 이렇게 해도 괜찮을까요?'

아이들은 성인들의 반응에 따라 자신의 행동을 선택하게도 됩니다. 아이가 어린이집에 다니며 적응에도 별 이슈가 없었고 최근에 다른 이슈가 없었다면 어머니의 영향일 수 있습니다. 이제 곧 태어날 둘째로 인하여 첫째가 겪게 될 일들을 미리 염려해서 애틋한 마음으로 아이와 함께 보낼 시간을 마련하고자 한 생각과 행동들로 인하여 아이가 행동전략을 만들었을 가능성이 있습니다. 이렇게 하다가 동생이 태어나고 어린이집에는 꼬박꼬박 나가야 할 상황이 오게 되면 아이는 더 혼란스럽고 모든 것이 동생이 태어났기 때문이라 여기게 될 것입니다. 어머니의 애틋한 마음은 충분히 이해가 되지만, 아이가 앞으로도 잘 적응할 수 있도록 하려면 매일 꾸준히 정기적으로 해야 하는 것은 지키는 것이 아이를 위해서도 좋습니다. 특별히 건강과 안전에 관련된 일이 아니라면 기관에 잘 적응할 수 있도록 도와주고, 잘 적응하고 있는 아이를 격려하고 인정해 주는 것이 좋습니다. 아침에 등원하기 전에 가기 싫다고 하면, 가기 싫은 아이의 마음은 읽어 주되, 그렇지만 어린이집에 가야 하며 끝나는 시간에 다시

우리 동네 상담사가 전하는 정서중심 실천 육아

반갑게 만날 수 있다고 반복해서 알려 주면 됩니다. 등원 준비하면서 오늘은 어린이집에서 어떤 활동들을 할 것이고, 간식과 점심 메뉴는 무엇일지를 알려 주는 것도 아이가 어린이집에 가고 싶은 마음이 들 수 있게 도와줍니다. 등원길에 나서는 아이에게 멋지게 오늘도 잘 보낼 수 있을 것이라고 얘기해 주는 것이 좋습니다. 어린이집 현관에서의 이별도 선생님에게 인도가 되었으면 가능한 짧게 하고, 하원시간에 맞춰 반갑게 아이와 재회하고 애쓴 아이를 꼬옥 안아 주며 오늘도 멋지게 어린이집 잘 다녀온 아이를 칭찬해 주면 됩니다. 아이들도 매일 똑같은 일들에 어떤 때는 하기 싫고, 재미가 없다고 느낄 수 있습니다. 이런 아이들의 마음을 읽어 주고 그래도 가야 함을 반복적으로 알려 주는 것이 중요합니다. 습관이 되고 생활이 되면 괜찮아집니다.

＼ 언어발달을 도울 수 있는 양육자의 역할

'31개월 된 외동아들로 현재 한 단어 정도만 가능합니다. 수용언어는 크게 어려움이 없습니다. 대부분의 시간을 엄마와 보내고 있으며, 어린이집에 머무는 시간 외에는 나홀로 육아를 하고 있습니다. 평소 과묵한 가정 분위기이고 부부 사이에서도 아이에게도 필요한 말만 하는데 이러한 영향이 있을까요?'

보통 아이들의 언어발달은 또래 여아에 비하여 남아가 느린 편이고, 가정환경, 선천적인 영향 등 다양한 요인이 작용할 수 있습니다. 자주 아이의 언어표현을 지지하고 한 단어로 말을 하여도 수용언어에는 이상이 없으므로 정제된 완성체 문장으로 반응하여 들려주면 언어발달에 도움이 됩니다. 아이들의 언어발달을 돕기 위한 일상의 환경은 성인들의 긍정적인 대화 장면을 자주 노출하고, 언어적인 자극을 주는 환경의 변화로도 가능합니다. 예를 들어, 아이가 "물." 이라고 표현했을 때의 행동을 보고, 물을 가리키면서 말을 할 때에는 "○○이가 물을 마시고 싶구나." 등과 같은 완성된 문장으로 표현하는 것이 좋습니다. 아이가 물을 가리키면서 "물." 이라고 말할 때 말없이 물을 건네게 되면, 더 이상 말을 하지 않아도 자신의 의사전달이 되었으므로 길게 말하지 않게 됩니다.

＼ 배변훈련에 관심이 없는 아이

'31개월 된 또래들은 거의 배변훈련을 시작하고 잘 따르고 있다는데 저희 아이는 배변훈련에 관심이 없습니다. 엄마의 마음은 급하고 아이에게 뭔가 문제가 있는 것은 아닌가 걱정이 됩니다.'

현재 월령으로 봤을 때, 많이 늦은 것은 아니기 때문에 배변훈련이 억지로 되어서는 안 됩니다. 무엇보다 중요한 것은 배변훈련은 성인들의 계획이 우선이 아닌, 아이의 방광과 괄약근의 발달이 충분히 이루어져야 조절이 원활해지고 심리적인 준비가 된 후에 가능합니다. 이렇게 준비가 되었더라도 성급하게 접근하면 배변훈련의 기간이 길어질 수 있고, 아이의 심리적 불안감을 초래할 수 있습니다. 배변훈련에 관심을 갖고 시도하기 전

부터 배변과 관련된 놀이로 접근을 하고, 어쩌다 시도했던 배변훈련이 성
공하였을 때 확실한 칭찬을 해 주는 것이 좋습니다. 배변훈련을 통하여
변을 보고 더럽다거나 창피하다는 느낌이 아닌, 아이가 자신의 몸을 통해
생산된 것에 대한 자랑스러움을 느끼도록 하는 것은 배변훈련을 원활히
할 수 있게 합니다.

＼ 친구 놀잇감을 더 부러워하는 아이

'31개월 된 딸아이는 친구들과 놀이를 할 때, 맘에 드는 놀잇감이
있으면 자기 것이라고 우깁니다. 집에 비슷한 것이 있어도 미세한
차이가 있는 것에 매력을 느끼는 것 같습니다.'

또래관계가 증가하는 시기에 발생할 수 있는 일입니다. 아이들은 또래
관계를 통하여 사회성을 배우게 됩니다. 친구의 물건을 자신의 것이라고
하는 것은 그 놀잇감이 마음에 들었다는 표현이므로, "이게 네 맘에 꼭 들
었구나. 그래서 갖고 싶었네. 그렇지만 이것은 친구 것이니까 친구가 허
락을 해 줘야 빌려 갈 수 있어." 로 표현하고, 친구가 허락하지 않으면 안
된다는 것을 반복적으로 경험해야 알 수 있습니다. 이때 친구가 허락을
해 주지 않는다면 다른 대체물을 제시하고, 그것에 순응하지 않고 울거나
떼를 쓰더라도 기다려 주고 버텨 주면 순응하게 됩니다. 대체물을 선택하
거나 친구와 다시 잘 놀게 되면 긍정적인 메시지를 즉각적으로 주는 것이

좋습니다. 아이들이 울거나 떼를 쓰면 그 상황을 견디기 힘든 성인들이 아이가 원하는 방향으로 들어주기 때문에 올바른 사회적 기술을 배우는 데 어려움이 있게 됩니다.

＼ 첫째에게만 집중하는 게 맞을까요?

'32개월 된 첫째 딸아이가 5개월 된 둘째로 인하여 상처받지 않게 하려고 둘째가 울어도 그냥 둡니다. 이때 첫째가 울면서 동생에게 가 보라고 합니다. 이럴 땐 어떻게 해야 할까요?'

두 아이 모두 상처받지 않게 키우려고 애쓰는 양육자의 모습을 알 수 있습니다. 그렇지만 우리 인간은 상처받지 않고 살아갈 수는 없습니다. 아이들도 때로는 힘든 상황들을 겪으면서 더 성숙하게 됩니다. 어린 아기가 울 때는 도움이 필요하다는 것이므로 첫째 때문에 외면할 것이 아니라 "아기가 우네. 무슨 일인가 보자." 라고 반응하고 첫째와 함께 보는 것이 좋습니다. 둘째가 울고 있는 상황에서도 첫째인 자신 곁에만 있는 양육자를 향하여 동생에게 가 보라고 하는 것에 대해서는 "동생이 우니까 마음이 쓰이는구나. 그래서 엄마에게 가 보라고 하는 거야. 그럼, 우리 같이 가 보자." 라고 하면서 동생을 돌보고 살피는 것에 동참할 수 있도록 하는 것이 좋습니다. "누나가 동생을 사랑하는 마음이 예쁘고 고맙구나, 역시 누나네." 라는 표현을 함으로써 두 아이 모두에게 관심을 줄 수 있습니다. 자녀의 수가 많아질수록 육아의 균형을 유지하기 힘들 수 있습니다만, 동시다발적인 상황에서는 중요 우선순위 또는 문제의 위급성 등을 고려하여 접근하는 것이 좋겠습니다.

✏ 체벌하는 아빠

> '32개월 된 딸이 떼를 부리거나 말을 듣지 않으면 남편은 아이를 생각하는 의자에 앉히고 방에 혼자 있게 둡니다. 어떤 때는 엉덩이를 때리기도 합니다.'

생각하는 의자도 체벌도 금물입니다. 특히, 생각하는 의자에 앉게 하고 아이를 방 안에 혼자 있도록 하는 것은 초기에는 두려움과 불안을 줄 수 있지만 조금 더 성장하게 되면 혼자 있도록 무언의 자유를 허락하는 행동으로 인지될 수 있습니다. 만일 생각하는 의자를 효과적으로 활용하고자 한다면 아이와 함께 있는 공간에서 아이의 연령 수준에 맞는 시간(약 3분 정도)만 앉게 하는 것이 좋습니다. 그렇지만 아무 설명 없이 떼를 부린다는 이유로 생각하는 의자에 앉게 하는 것은 아이에게 그 무엇도 가르치는 것이 아닌, 방임의 한 도구일 뿐입니다. 생각하는 의자는 아이가 논리적으로 생각을 할 수 있고, 자신의 생각을 언어로 충분히 표현할 수 있는 정도가 되는 만 5세 정도의 유아에게는 가능할 수 있습니다만, 그것도 권하지는 않습니다. 성장 발달하는 아이들에게는 친절하게 알려 주고 알아듣도록 반복적으로 경험하는 것으로도 훈육이 가능합니다. 성인의 입장에서는 떼를 부리고 말을 안 듣는다고 할 수 있지만, 아이의 입장에서는 분명 자신의 의사가 있을 것이므로 아이의 마음을 충분히 읽어 주는 것으로부터 건강한 성장에 도움을 줄 수 있습니다

＼ 편식하는 아이

'32개월 된 아들아이가 반찬과 국은 먹지 않고 밥만 먹으려고 합니다. 볶음밥이나 주먹밥은 그나마 잘 먹는데, 편식을 할까 봐 걱정이 됩니다.'

감각이 예민한 아이일수록 편식이 있을 수 있고, 음식의 색과 맛, 모양 등에 대하여 쉽게 적응하기 어려울 수도 있습니다. 그렇지만 다행인 것은 여러 가지 재료들이 어우러진 음식들은 먹는 것으로 보아서 크게 걱정할 것은 없습니다. 대부분의 아이들은 성장하는 동안 다양한 방식으로 편식을 하게 됩니다. 어떤 것은 색깔 때문에, 어떤 것은 특유한 향 때문에, 어떤 것은 독특한 식감 때문에 등등. 좋아하는 식재료 등으로 음식 먹는 것이 즐겁다는 것을 함께 경험하도록 하고 여러 가지 식재료들을 잘게 다지고 섞어서 조리하는 다양한 조리법으로 접근하면 도움이 될 것 같습니다. 비빔밥과 주먹밥만 먹는다고 하여 계속 한정된 음식만 제공하게 되면 그것마저도 재미없고, 맛없다고 느끼게 되어 더 편식을 하게 될 수 있습니다. 어린이집에서는 어떻게 식사하는지 담임교사와 충분히 정보를 공유하여 어린이집에서는 다른 또래들 먹는 걸 보고 잘 먹는다고 하면 염려할

우리 동네 상담사가 전하는 정서중심 실천 육아

건 없습니다. 아이들은 함께 식사하며 상대가 먹는 것을 보고 더 맛있게 먹을 수 있고, 분위기만로도 식사장면으로 합류할 수 있기 때문에 다양한 식재료들로 다양한 조리법 등을 활용하여 함께 식사하면서 맛있게 먹는 아이의 모습에 지지표현과 칭찬을 보내 준다면 식습관은 개선될 수 있습니다. 또한, 아이와 음식 만들기 활동을 함께하면서 아이가 할 수 있는 재료 손질 등에 참여를 하거나, 안전한 조리과정의 음식 등을 경험하는 것은 음식에 대한 호기심과 자신이 참여한 음식에 대한 자부심 등으로 즐거워할 수 있습니다.

＼ 꼭 아이와 함께 살아야 할까요?

'32개월 된 외동아들을 출산 후 12개월까지 휴직하여 양육하였습니다. 이후 복직하여 타 지역에서 홀로 직장을 다니고 있습니다. 월요일부터 금요일까지는 시모와 남편이 양육하고 있고, 아이와 함께 지내는 시간은 금요일 밤부터 일요일 밤까지입니다. 꼭 아이와 같이 살아야 하는지 궁금합니다. 현재 저는 아이가 크게 예쁘거나 같이 지내야 하는 필요성을 못 느끼겠고 혼자 지내는 것이 좋습니다. 그렇지만 주변에서 아이와 함께 지내야 된다는 말을 자주 하여 고민이 됩니다.'

모성이라는 것도 저절로 생기는 것이 아닙니다. 아무리 어머니라도 아이와 함께하는 시간을 통하여 내 아이에 대해서 잘 알 수 있고, 아이와의 유대관계도 돈독해질 수 있습니다. 부모-자녀 간에도 서로의 마음이 통하였을 때 전하고자 하는 의미가 더 잘 전달되고 서로 잘 적응할 수 있습니다. 부모-자녀 간에도 이러한 과정이 필요합니다. 특히 12개월까지 생애 초기 동안의 애착 형성만으로는 아이에게 어머니와의 안정애착 형성이 견고하게 확립되기란 쉽지 않고, 매일매일 새로운 경험을 통하여 성장하는 아이에게 그 하루라는 것은 성인의 하루와는 매우 큰 차이가 있습니다. 자녀와 같이 지내는 시간의 양과 질적인 측면에서 모성도 계발이 되는 것입니다. 특히, 사람을 키우고 돌본다는 것은 정답이 있어 기계적으로 이루어지는 것이 아닙니다. 그 어떤 일보다 창의적인 해결책을 찾아가는 일이기도 합니다. 아이에게 어떻게 접근하는 것이 좋을지는 각 개인에 따라 달라지기 때문입니다. 현재, 주 양육자가 시모로 되어 있어 아이에게 '엄마'는 호칭만 엄마일 뿐이지 진정한 엄마는 할머니로 자리 잡았을 가능성이 높습니다. 36개월까지의 중요한 애착 형성 시기에 어머니와의 불안정 애착 형성은 이후의 대인관계 및 타인에 대한 신뢰관계에 어려움을 초래할 수도 있습니다. 가능한 아이와 함께 일상을 보낼 수 있는 시간을 강구해 보기를 권합니다. 예를 들어, 어머니가 육아휴직을 조금 더 사용할 수 있는지, 또는 아직 아이가 학교에 입학하기 전이므로 어머니가 있는 곳으로 옮겨 낮 동안 헤어져 있더라도 매일 함께할 수 있는 시간을 최대한 마련하기를 권합니다. 물론, 할머니와 아버지가 돌보는 것이 정서적으로 더 안정적이라면 그 또한 방법이기도 합니다만, 더 커서 아이와의 관계를 개선하고자 한다면 아이와의 친밀성과 신뢰성 회복을 위한 시간이나 노력이 더 많이 필요할 수도 있습니다. 어머니가 현재 혼자서 지내는 것이 많이 익숙해져 있는 것처럼 아이도 어머니가 그저 주말에 왔다가 가는 방문자로 인식될 수도 있음을 생각해 보면 어떨까 합니다. 관계는 상호적인 것이어서 부모-자녀 관계에서도 그렇습니다. 아이들은 자신이 믿고 따르는 사람의 말을 더 귀담아듣게 된답니다.

＼ 동생 맞이하기 준비

'32개월 된 딸아이가 현재는 외동이지만 곧 둘째를 출산하게 됩니다. 동생 맞이하기 준비는 어떻게 해야 할까요?'

외동이었다가 동생을 보게 되면, 여러 가지 퇴행이 나타나기도 합니다. 보통 이런 때 비유하기를 젊고 예쁜 첩이 집으로 들어왔을 때의 본처 마음과 같다고 표현합니다. 아이의 마음을 성인들이 이해하기에 가장 적절한 표현이기도 합니다. 자신보다 훨씬 작고 아무것도 할 줄 몰라도 그저 사랑받는 동생을 보게 되면 질투심으로 자신도 아이처럼 행동하게 되면서 퇴행을 하게 됩니다. 동생이 태어나기 전부터 동생에 대한 이야기를 하고, 특히 엄마의 배가 불러 오기 시작하는 때에는 자연스럽게 동생이 잘 자라고 있으며 태담을 나눌 때 아이도 함께 참여할 수 있도록 하고, 태동을 함께 느끼면서 동생이 나올 준비를 하고 있다는 이야기를 생활 속에서 나눔으로써 동생의 존재를 인식하게 합니다. 둘째를 출산하러 가기 한 달 전부터는 실제적인 동생을 맞이할 수 있도록 '동생 낳으러 가는 날'을 달력에 표시해 두고 서서히 마음의 준비를 할 수 있도록 돕는 것이 좋습니다. 동생을 낳으러 가면 아이는 누구와 함께 지낼 것인지, 엄마와 동생은 언제 만날 수 있게 되는지 등에 대해서도 이야기를 나누는 것이 좋습니다. 대리양육자를 미리 정하여 출산 예정일 2주 전부터는 아이와 함께 지내는 시간을 확보해서 친밀성과 안정성 등을 확보하는 것이 좋습니다. 산후조리원 등에서 몸조리를 하는 동안 영상통화를 통해 자주 아이와 소식을 나누는 것이 도움이 됩니다. 산후조리원에서 집으로 돌아올 때는 아기는 다른 사람이 안고 들어오고, 엄마가 첫째를 충분히 안아 주고 서로 편안하게 재회할 수 있도록 해야 합니다. 집에서 기다렸을 아이를 위한 선물을 준비하여 동생이 누나(또는 형, 언니)에게 주는 선물이라며 전하는 것이 좋습니다. 이때, "동생이 누나(또는 형, 언니)와 만나게 되어서 반가워서 선물을 준비했대. 엄마가 대신 전해 주는 거야. 나중에 이 놀잇감으로 함께 놀기를 바란대." 라고 전하게 되면 동생을 미운 대상이 아니라 호감의 대상으로 받아들이게 됩니다. 대리양육자도 가정에서 아이와 함께 엄마와 동생을 만나기 전에 환영의 선물을 미리 마련하여 아이와 엄마가 서로 선물을 교환하도록 하는 것이 좋습니다.

＼ 둘째 출산 후 첫째와 잘 지내기

'둘째 출산 후 첫째와는 어떻게 보내야 할지 걱정입니다.'

첫째에게도 아이의 현실적 연령과 발달에 맞는 관심을 두고, 동생의 돌봄에 아주 작은 부분이라도 함께 참여할 수 있도록 하여 자신의 유능성과 존재감을 확인할 수 있도록 하는 것이 좋습니다. 아기는 아직 어려서 도움이 필요한 대상임을 알려 주고 첫째의 도움이 필요하고, 도움을 줄 때마다 고마움을 전하는 것이 좋습니다.

＼ 칭찬받기만 원하는 아이

'32개월 된 외동아들이 놀이학교에 다닌 지 8개월쯤 되었습니다. 아이는 뭐든지 칭찬과 관심을 받으려고 합니다. 부모인 저도 과도한 칭찬과 리액션이 좋다고 생각하여 지금까지 그렇게 양육해 왔는데, 놀이학교 담임 선생님도 과도한 칭찬을 합니다. 제가 봤을 때도 과도하다고 느껴지는데 이렇게 과도한 칭찬과 격려가 아이에게 도움이 될지 어느 순간부터 걱정이 되기 시작하였습니다.'

아이들이 성장하는 동안에 칭찬의 힘을 무시할 수는 없습니다. 그렇지만 칭찬에도 기술이 필요합니다. 칭찬은 고래도 춤추게 한다는 말이 있습니다만, 이 말을 가만히 살펴보면 고래도 때로는 춤추기 싫을 때가 있을 겁니다. 그렇지만 보상물로 칭찬을 받고 관객들의 환호와 박수로 인하여 하기 싫은 것도 계속하게 되는 것입니다. 그러다 보니 고래는 자신의 진짜 마음이 무엇일지를 모르게 될 것입니다. 이와 같은 속뜻으로 아이들을 보면, 과도한 칭찬은 아이들로 하여금 칭찬받기 위해 행동하게 만들 수 있다는 것입니다. 아이들이 아주 어린 시기엔 세상의 이치를 배우게 되고, 생존하기 위한 방법들을 깨우치게 됩니다. 이때에는 다소 과한 칭찬이 효과적일 수 있습니다. 그렇지만 아이들의 자아개념이 형성되기 시작하고 자신의 생각이라는 것을 할 수 있게 되고, 자신의 생각과 의지대로 선택이 가능해지기 시작하는 때부터는 자신의 수준에 미치지 못하는 결과에 과도한 칭찬을 받는 것이 건강한 성장 발달에 오히려 방해가 될 수 있습니다. 자신의 노력을 알아주는 과정에 대한 관심과 격려 그리고 인정이 아이들에게는 더 큰 보상이 될 수 있습니다. 그 연령대에 누구라도 할 수 있는 것에 대해서 과한 칭찬을 하는 것은 오히려 독이 될 수 있고, 칭찬을 받지 않게 되면 도전하지도 않게 되는 부작용을 낳게 됩니다. "와~ 대단해, 네가 최고야. 넌 천재구나. 완벽해." 등과 같은 칭찬은 아이들에게 해서는 안 될, 어른들이 칭찬이라고 착각하는 것들입니다. "네가 그걸 이렇게까지 생각하면서 하였구나. 너의 생각이 멋지구나. 네가 열심히 하는 모습을 보니 나도 기뻤단다. 네가 이렇게 해 놓고 보니 너도 기쁘구나." 등과 같은 표현이 아이들에게 과정을 격려하고 인정하는 것입니다. 현재 담임 선생님의 과도한 칭찬이 자꾸 마음에 걸리고, 아이를 위해서 고민이 된다면 담임 선생님과 아이에 대해서 깊이 있는 대화를 나눠 보길 바랍니다. 아이의 입장에서 칭찬을 받기 위해 행동을 하기보다는 아이 스스로 시도하는 모든 것들에 대한 진정성 있는 관심과 과정에 대한 격려를 요청하면 될 것 같습니다. 이때에도 물론, 담임교사에게 정중하게 대하는 것은 기본입니다. 내 아이를 맡고 있는 또 다른 보호자인 교사는 아이들을 함께 키우는 양육과 교육의 동반자임을 기억하길 바랍니다.

우리 동네 상담사가 전하는 정서중심 실천 육아

\ 기분 좋게 놀이시간 마치기

'32개월 된 외동아들과 놀이터에 자주 가곤 합니다. 문제는 놀이터에서 놀다가 어두워져서 집에 돌아가자고 하면 놀이터 바닥에 눕거나 울면서 가지 않겠다고 떼를 써서 강제로 안고 집에 돌아가는 경우가 많습니다.'

아이와 함께 어떠한 활동을 계획하거나 아이가 참여하는 행사가 있을 때는 아이가 알아듣지 못할 것이라는 생각은 지양하고, 얼마 동안의 시간을 어디에서 놀다가 집에 돌아갈 것이라는 것을 미리 안내하고 활동을 마칠 시간이 되면 다시 알려 주겠다는 사전 안내가 있으면 아이들도 예측할 수 있습니다. 이렇게 아이들에게 안내를 하고 예측할 수 있게 하여도 더 놀고 싶다며 이전의 행동을 할 수도 있습니다만 습관으로 자리 잡게 하려면 시간이 필요합니다. 아이들에게 안내를 하고 예측을 할 수 있게 하는 것은 안정감을 줍니다. 자신들이 예측한 상황대로 흘러가게 되면 떼를 쓰거나 고집을 부리는 것이 줄어들게 됩니다. 시간을 알려 주었더라도 "더 놀고 싶었구나. 그렇지만 우리는 이제 집으로 돌아갈 시간이야. 내일 또 놀 수 있어." 라고 얘기를 하고, 아이가 놀이를 마치고 마음의 정리를 할 수 있도록 기다리면서 집으로 돌아갈 준비를 하면 말과 행동이 '집으로 돌아간다.'라는 메시지를 주는 것이므로 아이도 눈치를 살필 것입니다. "○○이도 갈 준비를 하는구나." 라는 말로 전해 주고, "우리 ○○이가 갈 준비를 하니까 엄마가 기분이 좋으네." 라고 표현하다 보면, 놀이를 마치고 집으로 돌아가는 것으로도 칭찬을 받은 경험이 쌓이게 됩니다. 이런 경험이 지속적으로 이어져야 시간을 잘 지키게 되고, 아이 스스로 미리 준비를 하게 됩니다.

＼ 집에만 오면 짜증과 화를 내는 아이

'33개월 된 아들이 어린이집을 다녀오면 화와 짜증을 많이 냅니다. 엄마인 저도 함께 짜증이 나서 아이를 혼내곤 합니다. 어린이집에서는 잘 지낸다는데 왜 그럴까요?'

어린이집에서는 잘 지내는 아이들이 의외로 집으로 돌아와서는 짜증이나 화를 내는 경우가 많습니다. 이는 아직 어린아이에게는 어린이집에서 칭찬받고 모범적인 활동을 하느라 심리적으로 힘이 들 수 있기 때문입니다. 이러한 까닭으로 가장 안전하다고 생각되는 엄마에게 위로받고 싶은 욕구가 있기에 그런 행동을 할 수 있습니다. 이런 행동을 정상퇴행이라고 합니다. 우리 성인들도 나에게 가장 안전한 대상에게는 조금 더 짜증을 내고, 어리광이나 애교를 보이기도 하는 것들이 이에 속합니다. 자녀가 짜증을 내기 전에 충분히 꼬옥 안아 주고 어린이집에 다녀오느라 애쓴 부분을 읽어 주는 것이 좋습니다. "우리 ○○이가 어린이집을 잘 다녀왔구나. 얼굴표정을 보니, 오늘은 조금 힘들어 보이는데……." 등과 같은 방법으로 포옥 감싸 안아 주며 위로와 격려를 해 주는 것이 좋습니다. 어린이집에서 안전하게 귀가하고 잘 지내고 왔다는 것을 인정받는 것만으로도 아이에게는 힘이 될 수 있습니다.

＼ 아빠와 사이가 좋지 않은 아이

'33개월 된 아이는 아빠와 관계가 좋지 않습니다. 엄마 껌딱지라
고 할 만큼 옆에 붙어 있고, 아빠 곁에는 가려고도 하지 않습니
다. 아빠는 퇴근하면서 아이가 어질러 놓은 놀잇감을 보고 혼내고
잔소리를 합니다. 그러고 나서 미안하면 다시 안아 줍니다.'

아빠와 재회하는 시간에 아이를 혼내기부터 하는 것은 아이의 마음에 아
빠가 퇴근하는 시간이 되면 긴장과 불안을 야기할 수 있습니다. 또한 아빠
와 함께하는 것을 불편해할 수도 있습니다. 처음에 혼내고 나중에 안아 주
거나 달래 주는 것은 아이의 마음을 혼란하게 하는 것이므로 주의해야 합
니다. 퇴근 후 만나면 반갑게 안아 주고 하루 잘 보냈음에 감사함을 전하는
것이 좋습니다. 놀잇감 정리는 기분 좋은 상태에서 천천히 함께하여도 되
고, 아빠와 놀이를 조금 더 이어 간 후 정리하여도 좋습니다. 아이들이 성
장하는 시기에는 정리하는 것보다 안정적인 관계가 더 중요합니다.

＼ 동생에 대한 애증

'33개월 된 아들과 8개월 된 딸이 있습니다. 동생을 좋아하는 것
같으면서도 함께하는 것을 싫어합니다.'

모든 첫째들에게는 동생이 자신의 사랑자리를 빼앗아 간 존재로 생각될 수 있습니다. 그렇기 때문에 동생이 예쁘긴 하지만 본능적으로는 자신을 방해하고 자신의 것을 빼앗아 가는 존재로 여기게 됩니다. 아이가 동생과 잘 지낼 수 있도록 돕기 위해서는 동생이 생기면서 자신이 부모님의 관심을 덜 받는다는 생각이 들지 않도록 첫째에게 세심한 관심을 기울여야 합니다. 동생을 살뜰히 챙기거나 돌볼 때, 아주 사소한 것이라도 도와줄 때, 오빠로서 유능하고 동생을 사랑하는 긍정적인 모습을 보일 때 칭찬과 격려를 구체적으로 하는 것이 좋습니다. "○○이가 동생을 도와주는구나. 동생이 오빠와 놀면서 아주 즐거워 보이는데? 어쩜, ○○이 오빠는 이렇게 친절할까……." 등과 같은 표현은 아이의 긍정적인 행동을 더 이끌어 낼 수 있게 합니다. 또한, 아빠가 퇴근한 이후 따로 둘째를 돌보게 하거나 둘째가 잠이 들었을 때의 시간을 활용하여 첫째와의 밀도 있는 시간을 갖는 게 좋습니다. 아이가 엄마나 아빠와 함께하고 싶었던 놀이 등을 집중해서 할 수 있는 시간을 정기적으로 마련하는 것이 좋습니다.

＼ 교사의 관심을 독차지하려는 아이

'33개월 된 외동이인 딸아이는 15개월 때부터 어린이집을 다녔습니다. 어린이집 담임교사의 보고에 의하면, 교사의 관심을 독차지하려고 한답니다. 제 아이는 오래 다녔고 적응이 완료된 상태여서 새롭게 입소한 아동의 적응을 돕기 위해 교사가 그 아이에게 관

심을 보이면 그 아이를 괴롭힌다고 합니다.'

이러한 행동은 가정 내에서 아이 중심으로 모든 걸 행할 때 발생할 수 있습니다. 보통, 아이들은 자신이 세상의 중심이라는 자기중심적 사고를 합니다. 특히, 외동이들은 형제들과의 경쟁 없이 모든 관심을 받고 있기 때문에 자신이 어떤 노력을 하지 않아도 관심받고 사랑받는다는 것을 알게 됩니다. 기관에 입소하여 적응하는 과정에서 교사와의 관계에서도 적응을 돕는 교사에게 집착을 보이게 되고, 온통 자신만 바라보기를 원하게 됩니다. 이러한 행동은 다른 또래들과의 친밀성을 키우는 데 도움이 되지 않아 아이가 기관에서 또래들 사이에서 긍정적인 관심을 얻는 데 이롭지 않게 됩니다. 아동을 적응적으로 돕기 위해서는 또래들과 일상에서 함께 공유하는 경험과 갈등이 발생하였을 때 중재를 통하여 바람직한 사회적 기술을 배울 수 있는 기회로 삼아야 합니다. 아이들은 일상생활에서 긍정적인 작은 행동들에 대해 잦은 긍정적 피드백을 통하여 긍정적인 행동으로 이끌게 되고 그 빈도도 높아지게 됩니다.

＼ 아이로 인한 또래 부모와의 갈등

'34개월 된 아들아이를 40대 중반에 만혼으로 어렵게 임신하고 출산하였습니다. 아이를 잘 키우고자 직장까지 그만두고 육아를 하고 있는데요. 최근에 아이가 놀이터에서 놀다가 실수로 또래 여아를 밀치게 되었습니다. 상대 아이의 외할아버지와 엄마가 매우 큰 소리로 아이에게 혼을 내고 다그치듯이 사과를 종용하였습니다. 엄마인 제가 진심으로 사과를 하였으나, 이 일을 겪고 나서 타인이 어떤 반응을 보일까 두렵다는 생각이 떠나지 않습니다.'

어려운 과정들을 겪으며 현재까지 아이를 지극정성으로 키우고 있다는 것을 잘 알겠습니다. 아이들이 성장하는 동안에는 많은 갈등 상황이 벌어지게 됩니다. 그러한 상황에서는 피해를 입게 된 아이의 안전을 먼저 살피는 것이 우선이고요. 다치지 않은 것을 확인한 후에는 아이들이 놀랐을 것을 달래 주어야 합니다. 실수로 친구를 밀치게 되고 난 후에 친구가 울게 되면 아이들은 당황하게 됩니다. 이때 성인들이 나서서 호통을 치거나 하면 두려움과 불안감까지 느끼게 됩니다. 상대 아이의 보호자들 입장에서는 놀라서 그럴 수도 있겠지만, 내 아이도 분명히 어린아이로서 놀랐을 것임을 상대에게 전하고 진심으로 사과를 하였다면 괜찮습니다. 상대방 측에서 이후에도 따지거나 아이에게 큰소리를 치는 등의 행동을 하는 것은 아이 편에서 막아 주어야 합니다. 아이에게 조금 더 조심할 수 있도록 잘 가르치겠다고 다시 사과하고, 상대 아이가 다치지 않아서 다행이고, 아이가 다쳤을까 염려가 깊어서 그랬을 것이라고 공감해 주면 될 것입니다. 아이들이 놀다 보면 여러 상황들이 발생하는데요. 이런 상황들을 통하여 아이들은 사회적 기술과 조절력, 통제력 등을 배우게 됩니다. 어린 아이에게 사과를 하라고 강요하기보다는 성인이 사과하는 모습을 보이는 것으로도 모델링이 될 수 있습니다. 너무 아이에게 조심하라고 주의를 자

우리 동네 상담사가 전하는 정서중심 실천 육아

주 주는 것도 아이를 위축시키고 행동반경을 좁히게 되어 또래와의 관계를 방해할 수 있으므로 주의하는 것이 좋습니다.

＼ 어떤 양육태도가 맞는 걸까요?

'34개월 된 외동딸을 키우면서 저의 양육태도에 자신이 없습니다. 가능한 아이를 인격체로 존중하고 아이의 의사에 따라 요구를 수용하려 하는데 주변에서는 아이가 마음대로 해서 버릇이 잘못 들었다는 얘기를 하곤 합니다. 무엇이 옳은 것일까요?'

아이를 키우면서 아직 초보 엄마인 스스로도 양육에 대한 자신감과 효능감이 없는데, 주변에서 이러니저러니 간섭하게 되면 혼란을 겪습니다. 아이도 마찬가지입니다. 부모의 양육태도가 이랬다가 저랬다가 혼란스러우면 무엇이 옳은지 헷갈리게 되므로 부모에 대한 신뢰감이 저하될 수 있습니다. 대부분 부모가 되어 아이를 양육하면서 양육태도를 살피게 되는데요. 자신의 양육태도는 각자 성장과정에서 얻은 직ㆍ간접적인 양육태도의 경험과 각자의 성향, 기질 그리고 아이의 성향과 기질 등의 다양한 영향을 받게 됩니다. 아이를 인격체로 존중하는 것은 매우 좋은 강점일 수 있으므로 존중하는 것을 기본으로 하되, 모든 것을 아이의 선택에 의해서 결정하는 것은 오류가 있을 수 있습니다. 아이들에게 선택의 기회를 주는 것은 결과에 대한 책임까지 연결이 되기 때문에 잘 생각해야 합니다. 규칙이 있고, 꼭 지켜야 되는 것에는 선택보다는 성인의 결정이 중요합니다. "이렇게 지키는 것이 너에게도 좋아." 라고 알려 주면 됩니다. 아이의 의사가 중요한 사안에 대해서만 선택과 결정을 아이에게 제안하는 것입니다. 제한과 규칙에 대해서는 선택이 아닌 안내를 통하여 지키도록 하는 것을 기준으로 삼으면 되겠습니다. 자신의 양육태도에 일관성을 지속할 수 있다면, 주변의 여러 반응에 크게 좌지우지할 필요는 없습니다. 어차피 내 아이는 내가 잘 키우면 되는 것이기 때문입니다. 주변인들이 간섭을 할지언정 끝까지 책임을 져야 하는 존재는 바로 나니까요.

우리 동네 상담사가 전하는 정서중심 실천 육아

＼ 어린이집에서 잘 지내지 못했던 이야기들로 불편합니다.

'37개월 된 외동아들이 어린이집에 다닌 지 3개월이 되었습니다. 매일 어린이집 교사가 기관에서 있었던 규칙 안 지켰던 이야기, 자리 이탈 등과 관련하여 하원할 때마다 이야기를 하여 마음이 불편합니다. 어떻게 해야 할까요?'

또래들에 비해 조금 늦게 기관생활을 시작하다 보니, 적응하는 과정에서 충분히 있을 수 있는 현상들입니다. 교사의 지적사항이라고 받아들이면서 마음이 많이 불편할 텐데요. 이것을 지적사항이 아니라 아이가 기관에서 생활하는 모습을 부모님께 보고하여 정보를 공유하자는 차원으로 받아들이는 것이 좋겠습니다. 아이들이 사회생활을 처음 시작하는 단계에서 충분히 있을 수 있는 일이므로 담임교사가 이렇게 보고할 때, 기관에서 선생님은 어떻게 아이에게 도움을 주고 있는지 가정에서는 어떻게 하는 것이 좋은지를 함께 고민하고 아이가 적응할 수 있도록 도와주는 것이 좋습니다. 아이가 기관생활에 적응하면서 차츰 눈치도 생기고, 분위기도 파악하게 되면서 좋아질 수 있으므로 가정과 기관의 연계로 도움을 줄 수 있습니다.

＼ 어린이집에서의 학대가 의심됩니다.

'37개월 된 외동아이가 처음 어린이집에 가게 된 때는 23개월 때였습니다. 한 달도 다니지 못하고 그만두었고, 30개월쯤에 다시 다른 어린이집에 다녔으나 2개월 정도만 다녔습니다. 집에서 엄마와 지내는 것이 심심할 것 같아서 36개월쯤에 다시 어린이집에 보냈었는데 적응을 하지 못하고 보름 정도만 다닌 후 그만두게 되었습니다. 지금까지 세 번 모두 가정어린이집에 보냈었는데 그만두게 된 이유는 학대가 의심스러웠기 때문입니다. 처음 어린이집에 가기 시작한 때에 배변훈련이 거의 완료된 시점이었습니다. 언어발달도 늦은 편이 아니었기에 별걱정이 없었으나, 아이가 하원하여 집에 오면 울음을 속으로 꾹꾹 눌러 삼키면서 서럽게 울기를 반복하였습니다. 어린이집에서 무슨 일이 있었는지 아이에게 물어보아도 말을 하지 않고, 기관에서도 별 정보를 주지 않았습니다. 아이의 몸에 상처가 있었고, 아이는 '선생님'이라는 말만 나와도 두려워하고 불안해하였습니다. 배변훈련이 거의 완료된 시점에 어린이집에 다녔는데 이후로 퇴행과 배변실수를 자주 하였습니다. 아이의 팔에 손으로 꽉 쥔 자국과 상처, 이마에 상처가 있었습니다. 이후의 어린이집에서 아이가 전하는 말로는 선생님이 혼내고 이마를 때리고 밀어 뒤로 떨어져서 뒤통수가 아프다고 하였습니다. 이런 말을 듣고 기관을 찾아 CCTV를 확인하였고, 아이가 말한 내용과 거의 일치하였으나 교사의 학대가 의심되는 부분은 교사가 아이를 데리고 화장실로 간 상태여서 확인할 수는 없었습니다. 그러한 이유로 어린이집을 그만두게 되었지만 어린이집에는 이사를 하게 되어서 퇴소한다고 하였습니다. 그런데 시간이 지날수록 아이의 마음속에 상처가 있을 것 같아 너무 괴롭고, 다시 어느 기관에 아이를 보낸다는 것이 불안합니다. 어린 시기부터 어린이집에서 연이은 피해를 당한 아이에게 부모로서 제대로 대처를 하지 못한 것 같아 너무 속상하고, 앞으로 어떻게 해야 할지 막막하고 답답합니다.'

처음 아이가 기관에 다니기 시작하였을 때, 여러 가지 신호들이 있었음에도 부모님도 처음 아이를 보내다 보니 어떻게 대처를 해야 할지 몰랐을 것 같습니다. 그렇지만 그 뒤로도 유사한 일들로 힘들었을 아이가 너무 안타깝습니다. 조금 더 민감하게 아이를 살펴보고 적극적으로 부모로서 대처를 하였으면 좋았을 것이라는 아쉬움이 많습니다. 연이은 '선생님'이라는 대상과 좋지 않은 일을 겪은 아이가 이후로 부모 이외의 타인과의 관계를 맺는 데 어려움이 예상되기도 합니다. 아마도 부모님도 처음으로 부모역할을 하다 보니 이런저런 문제를 만들지 않고, 나만 참으면 된다는 생각을 하였을 것입니다. 연령이 어린 아이일수록 부모가 아이를 대신하여 충분히 안전기지가 되어 주고 자신을 대변하여 보호해 줄 수 있는 대상임을 경험하는 것이 중요합니다. 아이들이 세상을 알아 가는 거울과 같은 대상이 되어 주어야 하고, 특히 신체적 위해를 당하거나 자신의 안전에 방해를 받게 되었을 때 든든한 울타리 역할을 해 주지 않는 부모님은 아이가 느끼기에 '세상은 믿을 만한 곳도 안전한 곳도 아니다'라는 생각을 하게 됩니다. 지금이라도 아이가 부모님과 타인에 대한 신뢰를 가질 수 있도록 적극적인 개입을 해 주는 것이 필요합니다. 아이가 말을 하였을 때 적극적으로 아이의 입장에서 대변을 해 주고, 특히 안전과 관련하여서는 더욱 적극적인 대처를 하여야 합니다. 또한 기관에서 아이에게 진심 어린 사과를 하도록 하고, 아이가 힘들었던 부분을 살펴 주지 못하였던 어른들이 잘못하였다는 것을 전하고 앞으로 아이의 상처받았던 마음을 살펴 주도록 도울 것이라는 얘기를 전하는 것이 좋습니다. 앞으로 어떤 기관에 다시 가기 이전에 아이의 심리치료를 동반하기를 권합니다. 이러한 심리치료적 접근으로 '선생님'이라는 대상과 1:1의 긍정적 경험을 통하여 특정 대상과의 관계와 기억의 재구성이 필요합니다. 가정 내에서 부모님과의 관계에서도 심리적으로 안정적인 환경 제공이 필요합니다. 놀이치료와 부모의 양육 상담을 권합니다.

＼ 틱 증상이 나타났습니다.

'38개월 된 딸아이가 눈 깜빡임과 음성 틱과 같은 현상이 있습니다. 오래되지는 않았지만 약 한 달 전부터 이런 증상이 나타났습니다.'

증상의 지속기간이 오래되지 않았다면, 증상의 발현시점에 어떤 일이 있었는지를 살펴볼 필요가 있습니다. 특별한 일이 없었다면 일시적인 증상일 수도 있고, 또래들을 따라 해 보는 것일 수도 있으므로 특별히 지적하거나 혼을 내는 등으로 강화되지 않도록 하는 것이 좋습니다. 심리적인 불안이 원인일 수도 있으므로 정서적인 안정을 도울 수 있도록 평상시에 따뜻한 관심과 긍정적인 행동에 관심을 갖고 격려의 말을 자주 하는 것이 좋습니다. 아이가 좋아하는 놀이에 부모가 함께 참여하는 것이 도움이 되겠습니다.

＼ 타인의 물건을 함부로 만집니다.

'38개월 된 아들이 문화센터 등과 같은 곳에서 남의 물건을 마음대로 만지고 꺼냅니다.'

자신과 타인의 물건에 대한 소유개념을 알려 줄 필요가 있습니다. 타인의 물건을 만지거나 궁금할 때에는 허락을 구해야 한다는 것을 설명해 주고, 함부로 꺼냈을 경우에는 보호자가 사과하는 방법과 모습을 보여 주는 것이 아이에게 모델링의 기회가 될 수 있습니다.

＼ 아이의 집중시간이 짧아요.

'38개월 된 딸아이에게 잠자기 전 책 읽어 주기를 한 시간 정도 하고 있습니다. 평상시의 놀이 집중시간은 10분 정도로 짧은 편입니다. 이렇게 오래 읽어 줘도 될지요?'

이 시기 아동의 놀이 집중시간은 길어야 5분입니다. 특히, 아이 혼자서 놀이를 하게 되면 집중시간은 더 짧을 수 있습니다. 이는 놀이방법을 제대로 알 수 없고, 구체적으로 상호작용을 할 수 있는 대상이 놀잇감으로 한정되었음을 배제할 수 없습니다. 부모님과 함께 놀이를 할 때에도 집중시간이 짧다면, 부모님과 함께하는 놀이에 흥미가 없거나 상호작용에 역동성이 없기 때문일 가능성이 높습니다. 잠자기 전 책 읽어 주기를 한 시간 정도 하는 것은 누구의 욕구인지를 살펴보아야 합니다. 부모님들이 가장 선택하기 쉬운 활동이 책 읽어 주기입니다. 그렇지만 이 시기 아이들의 경우, 잠자기 전에 책 읽기는 아무리 많아도 5권 미만으로 한정을 하고 수면의식을 따르는 게 좋습니다. 또한 부모님과 놀이에 집중하고 놀이시간을 길게 갖기 위해서는 아동의 입장에서 무엇이 재미있을지를 고민해 보고, 이 시기의 아이들에게 필요한 구체적인 경험을 도울 수 있는 놀잇감과 환경 및 방법 등으로 실행하는 것이 좋습니다. 가장 중요한 것은 아동과 부모님이 즐겁게 함께할 수 있는 놀이나 활동이어야 하고, 충분한 언어적 상호작용으로 정서적인 안정을 돕는 것이 좋습니다.

＼ 갑자기 낯가림을 합니다.

'38개월 된 아이가 이전까지 전혀 낯가림이 없었는데 최근에 낯선 사람들에 대해 경계를 합니다.'

우리 동네 상담사가 전하는 정서중심 실천 육아

성장과정 중에 낯가림은 어느 때고 발생할 수 있습니다. 현재 아동의 발달과정 중 자신과 타인에 대한 변별력과 기관 또는 가정 내에서의 교육과 연관성이 있을 수 있습니다. 낯가림이 있는 것이 부정적이지만은 않습니다. 오히려 모르는 사람에 대해서도 낯가림이 없는 것이 더 위험할 수 있으므로 믿을 수 있는 대상에 대해서는 부모님이 먼저 신뢰하는 모습을 보인다면 아이는 부모님의 모습을 보면서 상대방을 신뢰할 수 있게 됩니다.

＼ 기관에 요청사항이 있을 때 요청하기

'38개월 된 외동아이를 어린이집에 보내고 요청사항이 있어도 쉽게 말을 꺼내지 못하겠습니다. 요청사항을 말하면 아이에게 불이익이 있을까 염려가 됩니다.'

아이가 기관에 다니기 시작하면 기관의 담당자들과 공동 보육 및 교육을 하는 협력자가 되는 것입니다. 아이에게 또 다른 보호자가 생기게 되는 것이지요. 아이를 보다 더 잘 이해하기 위해서는 아이에 대한 정보를 공유하고, 요청사항이 있으면 정중히 요청하고 피드백을 주고받는 것이 아이를 위한 일입니다. 요청사항을 이야기한다고 해서 아이에게 불이익을 주는 기관은 대부분 없으며, 언론에 조명되는 기관은 극히 일부분입니다. 만일 이러한 부분들이 염려된다면 아이를 면밀히 살펴보고 아이가 보내는 신호들로 예측할 수 있습니다.

＼ 눈치를 보는 아이

'38개월 된 형제 중 첫째가 자꾸 눈치를 봅니다. 둘째는 돌이 되었고, 둘째를 출산 후 양육하면서 스트레스가 쌓이고 힘들 때면 첫째에게 짜증을 많이 내게 되었습니다. 엄마의 눈치만 보는 것이 아니고 방문교사나 친지 등의 눈치도 봅니다.'

대부분의 성인들을 대상으로 눈치를 보는 것으로 봤을 때, 어머니의 잦은 화풀이 대상(감정의 쓰레기통 역할)이 되다 보니 자신이 하는 모든 행동에 대한 자신감 저하, 무능감으로 눈치를 볼 가능성이 있습니다. 동생과 자신을 대하는 어머니의 다른 태도에서 더 위축감을 느낄 수 있으므로 유능감을 회복할 수 있도록 아이가 할 수 있는 활동 등에 대해서 수용하는 태도를 취하는 것이 좋습니다. 객관적으로 봤을 때 첫째도 아직 어린 연령이라 실수할 수 있는 일들이 대부분이므로 성인을 통하여 배워야 하는 것들이 많다는 것을 기억하길 바랍니다. 대부분의 부모님들이 둘째나 셋째를 출산하게 되면 첫째 아이를 생활연령보다 훨씬 더 큰 아이로 착각하는 경우가 많아 아이의 연령 수준을 뛰어넘는 기대치를 보이면서 자꾸 혼을 내게 되고, 일상에서 쌓이는 스트레스를 첫째 아이에게 쏟아 내는 경우들이 있습니다. 이런 환경에서 성장한 아이들은 성인이 되어서도 자존감이 낮을 가능성이 있고, 대인관계에서도 어려움을 겪을 수 있습니다. 동생보다 훨씬 더 유능하다는 것을 일상에서 아주 작은 부분이라도 확인할 수 있도록 지지표현과 격려를 자주 많이 해 주는 것이 좋습니다. 아이는 아직 보호받아야 될 대상이라는 것을 항상 기억해야 합니다.

＼ 자신의 머리카락을 잡아당기는 아이

'남매를 가정보육하고 있습니다. 첫째는 38개월 된 딸, 둘째는 13 개월 된 아들입니다. 첫째가 평소에는 말도 잘하고 크게 어려움이 없는데 간혹 자신의 머리카락을 아프도록 잡아당깁니다. 왜 그럴까요?'

아이가 평상시와 다른 행동을 하는 데는 이유가 있을 겁니다. 그와 관련된 행동이 나타나기 전에 어떤 상황이 있었는지를 잘 살펴보고, 만일 아이의 요구를 양육자가 알아듣지 못하였거나 관심을 두지 않았을 때는 아닌지 살펴볼 필요가 있습니다. 자신을 좀 봐 달라는 요구일 수 있으므로 아이가 처음 무엇인가를 요구했을 때 관심을 보여 준다면 그런 행동을 하지 않을 것입니다. 만일 알아차리지 못하고 그런 행동이 나타난다면 야단을 치거나 혼을 내는 반응보다는 "○○이가 머리카락을 그렇게 잡아당기면 많이 아플 텐데, 그렇게 잡아당기는 이유가 뭘까?" 라고 물어봐 주면, 엄마가 동생만 보고 있다든지 등의 이유들을 댈 것입니다. 양육자가 아이에게 염려스러운 마음을 전하고 조금 더 세심한 관심을 보이는 것으로 그런 행동의 빈도를 줄일 수 있습니다. 아이들의 행동에는 원인이 있습니다. 그 패턴을 찾아보려면 아이들을 면밀히 잘 살펴보면 왜 그러는지를 알게 되고, 도울 수 있는 방법을 알 수 있습니다.

＼ 동생에게 맞는 아이

'39개월 된 첫째를 이제 갓 돌이 된 동생이 자꾸 때려서 첫째에게도 당하지 말고 동생을 때리도록 가르치고 있습니다. 이렇게 가르쳐도 될까요?'

아직 돌밖에 되지 않은 아이가 형을 때리는 것은 폭력이 아니고, 형에게 자신의 의사표현을 하는 것입니다. 같이 놀자고 하는 것일 수도 있고, 함께 있고 싶다는 표현일 수도 있습니다. 이것을 자꾸 '때린다'라고 표현을 하고 형에게 동생을 때리라고 가르치는 것은 폭력을 가르치는 것이므로 주의해야 합니다. 만일 동생과 갈등이 있다면 첫째에게 설명을 해 주고, 아직 말도 잘 못 하고 어떻게 표현해야 할지 모르는 동생이므로 이런 때는 첫째의 마음이 어떤지, 동생에게 어떻게 했으면 좋겠는지 등을 물어 아이의 의사를 들어 보는 것도 좋습니다. 그리고 둘째에게는 어려도 알아들을 수 있도록 자주 설명을 해 줘야 합니다. "사람을 때려서는 안 돼. 형하고 놀고 싶구나. 그러면 이렇게 안아 주는 거야." 등 자신이 표현할 수 있는 긍정적인 방법으로 알려 주는 게 좋습니다. 이후, 형에게 긍정적인 행동을 할 때마다 칭찬의 리액션을 해 주는 것으로 좋은 습관을 길들여 줄 수 있습니다.

우리 동네 상담사가 전하는 정서중심 실천 육아

＼ 엄마처럼 되고 싶다는 아들

'41개월 된 외동아들이 엄마처럼 되고 싶다며 화장품에 관심을 갖고 옷차림 등에도 관심이 많아 엄마인 제 마음이 불편합니다. 나홀로 육아로 대부분 아이가 엄마와만 지냈고, 공동주택이 아닌 단독주택에 거주하고 있어 또래들과의 접촉 기회도 많지 않았습니다. 유치원을 다니긴 하지만 하원 후에는 대부분 집에서 엄마와 지내고 있습니다.'

대부분의 아동들은 자신의 부모를 통하여 세상을 참조하게 됩니다. 남아이므로 성장할수록 더욱 남성을 모델링할 수 있는 대상이 필요합니다. 아버지의 역할이 현재보다 확대될 필요가 있겠고 너무 바빠서 시간을 내기 어렵더라도 아이들의 인생 초기에 부모와 함께할 수 있는 경험은 이후의 삶에도 많은 영향을 끼치므로 매우 중요합니다. 매일의 활동과 일상을 함께 보낼 수 없더라도 최소의 시간(예를 들어, 주말 시간 활용)이라도 계획을 하여 주기적으로 아이와 함께 신체적/정서적 접촉을 할 수 있는 질적인 양육의 시간이 필요합니다. 아동이 엄마처럼 되고 싶다는 것은 엄마와 더 따뜻하고 안정적인 관계를 형성하고 싶다는 욕구의 표현일 수도 있습니다. 또한 유치원 이외에 긴밀한 또래관계 경험을 할 수 있도록 일상속에서 또래친구를 만들 수 있도록 고민해 볼 필요가 있습니다. 유치원 친구들을 집으로 초대하는 등의 방법도 좋고, 주변 문화센터 프로그램을 통해 또래를 접할 기회를 만들어 볼 수도 있습니다. 엄마처럼 되고 싶다는 표현에 너무 예민하게 문제로 받아들이지 말고, 현재로선 아이에게 가장 중요한 대상이 엄마이기 때문에 그럴 수 있으므로 앞서 서술한 내용들에 대해 노력해 보고 이후의 성장과정에 관심을 갖는 것이 좋습니다.

＼ 어린이집 등원을 거부하는 아이

'남매 중 첫째인 40개월 된 딸이 27개월 때쯤 약 3개월 정도 어린이집을 다니다가 이후로 가정양육하고 있습니다. 처음 어린이집을 다니기 시작하면서 적응도 빨랐고 어린이집에 다니는 것을 좋아하였습니다. 5세반이 되고 난 후, 교실이 바뀌고 반 아이들이 2배로 증가하게 되면서 적응하는 데 어려움을 겪었습니다. 담임교사는 초임교사로 아이들에 대한 파악을 제대로 하지 못하여 아이가 관심을 받지 못해 몇 번의 불편한 상황이 있었습니다. 기관장, 담임교사와 여러 차례 상담을 통하여 시정을 요청하였으나 변화되는 것이 없어 어린이집을 그만두었습니다. 아이가 그동안도 자주 어린이집에 가기 싫다고 하였습니다. 저희 아이는 또래들보다 언어발달도 빠르고 신체발달도 빠른 편으로 자신의 의사표현이 비교적 정확한 편입니다. 아침마다 등원할 때는 울음을 보여 힘든 날들이 있었고, 아이를 힘들게 하는 것 같아 그만두게 되었습니다. 약 10개월 정도 집에 있다 보니, 아이는 심심하다는 말을 너무 자주 하는데 제가 아이와 함께 활동을 하거나 놀이를 하는 것에는 한계가 있습니다. 최근에 셋째 아이를 임신하고 둘째(13개월) 아들에게도 돌봄이 소홀하게 되어 아이들 모두에게 엄마역할을 제대로 하지 못하는 것 같아 마음이 힘듭니다.'

현재, 셋째 임신으로 심신의 상태가 불안정할 수 있습니다. 여기에 만 3

우리 동네 상담사가 전하는 정서중심 실천 육아

세가 되었는데 기관을 그만두게 되었으니, 또래 다른 아이들은 기관에서 여러 활동을 통하여 인지적, 사회적으로 성장하고 있는데, 내 아이만 나아가지 못한다는 생각이 들 것입니다. 아이가 수시로 심심해하는 것은 또래 활동에 대한 욕구가 높다는 신호일 수 있습니다. 성인들이 제공해 줄 수 있는 부분과 또래관계에서 자연스럽게 배울 수 있는 것은 많은 차이가 있습니다. 첫째 아이처럼 또래에 비해 언어발달과 신체발달 등이 빠른 아이들일수록 사회적인 관계욕구가 높을 수 있습니다. 이전 기관에서 적응을 못 한 것도 아니었고, 상급반으로 진급하면서 환경과 담임교사, 반 친구들과의 적응기간이 조금 더 필요했을 수도 있습니다. 아이가 가기 싫다고 하는 것에는 분명한 이유가 있었겠지만 안전과 위생에 관련된 이슈가 아니라면 조금 더 시간을 두고 적응을 도울 수 있었다면 하는 아쉬움이 있습니다. 가정 내에서 힘든 부분들을 해소하기 위해서 기관에 보낸다는 관점이 아닌, 아이의 연령이 만 3세가 지났고 또래관계 및 사회관계의 확장으로 인한 경험이 필요한 시기이므로 새로운 적절한 기관을 선정하여 입소하는 것을 고려해 보는 것이 현재로서는 어떨까 합니다. 물론, 가정 내에서 부모 및 형제와 지내면서 안정적으로 지낼 수 있다면 괜찮겠지만 동생과의 터울이나 어머니의 상황 등을 감안하더라도 첫째가 심심하기는 하겠습니다. 아이와 대화를 나눠 보고 기관(어린이집이나 유치원 등)에 가는 것은 어떤지, 친구들과 지내고 싶은 마음은 어떠한지 등을 알아보고 만일 기관에 가기로 결정하였다면 기관 선정 시 아이와 함께 방문하여 환경 등을 미리 살펴보는 것이 좋겠습니다.

\ 배우자와 양육태도 차이

'배우자와 양육태도가 너무 다릅니다. 아이와 함께 지내는 것을 귀찮아하고 우는 게 싫어서 무조건 허용합니다. 그렇다 보니, 아이는 물건의 소중함을 모릅니다. 예를 들어, 물휴지를 하루에도 몇 통씩 써 버리곤 합니다.'

양육태도가 다른 것은 대부분의 부부가 겪는 일입니다. 아이를 양육하면서 서로가 아이에 대한 정보를 공유하고, 어떻게 하는 것이 아이가 올바르게 성장하는 데 부모의 역할을 제대로 하는 것인지 끊임없이 소통하면서 양육태도의 합일점을 찾게 되는 것입니다. 아이를 위한 양육방법이 무엇일지, 공동의 목표를 위해 서로 다른 양육태도에서 상호보완적으로 접근할 수 있는 양육방법은 무엇일지 소통하는 게 좋습니다. 현재 배우자의 행동인 아이가 귀찮고 우는 것이 싫어서 그냥 허용해 주는 것은 아이의 나쁜 습관을 길들일 수 있기에 성장하면서 다양한 부적응 행동을 야기할 수 있습니다. 아마도 배우자가 아이에게 어떻게 할 줄 몰라서 그렇게 할 가능성이 매우 높으므로 아이에 대해 조금 더 잘 파악하고 있는 주 양육자가 차근차근 알려 주는 것이 좋습니다. 대부분의 남성들은 가르침을 받는다는 것에 대해 거부감이 있으므로 잔소리를 하거나 비난하는 등의 행동은 갈등의 소지가 될 수 있습니다. 배우자가 노력하는 부분이나 도움을 주려고 하는 부분 등에 대한 감사 표현에 더하여 정보를 제공한다는 차원에서 알려 주는 것이 좋습니다. "○○이는 어떻게 해야 말을 더 잘 듣더라고요. ○○이는 이렇게 하면 기분이 좋아져서 훨씬 더 편안해해요."

등과 같이 표현하는 것이 좋습니다. 또한 아이가 물건의 소중함을 모르는 것은 부모님의 일상생활 습관을 살펴보고, 특별한 문제가 없다면 아이의 일시적인 실험적 행동일 수 있습니다. 물휴지를 꺼내면서 느꼈던 즐거움이나, 부모님의 반응이 이러한 행동을 강화시켰을 수도 있습니다. 물휴지를 보이는 곳에 보관하지 않도록 하고, 하루에 사용할 수 있는 물휴지의 분량만큼만 제공하는 것이 좋습니다. 그 이외에는 물휴지를 대신할 수 있는 물수건 등으로 닦고, 또 빨아서 사용하는 것으로 행동을 수정할 수 있습니다.

＼ 기관의 불안감 조성

'41개월 된 저희 아이는 늦둥이로 귀여움을 받으며 자라는 아이입니다. 위로 고등학생 누나가 있어서 양육에는 큰 어려움이 없습니다만, 아이가 놀이학교를 다니면서부터 적응에 대한 어려움이 있었습니다. 현재까지 인지적, 사회·정서적인 측면 등에서 잘 적응하였고 특히, 인지적인 측면에서는 또래들보다 월등하다고 하는 수준입니다. 놀이학교 관계자들이나 주변인들의 평가가 모두 긍정적이었습니다. 최근에 놀이학교 측에서 아이에 대해 이야기하기를 이전까지의 보고와는 너무도 달라서 신뢰가 무너지기 시작하였습니다. 잘 지내고 있는 아이를 마치 문제가 있기 때문에 현재의 기관이 아니면 안 된다는 식으로 이야기를 하였습니다. 이게 무슨 말일까요?'

어머니의 설명을 들어 보면, 아이는 부모-자녀 관계에서도 긍정적인 측면이 많고 성장하는 동안 별다른 어려움 없이 잘 성장한 것으로 보입니다. 현재 기관 관계자의 보고가 정확한 것인지 객관적인 자료를 요청하고, 아이가 어떤 문제나 어려움이 있는지를 살펴볼 필요가 있습니다. 그동안 여러 발달적 측면에서 좋은 평가를 해 줬던 이전과 왜 다른 평가를 하는지 살펴보는 게 좋겠습니다. 조금 추측해 볼 수 있는 것은 재원 신청을 유도하기 위해서 그런 의견을 제시했을 가능성이 있지만 정확한 자료를 근거로 한 접근이 필요한 사안입니다. 놀이학교나 어떤 유아기관을 보내는 것은 내 아이의 입장에서 생각해 보고 선택하는 것이 중요합니다. 아이의 기질과 적응 패턴 및 대인관계 측면을 살펴보면, 이 시기의 해당 아동에게 어느 기관이 적절한지를 파악하는 데 도움이 될 것입니다. 어떤 기관을 선택하게 되더라도 그 중심에는 아동의 안전과 건강, 적절한 관심과 보호, 기본생활 습관을 통한 전인교육이 우선되어야 합니다.

＼ 혼나기 전에 미리 울어 버리는 아이

'41개월 된 아들이 있고, 현재 둘째를 임신 중에 있습니다. 첫째인 아이가 혼나기 전에 먼저 울음을 터뜨려 혼을 낼 수가 없습니다. 이런 때는 어떻게 해야 할까요?'

아이들도 자신이 뭔가를 잘못했다는 것을 알기 때문에 혼나기 싫거나 두려워서 미리 울어 버리는 경우가 있습니다. 이러한 행동이 되기까지 아마도 엄마와의 관계 패턴이 형성되어 있기 때문에, 엄마가 혼을 내려고 하면 분위기를 파악하고 울어 버리면 혼을 내지 않을 것이라는 것을 예측하기 때문에 자동 반사처럼 울음이 나오는 것입니다. 아이를 혼낸다는 관점보다는 잘못된 행동을 올바르게 가르쳐 줘야 한다는 입장으로 아이를 바라보기를 권합니다. 이 시기의 아이들이 잘못했다는 행동들을 보면 몰라서 그럴 수도 있고, 인지적인 사고 과정보다 행동이 먼저 발생하는 시기이므로 꾸준히 반복해서 설명하고 이해하고 연습하고 다시 실행하면서 알아 갈 수 있도록 하는 것이 좋습니다. "너 혼 좀 나야겠다." 등과 같은 표현이나 표정이 엄하게 변하게 되면 울어 버릴 수 있으므로 "○○이가 이걸 어떻게 하는지 잊어버린 것 같구나." 라는 표현을 하고 다시 천천히 알려 주는 것이 도움이 됩니다. 아이들은 불안하고 공포스러운 상황이 되면 빨리 이 상황이 끝나기를 바라는 마음에서 울어 버리거나 무표정이 되거나 아무것도 모르는 것처럼, 안 들리는 것처럼 행동하기도 합니다. 이런 때일수록 아이의 마음을 먼저 읽어 주고, 교육의 기회로 삼아 다시 차근차근 설명해서 알려 주어야 하는 중요한 타이밍이라 여기는 게 좋습니다.

＼ 손가락을 빠는 아이

'41개월 된 딸아이가 출생 후 6개월쯤부터 현재까지 손가락을 계속 빨고 있습니다. 특히, 잠자기 전에는 더욱 심하게 빨고 있어서 엄지손가락에 굳은살이 생겼을 정도입니다.'

아이들이 손가락을 빠는 것은 발달단계인 구강기(출생 시~18개월까지)에 가장 많이 나타나게 됩니다. 이때의 아이들은 주변의 모든 것에 대한 정보를 입으로 빠는 감각으로 충족하게 됩니다. 구강기 때 빨기 욕구를 충족하게 되면 이후의 발달단계로 자연스럽게 전환이 되게 됩니다만, 이때 충분한 욕구 충족이 되지 않게 되면 구강기에 고착하게 됩니다. 구강기의 대표적 욕구는 모유 수유로 충족하게 됩니다. 모유 수유를 하는 동안 엄마와의 정서적 교감을 통하여 심리적 안정을 구축하게 됩니다. 불가피한 상황으로 인하여 너무 이른 시기에 단유를 하게 되면 구강기의 행동 특성에 머물 수 있게 되고, 대리만족할 대상마저도 없게 되면 자신의 신체 중 가장 빨기 용이한 손가락으로 대체하게 됩니다. 이런 행동들이 지속되게 되면 습관이 되지요. 특히 아이들이 심리적으로 불안할 때나 심심하고 지루할 때, 자신에게 심리적 안정이 필요한 때에는 자연스럽게 손가락을 빨게 됩니다. 아이들이 손가락을 빨기 이전의 상황을 잘 관찰하면 어떤 이유로 빨게 되는지를 알게 될 것이고, 너무 이른 시기인 8개월 때 단유를 하였다면 모유와 이별로 인한 영향일 수 있습니다. 이후에 손가락을 빨았을 때 대체물을 제공하기보다는 지적하는 것으로 일관을 하였다면 아이를 더 불안하게 만들었을 가능성까지 있습니다. 아이가 현재는 의사소통도 가능하므로 자신도 손가락을 빨지 않아야 한다는 것을 이미 알고 있을 것입니다. 주간 동안 손가락을 빨 때 지적하기보다는 손가락 빠는 것에 대해서 아이의 생각을 들어 보는 것도 좋겠고, 부모님의 염려를 전하는 것도 좋겠습니다. 또한 손가락을 빨려는 행동이 일어나기 전에 아이가 좋아할 만한 놀이로 전환할 수 있도록 부모님이 함께 놀이에 참여하길 권합니다. 촉감놀이 등을 통한 감각적 욕구 충족과 손을 활용한 활동이 도움이 됩니다. 잠자기 전에 손가락을 빠는 것에 대해 너무 과민반응을 보이지 않도록 하고, 아이가 잠들 때까지 다독여 주는 등 아이에게 심리적으로 안정적인 분위기를 만들어 주는 것이 좋겠습니다. 잠들기 전에 습관적으로 손가락을 입에 넣더라도 잠들고 난 이후 살며시 손가락을 꺼내 주면 되겠습니다. 손가락 빠는 습관은 쉽게 고쳐지기 어려우므로 일관적이고 지속적인 방법으로 실행해야 하고, 아이가 성장함에 따라 자신의 생각을 조금 더 적극적으로 표현할 수 있을 때 어떻게 하면 조금 덜 빨 수 있는지를 함께 이야기 나누는 것이 도움이 됩니다. 손가락을 빠는 아이들은 아무리 손을 깨끗이 씻어도 빨지 않는 아이들에 비해 배앓이, 장염, 입병 등을 더 자주 겪게 됩니다. 손가락을 빨지 말아야 하는 것은 위생, 손가락의 변형과 병변, 치아 변형 등에 영향을 끼치기 때문에 가능한 빠른 시기에 개입이 필요합니다.

＼ 엄마를 무시하는 아이

'42개월 된 아들이 자꾸 엄마처럼 되고 싶다고 합니다. 그러면서도 엄마를 무시하는 언행을 합니다.'

아이가 어머니를 무시하는 언행을 하는 것은 부모의 권위가 서 있지 않기 때문일 수 있습니다. 최근에는 친구 같은 부모가 되고 싶다는 부모님들도 많이 있습니다. 부모-자녀 관계가 친구가 될 수는 없지만, 친구처럼 편안하며 무엇이든 공유하고자 하는 차원에서 그리 생각될 수도 있습니다. 그렇지만 자녀에게 부모는 부모로서의 권위가 있어야 합니다. 권위적인 부모가 아닌, 권위가 있는 부모가 되어야 합니다. 권위적인 부모는 엄격하고 통제적이고 강압적인 부모인 반면, 권위 있는 부모는 친절하고 따뜻하지만 명확한 규칙이 있고 일관적인 부모입니다. 아이들에게는 규칙이 명확한 사람의 말이 신뢰롭고 효과적입니다. 칭찬도 가치가 있어야 하고, 이 칭찬에 대해 아이가 가치감을 느낄 수 있어야 합니다. 아이에게 행하는 처벌 또한 합리적이고 논리적이어야 하고 아이가 느끼기에도 부당하지 않아야 억울하지 않습니다. 권위는 부모 스스로가 느끼는 것이 아닌 자녀가 부모의 지시 등에 부정적인 감정을 내포하지 않고 자연스럽게 인정하고 순응하는 것으로 바로 서게 되는 것입니다. 아이로 하여금 자신의 요구를 요청하게 하고 부모의 허락을 구하도록 하는 것으로 지시에 순응하는 것을 배울 수 있습니다. 아이가 어머니를 무시하는 언행은 부부관계에서의 언행의 영향일 수도 있습니다. 부부간의 호칭과 대화 방식 등을 살펴보고 서로에 대한 존중의 언어를 사용하는지 점검해 보는 것도 필요합니다. 특히, 아버지가 어머니를 대하는 태도는 아들아이에게 여성을 대하는 태도의 모델이 되므로 잘 살펴보는 것이 좋겠습니다.

　　　　　우리 동네 상담사가 전하는 정서중심 실천 육아

\ 부모의 양육태도, 어떻게 해야 일치할 수 있을까요?

'부모의 양육태도가 너무 다릅니다.'

부모의 양육태도가 다를 경우 아이들은 혼란을 겪을 수 있습니다. 이런 경우 조금 더 힘이 센 사람이나 자신에게 유리한 쪽을 선택하게 됩니다. 그렇기 때문에 아이들은 경우에 따라 다른 선택을 해야 하므로 혼란을 겪게 됩니다. 이러한 경우가 잦을수록 아이들은 부모에 대한 신뢰감이 줄어들게 됩니다. 부모님의 양육태도가 일치되어야 하는 이유가 여기에 있습니다. 아이들의 혼란을 방지하고 부모-자녀 간의 신뢰로운 관계를 유지할 수 있도록 아이가 보다 적응적으로 성장할 수 있는 양육의 방법이 어떤 것일까를 함께 상의하여 일치된 방법을 선택하거나, 양육태도가 더 긍정적이고 아이와의 관계에서 더 익숙하고 정서적으로 더 친밀한 양육자의 의견에 협조하는 것이 좋습니다.

\ 거짓말을 하는 아이

'43개월 된 딸아이의 말이 사실이 아닌 것 같을 때가 많고, 꾸며서 말하는 것 같습니다. 사실을 확인하기 위해 추궁하고 집요하게 캐묻게 되는데요. 왜 그러는 걸까요?'

아이의 말이 사실일 수도 아닐 수도 있습니다. 이 시기의 아이들은 상상과 현실을 약간 혼동하기도 하고 자신의 욕구와 희망을 이야기에 섞어서 이야기할 수도 있습니다. 이를 성인의 기준으로 거짓말을 하는 아이로 낙인을 찍고, 자꾸 의심 섞인 반응을 보인다면 아이는 자신을 신뢰하지 않는 성인들의 모습에서 스스로를 신뢰할 수 없는 존재로 여기게 됩니다. 자꾸 캐묻는다거나 사실을 확인하고자 하는 것은 아이의 건강한 성장에 방해가 될 수 있습니다. 아이가 하는 말을 그대로 들어 주고, 수용해 주는 것이 좋습니다. 아이들에게도 양심과 도덕이 발달하는 단계가 있으므로 꾸준히 믿어 주는 대상에게는 사실대로 이야기하는 때가 오게 됩니다. 만일, 어린이집이나 친구와 관련한 내용에 대해 부모도 함께 알고 있는 사실을 둘러대는 경우에는 엄마가 알고 있는 사실에 대해서만 전하고 그것에 대해서 어떻게 생각하는지 이야기를 나누는 것이 좋습니다. 습관적인 거짓말을 하지 않도록 돕기 위해서는 아이가 말하는 내용에 대해서는 인정을 해 주는 것이 먼저라는 것을 기억하길 바랍니다. "○○이가 생각하기엔 그렇구나. 엄마가 어린이집 선생님께 들은 것은 이러했는데, 네 생각이 그렇다고 하니 엄마는 어떻게 받아들여야 할지 조금 고민이 되는구나. 그래도 우리 ○○이가 그렇게 생각한다고 하니, 알겠어." 라고만 해도 됩니다. 아이가 생각해 보고, 사실대로 말하고 싶은 때엔 언제든지 이야기할 수도 있습니다. 그러면, "그래, 헷갈릴 수도 있어. 그래도 찬찬히 생각해 보니 잘 떠올랐구나." 라고 하면 아이를 의심하지 않고 스스로 생각을 정리할 수 있도록 기회를 주게 되는 것입니다.

우리 동네 상담사가 전하는 정서중심 실천 육아

＼ 동생이 태어난 이후 잘하던 것도 안 하려고 합니다.

'43개월 된 아들아이가 3개월 전부터 무엇이든 안 하려고 합니다. 원래 스스로 하던 것(예: 신발 신기, 혼자서 밥 떠먹기 등)도 하지 않습니다. 아이는 둘째를 출산하기 한 달 전부터 어린이집에 다니게 되었습니다. 이후부터 자꾸 '나 잘 못 해, 엄마가 해 줘.'라는 말을 합니다. 9개월 된 동생이 있어서 그런 것 같기도 하고, 특별히 동생을 편애하지는 않는데 그런 행동을 하는 이유를 모르겠습니다.'

동생이 태어나기 전부터 어린이집을 다니기 시작하였는데요. 어느 순간 동생은 항상 엄마와 함께 집에서 있고 자신은 어린이집에 가는 것을 깨닫게 되어서 그럴 가능성이 있습니다. 자신이 기관에 가 있는 동안 엄마와 동생은 집에 있으므로 자신도 동생처럼 못하는 것들이 많을수록 엄마와 함께 집에 있을 수 있다는 내적 욕구의 영향으로 그런 행동을 보일수도 있습니다. 현재 아이는 잘할 수 있는 것들을 '안 하는' 것이므로 지지와 격려를 통하여 다시 잘할 수 있게 될 것입니다. 어린이집에 등원할 때에도 씩씩하게 가는 형의 모습에 아낌없는 관심을 보여 주고, 동생도 형처럼 잘 자라서 어린이집에 가게 될 것이라는 것을 알려 주면 도움이 됩니다. 또한, 아직은 동생이 많이 어려서 집에서 보살핌을 받아야 하고 여러 가지 도움이 많이 필요하므로 엄마와 아빠, 형이 도와줘야 할 대상이라는 것을 수시로 알려 주는 것이 좋습니다. 아이들이 잘하다가도 한 번씩 퇴행하는 것처럼 안 하기도 하고 못 한다고도 합니다. 이때는 관심이 많이 필요하다는 신호로 받아들이고, 아이의 마음을 읽어 보도록 하는 것이 좋습니다. "원래는 ○○이가 신발을 혼자서도 잘 신었었는데, 오늘은 혼자서 못 신겠다고 하는 이유가 궁금하구나." 라고 얘기하면 아이가 "엄마가 해 줘." 라고 할 테지요. 이런 때는 "오늘은 엄마가 신겨 주길 바라는구나, 그럼 오늘은 엄마가 한쪽만 신겨 줄게. 어느 쪽을 신겨 줄까?" 라고 물어보면, 한쪽을 이야기할 것입니다. 나머지 한쪽은 아이에게 신도록 하고, 스스로 신는 동안 적극적인 관심을 보여 주는 것이 좋습니다. "우리 ○○이가 이렇게도 잘 신는구나. 동생도 형처럼 자라서 혼자서 잘할 수 있겠다." 와 같은 표현으로 형으로 잘 자라고 있음을 표현하는 것이 좋습니다. 아이들은 자신이 매일매일 성장하고 있다는 것을 알 때 기뻐하며 더 잘 성장하고 싶어 합니다.

＼ 한자 교육 괜찮을까요?

'43개월 아이가 한글에 관심을 보이고 있어서 한글 교육과 한자 교육을 병행해 주고 싶습니다.'

현재 한글에 관심을 보인다고 하여 너무 이른 시기에 교육을 시키는 것은 이후에 흥미를 떨어뜨릴 수 있으므로, 구조화된 학습방법보다는 부모님과 함께 책을 읽거나 같은 글자 찾기 놀이, 일상에서 접하는 명사 등을 통하여 글자놀이를 하는 것이 언어학습에 흥미를 지속시킬 수 있습니다.

한자 교육은 한글이 어느 정도 수준까지 이뤄진 이후에 아이와 함께 생활 속에서 놀이로 접근하면서 관심을 끌도록 하는 것이 효과적일 수 있습니다. 한자가 형성문자이기 때문에 글자의 모양에 따라 어떤 모양이 어떤 글자가 되었는지 등 형성과정을 알아 가며 놀이로 접근하면 기본 원리를 알게 되고 즐겁게 익힐 수 있을 것입니다. 아이들이 성장하면서 스스로 관심을 보이는 시점이 있기 때문에 학습과 관련하여서는 자연스러운 환경 조성으로 자극을 주는 것으로부터 시작하는 것이 효과적일 수 있습니다. 학습에서 중요한 포인트는 아이들의 발달 수준과 호기심, 준비도(아이 입장에서) 그리고 재미입니다.

＼ 징징거림이 심해진 아이

'45개월 딸아이가 조부모님과 함께 가족여행을 일주일 정도 다녀온 후 징징거림이 더 심해졌습니다.'

가족 구성원 중에 어린아이는 아동 혼자였기에 모든 성인들이 아이의 모든 행동에 그저 귀엽고 예뻐했을 가능성이 있습니다. 이러한 경우 아이는 자신이 성취하고자 하는 것을 위하여 징징거림, 떼쓰기 등의 방법이 통했던 경험을 하였기에 징징거림과 같은 행동이 더 심해졌을 가능성이 있습니다. 이런 경우, 그저 귀엽다고 하거나 웃어넘기는 등의 대응은 부적응적인 행동을 더 강화하게 됩니다. 부모님과 아동을 둘러싼 중요한 타인들의 양육태도를 점검하고, 되고 안 되고를 분명히 하는 게 좋습니다. 이때 아동의 감정은 수용하되 행동은 수정할 수 있도록 접근해야 합니다. "○○이가 계속 징징거리면 네가 무엇을 원하는지 알 수 없어. 말로 할 수 있으니 엄마(아빠)는 여기서 기다릴게. 말로 할 수 있을 때 원하는 것이 무엇인지 말해 줘~"라고 얘기하고 지긋이 아이를 바라보며 기다려 주면 됩니다. 이때, 아이들은 시험 삼아 더 크게 울거나 징징거릴 수 있습니다. 그래도 처음과 같은 방식으로 기다려 줍니다. 아이가 포기하고 부모님에게 다가와서 말로 할 때 들어 주면 됩니다. "○○이가 잘 생각해 보고 말로 해 주니, 잘 알아들을 수 있구나. 다음에도 이렇게 얘기해 줘~"라고 안아 주고 다독여 주면 됩니다. 아이들은 불안할수록 떼를 씁니다. 떼쓰는 모습을 보일 때마다 양육자가 쩔쩔매는 모습을 보이면 안정감을 느끼게 됩니다. 아이의 유능감 또는 중요한 인물이라는 것을 인식할 수 있도록 하고 떼를 쓸 때일수록 반응을 줄이고, 잘 지낼 때 관심을 보이는 것이 좋습니다.

＼ 훈육하는 게 힘들어요.

'엄마인 저 스스로 잘한다 생각하면서도 아이가 성장함에 따라 돌발적인 상황이 발생할 때마다 훈육하는 것에 진이 빠집니다.'

아이들은 매일매일 성장하고 있습니다. 그렇기 때문에 성인이 바라보는 세상과는 다릅니다. 매일 접하는 일들이 새로운 경험이고 새로운 사건이기 때문에 미숙하고, 그 미숙함 속에 호기심이 존재하게 됩니다. 새로운 경험에 대한 새로운 접근방식의 도전과 실험의 시기이기 때문에 실수하면서 살아가는 방식을 배우게 됩니다. 보통 훈육이라고 하면 우리나라 사람들은 혼내고 때려서라도 어른들이 바라는 방식으로 가르쳐야 된다는 착각을 합니다. 그렇지만 훈육이라고 하는 것은 본래 잘 가르치고 잘 기르는 것입니다. 잘 가르치고 잘 기르려면 혼내는 것으로는 장기적으로 '잘'할 수 없습니다. 좋은 경험 안에서 자신의 방식을 통하여 더 좋은 방식을 지도받고 안내받았을 때 장기적으로 꾸준히 잘할 수 있게 됩니다. 성인의 역할은 성장하는 아이들이 미숙하기 때문에 실수하는 것은 당연하다는 전제를 가져야 한다는 것입니다. 그래서 먼저 경험해 본 성인이 아이들에게 잘 안내하고, 잘 알려 줘야 합니다. 아이들이 매일매일 성장하면서 그 미숙함이 조금씩 줄어들 때마다 부모인 우리도 아이들과 함께 성장하게 됩니다. 아이들에게 엄마(아빠)도 가끔 하기 싫을 때가 있고, 실수도 하지만 열심히 하려고 한다는 것을 전할 필요가 있습니다. 부모가 용기를 내면 아이도 용기를 내게 됩니다. 포기하지 않는 용기, 실수를 극복하려는 용기, 자신이 모르는 것을 인정하는 용기와 창피함을 무릅쓰는 용기가 필요하다는 것을 몸소 보여 주는 것이야말로 산교육이 될 것입니다.

＼ 중심을 잘 잡고 양육하고 싶어요.

'아이의 또래 엄마들 중에 가장 연장자로서 아이들 양육과 관련한 정보들을 공유하고자 하나, 쉽지 않고 저의 양육관을 유지하는 것에 어려움이 있습니다. 예를 들어, 차근차근 설명해 주는 것이 좋은 것이라 여기고 실행하는데 주변에서는 뭘 그렇게 어렵고 복잡하게 하냐며 소리 한 번 꽥 지르면 될 일을 힘들게 한다는 말들을 하여 커뮤니티 안에서 힘이 듭니다.'

모든 사람들은 자신만의 가치관을 갖고 있습니다. 양육관도 이 가치관의 일부분이므로 좋은 방법이니 이렇게 해라, 저렇게 해라 하는 등을 참견이라 생각할 수 있습니다. 꼭 아이의 또래 엄마들뿐만 아니라, 세대 간의 양육관이 다른 경우에도 어려움을 겪을 수 있습니다. 그렇기 때문에 내 아이에 대한 책임이 있는 나 자신의 양육관이 올바른지 살펴야 하고 양육관의 주체성을 유지하는 것이 중요합니다. 주변의 수많은 정보와 간섭들을 사례자가 불편해하는 것처럼 주변 사람들도 좋은 방법이라 할지라도 받아들이기 거부하면 강요할 필요가 없습니다. 내 아이에게 적용해 보고, 효과를 확인하였거나 정말 좋은 방법이라면 자신과 뜻이 통하는 사람이나 정보를 요청하는 대상에게만 제공하면 됩니다. 누구나 자신의 욕구와 요구가 있을 때 제공되는 정보나 자료, 조언 등이 더 효과적입니다.

＼ 특정한 아이만 괴롭히는 아이

'45개월 된 딸아이가 어린이집에서 특정 아동을 깨물고, 할퀴고 때리기를 빈번하게 반복하여 문제가 많다는 이야기를 담임교사로부터 전해 들었습니다. 이에 대한 대처로 교사는 아이를 따로 격리하거나 계속 주시하고 있다고 합니다. 다른 아이들에게는 그렇지 않은데 유독 그 아이에게만 그렇게 하는 이유가 있을까요?'

특정 아동을 상대로 하는 이유가 있을 것입니다. 아이들은 자신보다 힘이 약하든지, 발달적인 측면에서 느리거나 또는 자신을 괴롭혔던 기억이 있으면 그런 행동을 할 수 있습니다. 현재 담임교사의 대처가 주로 격리와 통제 등의 방법을 취하고 있는 것은 도움이 되지 않고 부정적인 행동을 더 강화시킬 수 있어 자칫 잘못된 행동으로 고착될 수 있습니다. 또래관계를 통하여 사회적 기술을 배우는 아동들은 주변에서의 반응이 어떠하냐에 따라 행동을 선택하게 됩니다. 따라서 자신의 의도와 상관없이 반복적으로 혼이 나고 잘못하는 아이로 낙인찍히게 되면 반복된 부정적인 행동을 하게 되거나 행동을 철회하여 위축되게 됩니다. 담임교사와 소통을 통하여 자녀의 행동에 대한 지도를 온정적으로 또래들 간에 사회적 기술을 배울 수 있는 기회가 될 수 있도록 요청을 해 보는 것이 좋겠습니다. 또한 누군가를 다치게 하는 것은 안 된다는 것을 정확하고 명확하게 알려주고, 올바른 방법을 언어로 설명하고 표현할 수 있도록 도와야 합니다.

✎ 동생을 따라 하며 퇴행하는 아이

'45개월 된 첫째는 언어발달도 잘 되어 있고 전반적인 발달에 어려움이 없었습니다. 최근에 아이가 11개월 된 동생처럼 퇴행을 합니다. 아기처럼 누워서 떼쓰기, 울기 등을 합니다.'

동생의 행동을 따라 하는 기저에는 동생처럼 관심받고 사랑받고 싶은 욕구가 있기 때문입니다. 이렇게 행동하지 않아도 자신이 충분히 소중한 존재임을 알 수 있도록 하면 됩니다. 첫째가 하는 말에 귀를 기울여 듣고, 함께 시간을 보낼 수 있도록 더 많은 관심이 필요하다는 것이므로 부모님은 첫째와 함께할 수 있는 시간을 마련하여 질 높은 상호작용 시간을 갖는 게 좋습니다.

✎ 쌍둥이를 따로 양육해도 되나요?

'45개월 된 쌍둥이 자매를 양육하고 있습니다. 맞벌이 주말부부입니다. 나홀로 양육을 하면서 너무 힘들어 생후 6개월 때부터는 따로 양육을 하였습니다. 외가에서 자란 첫째 아이는 독립적이고 끈기가 있으며 자주적인 성향이고 순한 기질의 아이 같습니다. 엄마인 제가 양육한 둘째는 떼가 심하고 주의집중력도 부족하며 계속 안아 달라고 하는 것이 까다로운 기질의 아이 같습니다. 1년 전부터 둘째의 떼가 더욱 심해지고, 무엇을 해 주어도 만족할 줄

우리 동네 상담사가 전하는 정서중심 실천 육아

모릅니다. 출생 당시 신체 사이즈가 비슷한 아이들이었는데, 현재 두 아이는 신체발달에도 차이가 있어, 첫째의 키가 3cm 정도 더 크고 체중도 더 나갑니다. 모유 수유 기간은 둘 다 3개월이었습니다. 앞으로 어떻게 해야 할까요?'

쌍생아를 분리하여 양육하면 발생할 수 있는 부작용과 이후의 성장 시기에 미칠 영향이 잘 드러난 사례입니다. 일란성 쌍생아일지라도 기질의 차이가 있어서 같은 양육자여도 받아들이는 것은 다르게 인식될 것입니다. 본 사례처럼 기질도 다르고 양육자와 양육환경까지 다른 상태라면 그 차이는 극명하게 나타날 수 있습니다. 순한 기질의 아이는 외가의 안정적인 환경에서 보살핌을 잘 받았을 가능성이 높습니다. 반면, 까다로운 기질의 둘째는 매일 분주한 어머니로 인하여 양육환경이 비교적 불안정적이었을 가능성이 있습니다. 어머니와 함께 살기는 하지만 함께하는 시간이 부족하였을 테고 어머니의 여러 가지 힘든 부분들이 아이에게 영향을 끼쳤을 것입니다. 그러한 영향으로 까다로운 기질의 아이를 더욱 까다롭고 예민하게 만들었을 수 있습니다. 까다로운 아이들일수록 즉각적인 반응이 중요한데 이에 대한 충족이 이뤄지지 않았을 것입니다. '양육'이라고 하는 것은 단지 물리적 성장만을 일컫는 것이 아닌 정서적인 돌봄이 더 중요합니다. 현재 둘째의 '떼'도 문제지만, 첫째의 '엄마의 부재'도 매우 중요한 사안입니다. 첫째가 어머니를 자신의 엄마로 인식하지 않고 외조모를 엄마로 인지하고 있음을 부모는 인식하여야 하고, 둘째의 입장에서는 이른 아침에 어머니와 헤어져서 저녁때에 재회하게 되어 불안정적인 양육환경에 놓여 있을 가능성이 훨씬 높아 이후 시간 동안에 자신의 욕구불만과 불안정적인 정서를 표출하는 것입니다. 이를 해결하기 위한 근본적인 방법은 쌍둥이를 양육하기 힘든 환경이겠지만 부모와 함께 살아갈 수 있는 방법을 모색하는 것이 좋겠습니다. 함께 살아가면서 힘든 부분, 갈등 상황도 더 많아지겠지만 이러한 부분들을 함께 해결해 나가며 가족관계가 더 돈독해질 수 있습니다. 또한, 자매간의 우애 증진, 부모-자녀 관계 개선 및 부부가 함께 양육에 참여하는 과정이 아이들의 성장에는 훨씬 이로울 것입니다.

성인들의 생각으로는 첫째 아이를 안정적인 양육환경에서 자랄 수 있도록 배려했다고 생각할 수도 있겠지만 아이의 입장에서는 부모가 자신을 '유기'했다는 생각을 할 수도 있습니다. 아이들을 함께 양육하면서 가용자원을 최대한 활용할 수 있도록 권합니다. 첫째가 외조모와의 이별을 힘들어할 수도 있습니다. 이 부분에 대해서도 섬세히 다뤄야 합니다. 아이에게 외할머니를 보고 싶을 때 볼 수 있고, 전화 통화나 영상통화도 가능하다는 것을 알려 주어 이별의 고통을 최소화할 수 있도록 도와야 합니다. 현재 엄마와 함께 사는 둘째는 혼자서 독차지했던 엄마를 나눠야 한다는 생각을 할 수도 있습니다. 둘 모두의 엄마라는 것을 자연스럽게 알 수 있도록 안정적인 양육환경을 제공해야 합니다. 만 3세 이전에 헤어져서 살았기 때문에 안정적 애착 형성을 재구축해야 하는 것이 현재로선 가장 시급한 과제입니다. 부부의 직장문제로 주말부부일 수밖에 없어도 주말에는 가족과 함께 시간을 보낼 수 있도록 노력을 해야 합니다. 무엇보다 핵심가족 내에서 부부체계가 공고해야 하므로 안정적인 부부관계를 아이들에게 자주 노출할 수 있도록 노력해야 합니다. 둘째 아이의 '떼'를

우리 동네 상담사가 전하는 정서중심 실천 육아

줄이기 위해서는 아이의 마음을 충분히, 진심으로 읽어 주어야 자신의 존재 자체에 대한 수용과 인정을 받았다고 느낍니다. 아이의 요구를 들어주는 것은 그다음의 일입니다. 부모는 아이들을 조건 없이 사랑한다고는 하지만 실제로는 무수한 조건을 다는 경우들이 있습니다. 이에 비하면, 아이들은 부모를 이 세상 누구보다 자신의 부모를 무조건적으로 사랑하고 신뢰하는 데서 관계가 시작된다는 것을 잊지 말아야 합니다.

＼ 발달지연 아이를 돕기 위한 부모의 이해

'형제 중 올해 만 4세 된 첫째는 유전질환으로 인하여 발달지연 진단을 받고 복합적인 치료를 받고 있습니다. 배우자의 아이에 대한 이해 부족으로 어려움을 겪고 있습니다. 남편은 그냥 기다리면 되지 않겠냐고 하지만 이대로 두게 되면 아이의 발달에 불리한 상황이 뻔한데 어떻게 해야 할까요?'

발달지연에 대한 진단을 받았으므로 인지한 때부터 개입을 하는 것이 적절합니다. 배우자가 그렇게 표현하는 것은 불안감에 의해 혹시나 하는 희망을 갖고 있을 가능성도 배제할 수 없습니다. 유전질환까지 있다고 하니 아무래도 부모인 자신의 책임이 크다고 생각하고 죄책감도 갖고 있을 겁니다. 이에 대한 회피일 수도 있습니다. 가족 중 누구라도 아프게 되면 스트레스 상황이 될 테고, 이때엔 소통도 원활히 이뤄지기 어렵게 됩니다. 아이의 현재 상태에 대하여 정보를 함께 나누고 협력하는 것이 가장 좋긴 하지만, 쉽지 않다면 이에 대한 정보를 자료화하여 잘 보이는 곳에 두는 것도 한 방법입니다. 전문가들의 치료개입과 관련하여 현재 어떤 치료를 받고 있는지 등에 대해서도 정리를 하여 알리는 것이 좋습니다. 가능하면 배우자가 전문가의 대면 상담을 통하여 자녀의 현재 상태와 이에 대한 적절한 도움을 어떻게 주어야 하는지 직접 들을 수 있는 기회를 갖는 것이 효과적일 수 있습니다. 배우자 스스로 자신의 책임이나 오점이 아니라는 것을 인식할 수 있는 것이 중요하고, 해당 자녀를 위해서도 둘째를 위해서도 부모가 서로 협력하고 분담하는 것이 최선임을 권합니다.

＼ 자신의 의지와 상관없이 양보하는 아이

> '어린이집에서 6세반에 다니는 아들아이가 또래들과 어울리고 싶어도 적극적으로 표현하지 못합니다. 양보와 배려를 하긴 하지만 자신의 의지와는 상관없이 하게 됩니다.'

아동의 기질 특성상 적극적으로 표현하기가 쉽지 않을 수 있습니다. 아이의 기질을 소중하게 받아들이고, 변화를 줘야 한다는 부담감이 없도록 부족한 부분이 있다면 도움을 주는 것이 좋습니다. 일상생활에서 자기표현 및 자기주장 훈련을 할 수 있도록 도움이 필요합니다. 아이에게 꾸준히 알아들을 수 있도록 방법을 알려 주고, 그 방법에 따라 경험을 쌓도록 하여 그 경험이 성공할 경우 칭찬 등의 보상을 해 줘야 합니다. 이때에 부

우리 동네 상담사가 전하는 정서중심 실천 육아

모가 모델이 되어 제대로 연습하고 실행할 수 있도록 합니다. 아이가 어린이집이나 또래들 사이에서 무엇 때문에 힘들어했는지에 대해서 이야기할 때 아이의 생각을 물어봐 줍니다. "그것 때문에 힘들었구나. 그러면 너는 그때 어떻게 하고 싶었어?", "나는 어떻게 하고 싶었어." 등과 같이 이야기할 것입니다. "그렇구나, 그럼 그렇게 이야기를 왜 하지 못했을까?" 그러면 아이가 자신의 생각을 얘기할 것입니다. 친구가 들어주지 않을 것 같아서, 친구와 싸우기 싫어서 등과 같은 이야기를 할 것입니다. "○○이는 친구랑 싸우는 것이 싫고, 잘 지내고 싶은 마음이 들어서 그랬구나. 그런데, 친구들은 너의 마음을 잘 알 수 없을 거야. 네가 말하지 않으면, 그냥 너는 뭐든지 다 양보해 주는 아이로 알 거야. 지금 이렇게 엄마에게 너의 마음을 이야기해 주니까 엄마도 알 수 있는 거잖아. 그런 것처럼 친구들에게도 너의 생각을 얘기해 주는 것이 앞으로 더 잘 지낼 수 있게 도와주는 방법이야." 라고 얘기를 하고, 일상생활에서 친구 역할을 부모님이 해 보며 상황을 만든 상태에서 자신의 생각을 얘기할 수 있도록 연습하여 익숙해지도록 하면 도움이 됩니다. 거절하는 방법도 마찬가지로 "지금은 내가 먼저 놀고 있었으니까, 다 놀고 네게 얘기해 줄게~" 등과 같이 연습할 수 있습니다.

＼ 수시로 아이들에게 욱하는 엄마

'갑상선 질환을 앓고 있는 엄마입니다. 수시로 아이들에게 욱합니다. 현재 첫째는 만 4세, 둘째는 22개월이 되었습니다. 자꾸 욱하게 되어 화를 내게 되는데요. 대부분 첫째에게 화풀이를 하는 것 같습니다. 특히 시간에 쫓길 때와 제가 체력적으로 힘들 때 더 그런 것 같습니다. 남편은 직장일로 항상 바빠 거의 나홀로 육아 상태로 두 아이를 키우다 보니, 이제는 한계에 도달한 것 같습니다.'

일단 갑상선 질환으로 내분비계 순환 장애를 겪을 수 있으므로 기본적으로 기분 조절, 순환기계 조절력이 떨어질 수 있습니다. 면역계까지도 영향을 미치게 되고 급격한 체력 저하와 기분 저하, 무기력감을 경험하게도 됩니다. 나홀로 육아자로서 두 아이를 키워 낸 것을 보면 얼마나 애썼을지 짐작이 갑니다. 남편이 직장생활 때문에 바쁘더라도 지금 상황에서 두 아이의 양육을 거의 혼자 감당한다는 것은 쉽지 않으므로 건강이 더 악화되기 전에 현재 겪고 있는 질환에 대한 공부를 배우자와 함께하는 것이 좋습니다. 갑상선 질환에 대한 이해가 먼저 되어야 하고, 구체적으로 남편에게 어떤 도움을 가장 우선적으로 바라는지를 함께 의논하고 함께 해야 합니다. 욱하는 자신의 감정 상태가 일어나는 상황과 조절이 필요하다는 것을 인식하고 있기 때문에 실행이 필요한 단계입니다. 실행을 돕기 위한 작은 전략으로, 시간에 쫓기지 않도록 준비할 시간을 미리 계획하는 것이 좋습니다. 체력적으로 힘든 오후 시간이나 기상 상태가 좋지 않을 때는 첫째 아이에게 엄마가 무엇 때문에 힘든지를 간략하게 설명해 주고,

우리 동네 상담사가 전하는 정서중심 실천 육아

잠시 쉴 수 있는 시간적 여유를 확보하는 것이 좋습니다. 욱하던 것을 갑자기 고치려고 노력한다고 해서 금세 고쳐지지는 않을 것입니다. 아이에게 화를 내거나 짜증을 내고 난 이후에 놀랐을 아이를 달래 주고, 엄마가 노력하겠다고 얘기하고 혹시나 잘 안 될 때(엄마가 욱하는 상황)는 아이에게 경고의 신호를 해 달라고 부탁하는 것도 한 가지 방법이 될 수 있습니다. 현재 자신의 건강 상태를 제대로 파악하고 정서 상태에 대해서 알아차리는 연습을 수시로 해 보기를 권합니다. 심호흡과 스스로에게 타임아웃이나 상황에서 벗어나기 등을 실행해 보는 것도 좋습니다.

＼ 언어장애 진단을 받았는데 결과를 믿을 수 있을까요?

'47개월 된 딸아이가 언어장애 진단을 받았습니다. 어린이집에 다닌 지 3개월 정도 되었고, 44개월 때 처음 어린이집에 다니게 되었습니다. 최근에 어린이집 교사로부터 전 영역에 걸쳐 발달의 지연이 의심된다는 보고를 받고, 동네에 있는 병원에서 검사를 받은 결과 언어장애 진단을 받았고 언어치료를 권유받았습니다. 검사 내용은 부모-자녀 상호작용 관찰을 통한 검사였습니다.'

검사 내용으로 봤을 때, 현재의 검사로는 객관적이고 종합적인 검사라 할 수 없습니다. 현재 아동의 월령상으로 봤을 때, 충분히 종합 심리검사 및 발달검사를 받을 수 있습니다. 또한 부모-자녀 상호작용 관찰은 종합 검사의 일부일 뿐이고, 어린이집 교사의 전언처럼 전 영역의 발달지연이

의심스럽다는 것은 또래들보다 전 영역의 발달이 현저히 뒤떨어져 있을 가능성이 높습니다. 그러므로 아동의 전반적인 발달검사를 소아정신과나 전문 발달센터 등을 통하여 전문 검사자로부터 종합검사를 받아 보기를 권합니다. 만일 교사의 말처럼 전반적인 영역에서의 발달지연이라면 언어치료만 받아서는 안 되고, 전 영역의 발달을 골고루 도울 수 있는 있도록 가정과 전문기관, 어린이집 등의 협업이 이루어져야 합니다.

＼ 눈물로 표현하는 아이

'48개월 된 첫째 아이가 자신이 하기 싫은 것들에 대해 표정이나 행동의 양상은 하기 싫은 게 분명한데도 싫다고 표현하지 않고 어른들이 하자는 대로 합니다. 양육자의 입장에서는 키우기 편하다는 생각이 들기도 하지만 커서도 그럴까 봐 걱정입니다. 또한 별로 심각한 상황이 아닌 때에도 눈물을 보이는 경우가 있고 속상하거나 억울한 상황에서는 먼저 눈물을 보입니다.'

보통 이런 아이들은 순한 기질일 가능성이 있습니다. 순하기는 하지만 자신이 불편한 상황이나 하기 싫은 것에 대해서 어떻게 표현해야 할지 몰라서 그러거나 또는 위축되는 상황에서도 그럴 수 있습니다. 현재 만 4세이고 언어발달이 잘 이뤄진 상태라면 성인의 요구에 모든 것을 순응하는 것에 다른 원인이 있을 것으로 판단되므로 면밀히 살펴볼 필요가 있습니다. 자신의 의사표현을 하는 데 미숙하거나, 이전의 경험에서 자신이 싫다거나 부정적인 의사표현을 하였을 때 수용되지 않았던 경험이 많을수록 아이들은 자신의 솔직한 표현이나 주장을 포기하게 됩니다. 아이의 비언어적인 행동 등을 면밀히 살펴보고, 아이의 마음속 감정 내지는 아이의 입장에서 생각해 보고 어떤 마음이 들었는지를 읽어 주는 것으로 아이 자신의 생각과 감정을 인식할 수 있도록 도울 수 있습니다. "ㅇㅇ이가 이것은 썩 내키지 않은 것 같은데. 괜찮니?" 라고 물어봐 주고 어떻게 했으면 좋겠는지를 물어봐 주는 것이 좋습니다.

아이가 별로 심각한 상황이 아닌데도 운다고 하였는데 이 또한 아이의 정서 표현과 수용된 경험의 유무에 따른 것일 수도 있습니다. 아이에게 조금 더 편안하고 여유 있는 관심을 보이고 아이의 생각이나 마음은 어떤지, 아이의 의견은 어떤지 등을 먼저 물어봐 주고 "꼭 이렇게 해야 한다." 와 같은 당위성을 강요하지 않는 소통방식을 취하는 게 좋겠습니다. 물론, 하루 일과 동안에 꼭 해야 하는 것들이 몇 가지는 있습니다. 이를 제외한 것들에서는 마음과 시간을 유연하게 활용하는 게 좋습니다.

＼ 훈육을 시작하는 시기

'둘째를 출산 후 51개월 된 첫째 아들의 훈육을 시작하였습니다.
그 이전까지는 거의 허용적이었는데요. 동생이 태어났으니 훈육을
시작해야 되지 않을까요?'

아이 입장에서는 동생이 태어남과 동시에 자신의 인생이 바뀌었다고
생각할 수 있습니다. 그렇게 생각한다면 동생에 대한 첫째의 마음이 어떨
까요? 원망스럽고 미울 것입니다. 그러잖아도 자신에 대한 관심이 줄어들
었는데, 훈육이라는 이름으로 자꾸 혼나게 되고 수용받지 못하는 경험을
하게 되면 동생 때문이라 생각하여 둘째가 미움의 대상이 될 것입니다.
너무 엄격한 훈육은 아이에게 상처와 자신의 존재에 대한 불안감을 심어
줄 수 있습니다. 훈육이라고 하는 것을 혼내고 지시하고 통제하는 것이
아닌, 차근차근 세상 사는 방법을 알려 주는 것이라는 인식이 필요합니
다. 이 세상에서 가장 친절하고 따뜻한 '첫 스승'이 부모라는 것을 기억하
면 좋겠습니다. 올바른 훈육은 그 시기를 따로 정하지 않습니다. 아이의
생애 초기부터 시작되는 것입니다.

＼ 등원을 거부하는 아이

'51개월 된 아이가 어린이집을 다닌 지 1년 정도 되었습니다. 맞벌이로 아이가 연장반에서 그동안 크게 어려움 없이 잘 다녔습니다. 최근 겨울방학 동안에 아이가 아파서 며칠 집에서 쉬는 동안 어린이집에 안 가면 안 되냐는 말을 자주 하였습니다만, 아이에게 엄마는 직장에 가야 해서 어린이집에 가야 한다고 하면서 보냈습니다. 최근에 더욱 완강하게 등원을 거부하여 아이에게 물었더니 선생님이 자기를 싫어한다고 합니다. 아이가 연장반에 있는 동안 가능한 너무 늦지 않게 데리러 가는데 최근에 직장에서의 업무량이 많은 관계로 몇 차례 가장 늦게(그렇더라도 18시) 하원하는 아이가 되었습니다. 그때마다 아이가 우울하고 힘들어하는 모습을 보였습니다. 아침에 등원할 때 조금씩 조금씩 등원시간을 늦추게 되고, 어떤 날은 어린이집 근처에서 아이가 발걸음을 멈추는 일이 있습니다. 현관에 들어섰는데 맞이하는 교사가 아이에게 "뭐든 싫어하지?"라고 말하는 것을 보고 충격을 받았습니다. 이때 아이의 몸이 갑자기 굳는 것을 보았고, 담임교사가 나와서 달래서 교실로 가긴 하였으나 마음이 불편합니다. 어떻게 해야 할까요?'

아이가 전하는 여러 가지 신호들에 많은 의미가 내포되어 있습니다. 그래도 다행인 것은 아이와 어머니와의 상호작용은 잘되고 있는 것으로 보입니다. 기관에 따라 연장반 전담교사가 있기도 하고, 교사들끼리 돌아가면서 맡는 기관도 있습니다. 현 기관은 교사들이 교대로 연장반을 담당하는 것으로 보입니다. 연장반을 담당하는 교사들에 따라 아이들을 대하는 태도가 달라질 수 있고, 아이들은 교사들의 성향이나 태도에 따라 적응해야 하는 어려움도 있을 것입니다. 아이들을 반갑게 맞이해야 하는 등원 시간에 부정적인 표현으로 맞이하는 교사, 늦게까지 남아 있는 연장반 아동에 대해 자신의 불편감을 드러내는 교사 등이 있습니다. 아이가 교사로 인한 심리적 어려움 등이 있는 것으로 파악되니, 기관장과의 상담을 통하여 전체적인 교사들 관리와 교사로서 아이들을 대하는 태도로 인해 아이들이 정서적으로 힘들어하지 않도록 연장반의 환경을 제공해 줄 것을 요청하는 것이 좋겠습니다. 아이의 불편했을 마음들을 알아봐 주고, "엄마와 원장님이 함께 이야기해서 너를 도울 수 있는 방법을 찾기로 했어." 등과 같은 이야기를 전하는 게 좋겠습니다. 또한 담임교사에게도 이와 같은 내용을 전하고 협력하기를 권합니다.

＼ 괴상한 행동을 하는 아이

'독일인의 엄마와 한국인의 아빠 사이에서 태어난 51개월 된 첫째 아들아이가 괴상한 행동을 합니다. 평상시 잘 지내는 때는 자신의 연령보다 훨씬 더 의젓한 모습과 인지적으로 똑똑한 모습을 보이나, 간혹 우스꽝스러운 표정과 행동으로 당황스러운 경우가 많습니다. 예를 들어, 현재 연기학원을 다니고 있는데 중요한 오디션에서 상황에 적절치 않은 우스꽝스러운 행동을 하여 너무 창피하였습니다.'

우리 동네 상담사가 전하는 정서중심 실천 육아

인지적으로 잘 발달된 아이임에도 불구하고 상황에 맞지 않는 행동을 할 때에는 아이가 갖고 있는 정서 상태를 살펴보는 것이 중요합니다. 오디션이 중요하다는 것은 성인들의 입장에서 판단하는 것이고, 아이에게는 오히려 매우 당혹스러운 장면일 수도 있습니다. 그러한 까닭에 자신이 어떻게 행동해야 할지 모를 때 그런 행동을 취할 수 있습니다. 또는 평상시에 자신이 우스꽝스러운 행동을 하였을 때 주변에서 받았던 관심 섞인 반응 등 자신이 얻는 이익이 있다고 생각하고 그에 대해 스스로 재미를 느껴서일 수도 있습니다. 독일인 어머니의 영향으로 표정과 표현 등에서 자유롭고 풍부함을 일상에서 배웠을 가능성도 있습니다. 창피하다는 생각보다는 아이의 개성일 수 있는 측면과 왜 그 상황에서 그런 행동을 하게 되었는지 아이에게 물어봐 주는 것으로 원인을 파악해 볼 수도 있겠습니다.

＼ 동생에게 양보하라고 하는 게 맞을까요?

'14개월인 여동생이 자꾸 오빠가 놀이(51개월)를 하는 데 방해합니다. 그로 인하여 첫째가 동생을 밀치고 밉다고 합니다. 이럴 때마다 오빠니까 동생에게 양보하라고 첫째를 혼내게 됩니다.'

첫째가 여러모로 힘든 상황일 수 있습니다. 같은 또래여도 함께 놀이를 하면서 갈등이 자주 일어나는 시기에 아직 이것저것 탐색에 한창인 동생과 함께 놀이하는 것은 불가능한 일입니다. 자꾸 첫째에게만 양보하고 참으라고 하면 부모님과 동생에 대한 반감만 높아지게 됩니다. 이렇게 어린 시기에 형제간 터울이 있는 때에는 각자의 놀잇감과 놀이 영역의 구분이 필요합니다. 오빠가 놀이를 할 때 동생이 끼어드는 것은 오빠와 함께 놀고 싶은데 아직 어려서 어떻게 함께 놀이를 해야 하는지 잘 모르기 때문이고 말로 잘 표현도 못 해서 그런 것이라는 것을 설명해 주는 것이 좋습니다. 오빠에게 이렇게 동생이 방해하는 것 같은 때는 어떻게 하는 것이 좋은지, 엄마가 어떻게 도움을 주는 것이 좋을지를 생각해 보는 것도 좋습니다. 가능한 첫째의 의견을 들어주고 서로의 놀이에 방해가 되지 않도록 둘째가 조금 더 커서 놀이방법이나 언어표현이 가능해지는 동안까지는 성인의 중재와 모델링이 필요합니다. 어린 동생이 아직 어리고 모르는 것이 많아서 그렇다는 것을 이해할 수 있도록 도와주고, "오빠가 도와주면 좋겠다." 등과 같은 표현을 하는 것이 좋습니다. 그 전에 "네가 애써서 만들었는데 망가져서 속상하겠다. 자꾸 동생이 방해해서 기분이 상했구나. 동생이 뭘 몰라서 답답하지……." 등과 같은 말로 표현하여 아이의 마음에 공감을 표현해 주는 것이 좋습니다. 첫째가 스스로 동생을 도와주고 양보할 때마다 "오빠라서 다르구나.", "오빠가 양보해 줘서 동생이 기뻐하는구나." 등과 같은 긍정적인 표현이 아이 스스로 동생과 함께했을 때 방해만 받는다는 생각을 하지 않게 됩니다. 첫째의 안전한 영역을 확보해 주고 경계를 지켜 주어야 합니다. "네 것이 맞아. 자꾸 동생이 네 것 만지니까 짜증 나지. 엄마가(아빠가) 동생을 이쪽으로 데려갈게." 이렇게 소유를 인정해 주고 배울 수 있도록 그리고 나눔을 배워야 합니다. 배움에도 순서가 있습니다. 동생을 도와주고 돌봐 줘야 한다는 것은 나중에 발달단계에 따라 배워야 합니다. 성인들은 아이들에게 나중에 배워야 하는 것들을 너무 일찍 가르쳐서 아이들이 억울해하는 것입니다.

＼ 학습을 시켜야 하는데요.

'51개월 된 딸아이의 학습을 어떻게 시켜야 할지 모르겠습니다. 글자에 관심도 없고, 쓰기를 시켜 보아도 못한다고만 합니다.'

평상시에 글자에 대한 관심이 별로 없는 환경에 있었거나 관심이 있었더라도 자신이 호기심과 흥미를 느끼지 않아서일 수도 있습니다. 쓰기를 시켜 본다고 하였는데, 글자 쓰기는 처음 아이들이 그림으로 인식하여 따라 그리기 또는 따라 쓰기 등으로 시작할 수 있습니다. 보고 써 봐라 하면 당황스러울 수 있기 때문에 일단은 글밥이 많은 책보다는 그림책으로 시작하여 조금씩 글자의 노출량을 일상생활에서 증가시키며 아이 스스로 궁금함을 표현할 때가 가장 효과적인 글자 공부의 시기입니다. 아이들은 자신에게 익숙한 글자, 예를 들어 자신의 이름, 부모의 이름, 친구의 이름 등과 거기에 해당하는 글자들을 발견하며 호기심이 유발되기도 합니다. 아이들이 자라면서 '이 글자와 이 글자가 같다, 다르다'를 알면서부터 글자에 대한 관심이 증가되기 시작합니다. 언어발달과 학습의 접근은 순차적으로 이루어지므로 강요하듯이 접근하거나 평가하듯이 표현하면 아이들은 공부라는 것이 힘들고 지루한 것이라 생각할 수 있고, 못하면 혼나는 것이라 인식할 수 있습니다. 아이들에게 학습은 자연스럽게 시작하는 것이 가장 좋은 방법입니다.

＼ 칭찬 스티커 모으기에 관심이 없는 아이

> '또래 아이들은 칭찬 스티커 모으는 것에 관심이 많다고 하여 저
> 회 아이에게도 시도를 하고 있습니다. 그런데 칭찬 스티커 모으기
> 에 관심이 없습니다.'

칭찬 스티커의 효과는 즉각적인 간접적 보상에 있으나, 스티커를 모아 직접적인 보상이 따르기까지의 기간이 아이들이 기다리기에 너무 긴 기간이 된다면 아이들은 칭찬 스티커를 모아서 그에 따른 보상이나 보상물을 얻는 것을 잊어버리게 되고, 너무 뒤늦게 얻게 되면 그때는 자신이 받고 싶었던 보상(물)이 아닐 수도 있습니다. 아동에게 보상효과를 얻기 어려운 '과제'처럼 여겨지고 있다면, 칭찬 스티커를 모으는 데 관심도 없고 목표도 없게 됩니다. 아이들이 칭찬 스티커 효과를 거둘 수 있으려면 현재 연령에 적절한 약 5일이나 일주일 정도로 모으고 그에 따른 보상(물)도 과하지 않도록 하여야 합니다. 또한 행동교정 등의 효과가 장기적으로 지속되기 위해서는 칭찬 스티커보다는 즉각적으로 제공할 수 있는 보상으로 정서적이고 사회적인 보상이 효과적일 수 있습니다. "네가 이렇게 열심히 하고 있구나.", "이렇게 힘든데도 노력을 하였네. 어떻게 이런 생각

우리 동네 상담사가 전하는 정서중심 실천 육아

을 하였어~" 등과 같은 표현이 정서적이고 사회적인 보상의 예가 됩니다. 아이들이 도전하기를 꺼려 하는 것은 해 볼 만하다는 느낌이 들지 않기 때문일 수 있습니다. 아이들이 도전을 두려워하지 않게 하려면 취약한 부분을 적절히 안내하고 도와 가며 조금씩이라도 스스로 성장하고 나아가고 있다는 것을 느낄 수 있도록 도움을 줘야 합니다.

＼ 형제간 갈등 중재방법

'형제 중 첫째로 두 살 터울의 동생이 있습니다. 형제간 갈등 시 어떻게 중재를 해야 할지 모르겠습니다.'

대부분 이 또래의 아이들은 5분마다 갈등이 일어나는 게 매우 일반적입니다. 그보다 짧을 수도 있습니다. 동생이 형에게 다가오는 것은 함께 놀고 싶기 때문인데, 형의 입장에서는 자신을 방해하고 뺏어 간다고 생각할 수 있습니다. 동생이 자꾸 놀잇감을 빼앗아 가는 것은 언어적으로 표현하는 것이 서툴기 때문일 수 있는데 무조건 첫째에게 양보하라고만 하면 동생을 싫어하고 미워하게 됩니다. 형제간의 갈등이 있을 때 가능한 첫째의 의견을 들어 보고, 어떻게 하면 좋겠는지를 생각해 보게 해도 되는 충분한 연령이기에 스스로 생각해 보고 자신이 어떻게 하고 싶은지, 그런 때는 동생은 어떨 것 같은지 등에 대해서 이야기를 나눠 보는 것이 좋습니다. 아이들이 어려도 자신의 생각이 있고, 의견이 있기 때문에 충분히 들

어 주는 것이 중요합니다. 첫째의 의견이 허무맹랑하더라도 일단은 들어
주고, 수용은 해 주되 어떻게 하는 것이 좋은 방법일지 부모님이 차근차
근 설명해 주는 것이 좋습니다. 이렇게 하는 것은 아이들이 소통하고 갈
등 중재의 방법을 배울 수 있는 기회이기 때문에 매우 중요하다 할 수 있
습니다.

＼ 기관에서의 함묵증

'남매를 키우는 엄마로서 55개월 된 첫째 딸이 걱정됩니다. 3세 때
부터 어린이집을 다녔고 이후 어린이집 등원 거부와 이사 등으로
인하여 두 번 정도 기관을 옮겼습니다. 유치원을 다닌 지 한 학기
가 되었는데, 저희 아이는 유치원에서 말을 하지 않는다고 합니다.
처음 어린이집 등원 거부가 있을 때, 아이는 동생들이 무섭다고
하였는데 자세한 이유는 지금도 잘 모르겠습니다. 이후의 기관에
서는 자유롭게 말을 하는 것이 힘들고, 유치원으로 옮긴 후에는
아예 말을 하지 않아 걱정입니다.'

아이가 처음 기관에 다니기 시작하면서부터 뭔가 불편한 일들이 계속
되었었나 봅니다. 미리 그 원인을 조금 더 자세히 살펴보았더라면 기관에
대한 적응을 초기에 도울 수 있었을 텐데 약 2년 동안 아이가 힘들었을 것
같아 안타까운 마음입니다. 아이는 현재 말을 할 수 있음에도 불구하고
특정한 장소인 어린이집이나 유치원에서는 말을 하지 않는 것으로 보입

니다. 이는 선택적 함묵증으로 이와 같은 증상이 최소한 1개월 이상 지속되었을 경우를 말합니다. 아이가 전혀 말을 하지 않는다고 하는 것을 보니 마음의 상처가 꽤나 깊은 것으로 판단됩니다. 이를 돕기 위해서는 전문기관에서의 상담이 필요합니다. 다만, 가정 내에서 또는 기관 이외의 장소나 상황에서는 괜찮다고 하면 기관에 대한 이미지와 기억들을 재구성하는 작업이 도움이 됩니다. 아이에게 자꾸 말을 하라고 다그치거나 재촉하는 등은 도움이 되지 않습니다. 아이가 원하는 경우, 자신만의 표현 수단으로 신호를 주는 것으로 시작하여 꾸준히 안전함을 확인하게 되면 호전될 수 있습니다. "○○이가 그렇게(고개를 끄덕이거나 흔드는 등) 표현해도 알 수 있어, 네가 편한 대로 알려 줘~" 등과 같이 안내를 하는 것으로부터 시작할 수 있습니다. 가정 내에서는 불편함이 없다 하여 방치하게 되면 이후 학교생활에서도 같은 증상이 지속될 수 있으므로 반드시 기관과 가정 연계로 일상을 통한 도움과 전문기관에서의 적극적인 치료적 개입이 필요한 사례입니다.

＼ 가정 내에서는 산만한 아이

'남매 중 첫째인 55개월 된 유치원생 아들아이가 집 밖에선 집중력도 좋고 꼼꼼하다고 합니다. 그런데 집에서는 매우 산만합니다. 가만히 있질 못하고 주변까지 어수선하게 만듭니다. 둘째와 달리 첫째는 돌 때까지 할머니와 함께 양육을 하였고 그때까지의 주

양육자는 할머니였습니다. 두 돌 이후부터는 어린이집을 다니기 시작하였습니다.'

가정 내에서와 바깥에서의 행동 차이일 수도 있겠으나 어머니의 평가가 조금 더 엄격한지는 살펴볼 필요가 있습니다. 만일, 객관적인 평가에서도 산만하다면 집에서의 재미없는 상황과 적용되지 않는 분위기 때문일 수 있습니다. 신뢰감을 형성하는 시기인 인생 초기에 아이의 주 양육자가 할머니였고 이후에는 바로 기관에 입소한 것으로 봤을 때, 아이에게 일관적이고 예측할 수 있는 기관에서는 안정감을 느낄 수 있으나 어머니와의 신뢰롭고 안정적인 관계 형성이 미비한 경우 그럴 수도 있습니다. 아이들은 즐겁고 안정적이고 예측 가능한 환경에서 더욱 심리적 안전감을 느끼게 되고, 양육자가 긍정적인 관심과 수용적인 태도를 보일 때 더욱 안정적인 행동을 하게 됩니다. 매일 잦은 스킨십과 긍정적 관심, 격려의 표현을 10개씩 의도적으로 도전해 보시길 바랍니다. "우리 ○○이는 신발을 가지런히 놓았구나.", "○○이가 동생 손을 잡아 주어서 잘 걸을 수 있구나." 등과 같이 긍정적인 행동을 포착하여 지지적인 표현을 하는 것입니다. 동생과 함께하는 시간 이외의 특별한 시간을 마련하여 첫째와의 놀이시간을 꾸준히 계획하고 실행하는 것을 권합니다.

우리 동네 상담사가 전하는 정서중심 실천 육아

\ 친구를 이상화하고 있는 아이

'친구가 무엇이든 자신보다 훌륭하고 친구의 아빠가 자신의 아빠
보다 더 잘한다는 말을 합니다. 특정 친구를 이상화하고 있는 것
같습니다.'

대부분의 아동들은 또래의 영향을 많이 받습니다. 자신이 갖고 있지 않
은 부분을 동경하기도 합니다. 무조건 친구가 더 잘하고 친구의 아빠가
자신의 아빠보다 더 능력 있다는 얘기를 하는 아이에게 실망감을 표현하
기보다는 그렇게 생각하는 이유가 무엇인지를 탐색해 보는 것이 필요합
니다. 탐색하는 과정에서 아이가 무엇을 원하는지 속마음을 알 수 있게
되고, 자신의 열등한 부분 등을 이야기할 수도 있습니다. 이때에 아이의
강점은 무엇이 있는지 등에 대해 알려 주는 것도 좋습니다. 아주 작은 부
분이라도 강점들이 있으므로 이에 대한 이야기를 해 주고 그런 좋은 점들
이 있는 것을 알아차릴 수 있도록 일상생활에서도 격려를 자주 해 주는
것이 좋습니다.

\ 엄마와 함께할 때 유난히 산만한 아이

'아이가 두 돌 때까지는 직장을 다니느라 주중에는 할머니가, 주
말에는 엄마인 제가 양육을 하였습니다. 두 돌 때까지 주된 양육

자는 할머니라고 할 수 있습니다. 두 돌 이후부터 아이와의 안정 애착이 필요한 듯하여 직장을 그만두고 엄마인 제가 주 양육자가 되었고, 이때부터 어린이집에 다니기 시작하였습니다. 저와 함께할 때는 유난히 산만한 행동을 보이고 가만히 앉아 있질 못하고 함께하는 저까지도 정신이 없다고 느낄 정도입니다.'

외부에서와 가정 내에서의 행동 차이일 수도 있겠고, 아이가 느끼기에 집에서는 무엇을 해야 할지 몰라서 그럴 수도 있습니다. 주 양육자와의 안정적인 애착이 형성되는 시기인 생애 초기 경험에서 주 양육자인 할머니와 함께 있을 때는 어떠한지도 살펴볼 필요가 있습니다. 부모님이 아이와 어떻게 지내야 할지를 몰라서 그럴 수도 있을 것 같은데요. 여러 가지 원인들을 살펴보고, 또 하나 생각해 볼 것은 산만하다고 보는 것이 아이에 대한 기대 수준이 높아서 그렇지는 않은지도 고려해 볼 필요가 있겠습니다. 아이들은 일정 부분 산만할 수도 있습니다. 자신이 좋아하는 활동에 집중을 하는 시간이 얼마나 되는지, 함께 활동하는 활동 중 어떤 활동을 할 때 몰두할 수 있는지 등도 살펴볼 필요가 있습니다. 집중을 요하는 활동에 주의를 기울이지 못하는 것인지, 일상생활 전반에 걸쳐서 산만한 것인지 변별이 필요하기도 합니다. 엄마와만 그렇다는 것으로 보았을 때는 가정 내에서 부모-자녀와의 관계를 먼저 살펴보는 것이 우선입니다. 안정적이지 못한 부모와의 관계가 원인일 수도 있으므로 더 어렸을 때 확립하지 못하였던 안정적인 애착 형성과 부모가 아이에게 심리적 안전기지가 될 수 있도록 전반적인 노력이 필요합니다.

╲ 칭찬받을 행동만 하는 아이

'53개월 된 딸아이가 예쁨받을 행동과 칭찬받을 행동만 합니다. 자신이 잘할 수 있는 것만 하려고 하고 잘 못 하겠는 것은 시도조차 하지 않으려고 합니다.'

어린 시기부터 늘 칭찬만 받고 자란 아이들의 부작용으로 충분히 나타날 수 있는 증상입니다. 이를 돕기 위해서는 아이가 성취해 낸 결과만을 갖고 칭찬하기보다는 하고 있는 과정에 대한 격려와 지지를 표현하고 힘들게 하였지만 잘되지 않아 속상해하는 아이에게 과정 중에 겪었을 일들이 있었음에도 불구하고 열심히 하여 끝까지 하였음에 지지표현을 해 주는 것이 좋습니다. 이러한 경험을 통하여 과정의 즐거움과 힘든 과정에도 스스로 해냈다는 성취감을 느끼게 되고, 그로 인한 인정받았던 경험은 아이의 건강한 성장에 도움이 됩니다.

╲ 책을 읽어 달라며 집중하지 않는 아이

'유치원에 다니는 아들아이에게 잠자기 전 책을 읽어 주고 있습니다. 평소 교육관이 책을 많이 읽는 것이 좋다는 생각에 아이가 어렸을 때부터 책 읽기를 꾸준히 해 왔습니다. 아이를 키우는 입장에서 엄마인 제가 가장 좋아하고 쉽게 접근할 수 있는 활동 중의 하나로 생각하기도 하고요. 그러다 보니 아이도 저와 함께 있을 때는 으레 책을 잔뜩 가져와 1시간 이상을 엄마인 제게 소리 내어 읽어 달라고 합니다. 거의 4년 정도를 이렇게 하다 보니 이제는 목도 아프고 1시간이 너무도 길고 힘이 듭니다. 아이도 처음 책을 읽기 시작하는 시간에만 집중을 하고 두 권 정도를 읽어 나가다 보면 집중을 하지 않고 딴짓을 합니다. 계속 이렇게 해야 할까요?'

대부분의 어머니들이 아이들과 함께할 때 선호하는 활동이 정적 활동입니다. 소꿉놀이, 역할놀이, 책 읽기, 그림 그리기나 학습과 관련된 것들이지요. 이런 활동들은 아이가 어렸을 때는 효과적이기도 합니다. 어머니와 같은 성향의 여아일 경우에는 더 유리할 수도 있고요. 그렇지만 현재 아동의 연령이 우리나라 나이로 6세인 것을 감안하면 집에 있는 대부분의 시간 동안 책 보기나 학습과 관련된 활동만 한다면 재미가 없을 것입니다. 아이들의 활동에 빠져서는 안 될 '재미'가 동반되어야 집중할 수 있고, 더 오랜 시간 동안 지속할 수 있게 됩니다. 어렸을 때부터 습관처럼 해 왔던 책 보기나 엄마와 함께 책 읽기 등의 활동이 시작하는 것은 어렵지 않겠지만 지속하기는 쉽지 않을 것이고, 결국엔 어머니는 최선을 다하여 목이 쉬도록 읽어 주긴 하지만 아이가 느끼는 그 한 시간은 어머니가 느끼는 그 한 시간의 길이보다 어쩌면 더 길고 지루할 수도 있습니다. 어머니는 아이를 위해서 하긴 하겠지만, 결국엔 어머니의 욕구에 불과할 수 있습니다. 물론, 책 읽기 특히 부모님과 함께 보는 책은 아이들의 사고를 확장시켜 주고 부모님과의 질 높은 상호작용의 기회가 되는 것은 분명합니다. 이 책 읽기를 탐색활동과 동적 활동으로 연계할 수 있다면 더 좋은 활동이 될 수 있을 것입니다. 책 읽기를 시작할 때에도 엄마가 읽어 줬으면 하는 책 몇 권으로 한정하고, 아이와 함께 볼 수 있는 시간을 정하기보다 책 몇 권으로 정할지 아이와 의견을 나누는 것이 좋겠습니다. 주로 엄마가 읽어 준다는 것을 벗어나 함께 본다는 관점으로 접근하기를 권합니다. 책 내용을 읽으며 "○○이는 이런 때 어떨 것 같아? 이렇게 하면 얘는 기분이 어떨까?" 등과 같은 질문을 하는 것도 좋고, 아이가 대답하기를 주저하거나 어떻게 대답할지 모른다면, "엄마는 지금 이런 상황이라면 아주 많이 많이 속상할 것 같아. 그런데도 얘는 친구에게 양보를 해 준 걸 보니 기분이 좋구나." 등과 같은 상호작용을 하다 보면, 많은 책을 읽기보다 밀도 있는 책 보기 시간이 될 것입니다. 책 읽기가 목적이 아닌, 책을 매개로 하여 상호작용을 하는 시간으로 계획하기를 권합니다. 또한 남자아이의 특성상 신체활동을 하고 싶은 욕구가 있을 것이므로 정적 활동과 동적 활동을 교차로 계획하여 가정 내에서도 균형감 있게 활동할 수 있도록 기회를 제공하면 좋겠습니다.

＼ 월요일에 유독 등원 거부하는 아이

'월요일만 되면 어린이집 가기 싫다고 합니다. 어린이집에 도착하여 교실에 들어가서도 얼마의 시간 동안은 아무것도 하지 않고 또래들의 활동을 관찰하기만 한다고 합니다.'

주말을 집에서 가족들과 익숙하고 편안하게 지내다가 기관에 가게 되는 것은 성인들의 월요병과 같은 심리적 영향일 수도 있고, 평소 아이의 기질이나 성격적 특성일 수 있습니다. 교실에 들어가서 또래들의 놀이를 관찰하고 자연스럽게 합류하도록 두는 것도 좋고, 교사의 적절한 개입으로 놀이를 유도해 보는 것도 좋습니다. 일요일 저녁때는 "내일 어린이집 가면 ~~활동이 재미있을 것 같던데, ○○이가 해 보고 와서 엄마에게 얘기해 줘~" 등과 같은 이야기로 어린이집에 가면 즐거울 일이 기다리고 있음을 전하는 것도 미리 마음의 준비를 할 수 있도록 돕는 효과가 있습니다. 월요일 아침이 되어서 또 가기 싫어하면 어떡하나 하는 부모님의 마음이 아이들에게 고스란히 전달될 수 있으므로 담담히, 평상시와 같이 기분 좋은 월요일이 되었고 오늘은 어떤 활동을 할 것인지, 간식이나 점심 식사 메뉴는 무엇인지 등에 대해서 살짝 안내를 하는 것도 좋습니다. 안내를 할 때는 평소에 아이가 좋아했던 활동 위주로 안내를 해 주는 것이 좋습니다.

＼ 자위하는 아이

'딸아이가 3세 때부터 시작한 자위를 현재까지 지속하고 있습니다. 점점 더 심해지는 것 같고, 자꾸 지적하게 되고 혼내게 됩니다. 주변에서나 육아서적에서는 지적하지 말고 무관심하라고 하여 해 봤지만 개선이 되지 않습니다. 만 4세 된 남동생에게도 누나를 감시하라고 하고 있습니다. 키즈카페에 가도 볼풀 안에서 하는 것을 보고 심하게 야단친 적이 있습니다. 다른 사람들이 보고 흉을 볼까 두렵고, 또래들에게 놀림이나 따돌림을 당할까 염려가 됩니다.'

아이들이 성장하는 동안 자신의 신체를 탐색하는 과정에서 누구라도 경험하게 되는 것이 자위행동입니다. 이것을 성인의 성인지 감수성으로 바라보게 되면 커다란 오해석이 있을 수 있습니다. 특별히 더 심하게 하는 날은 어떤 날인지, 어떤 상황에서 더 그런 것인지를 살펴볼 필요가 있습니다. 아이들이 자위행동을 하는 것은 심리적 불안감, 심심한 때, 촉각적으로 과민한 아동일 경우에 더 심해질 수 있습니다. 이러한 것을 먼저 이해하게 되면 아이의 입장에서 살펴볼 수 있게 됩니다. 자위행동에 대해서 너무 문제로 인식하고 지적하거나 과도한 관심(감시 등)을 두게 되면 숨어서 몰래 하게 됩니다. 이렇게 숨어서 하게 되면 자신에 대한 낮은 자아감과 수치심 및 죄책감을 갖게 되고 잘못된 성 인식을 갖게 되기도 합니다. 특히, 동생에게 감시하라고 한 행동은 매우 위험한 행동이고 형제간의 위계질서까지 해칠 수 있습니다. 아동이 재미있는 활동을 할 때 그러한 행동을 하지 않은 것을 볼 수 있고, 스스로도 옷이 불편하거나 앉아 있는 시간이 길어질 때 더 그런 행동을 한다는 것을 참고하여 활동하기 편안한 옷으로 입을 수 있도록 하여야 합니다. 또한 아동에게 "너는 어떤 때 그렇게 하고 싶어지니?" 하고 물어봐 주면, 아이도 자신의 생각을 이야기할 수 있습니다. "심심해서." 또는 "만지면 기분이 좋아." 등과 같은 이야기를 할 겁니다. "그렇구나. 그럼, 그것 말고 다른 것을 할 때는 어때?",

"혹시 그것 말고 재미있고 기분 좋은 것은 뭐가 있었어?" 라고 물어봐 주면, 아이도 나름대로 자신의 생각을 이야기할 겁니다. 이런 행동이 있었던 즉시 성교육과 관련된 활동을 하는 것은 조심하고, 일상생활에서 자연스러운 놀이나 활동 중의 하나로 관련 동화책을 함께 보고, 어떤 때 그렇게 하게 되는지를 살펴보는 것도 도움이 됩니다. 관련 내용과 함께 "그곳은 매우 중요한 곳이라 우리 몸의 가장 안쪽에 있는 거야. 다른 사람이 보아서도 안 되고, 함부로 만져서도 안 돼. 그만큼 조심스럽고 소중하게 보호해 줘야 되는 곳이란다." 라고 이야기를 해 주는 것이 좋습니다. 무엇보다 중요한 것은 아이의 마음이 안정적이고 심심하지 않게 되면 점차 줄어들게 되므로 아이의 마음을 먼저 살펴보아야 합니다. 만일 자위행동과 관련하여 질환이 발생하였을 때는 혼을 내기보다는 속히 병원진료를 받고 의료진으로부터 설명을 꼼꼼히 해 달라고 미리 요청을 해 두면 더 효과적일 수 있습니다. 외부에서 자위행동을 하였을 때는 조용히 아동에게 다가가서 속삭이듯이 전하여 아동의 자존심을 지켜 주어야 합니다. 담임교사에게서 이러한 건으로 연락이 오게 되면 관심 가져 주셔서 감사하다고 하고, 집에서도 개선하고자 노력하고 있으므로 기관에서도 따뜻한 관심 부탁한다는 내용으로 요청하면 됩니다.

＼ 또래들에게 배척당하는 아이

'또래들과 놀이 또는 활동 시, 양보와 배려를 하는 것 같지만 결

국엔 또래들에게 신체적/정서적으로 당하고만 있습니다.'

자발적인 양보와 배려심이 많은 것은 긍정적일 수 있지만, 자칫 또래들에게 만만한 대상이 될 수 있으므로 처음 공격 등을 당할 경우, 언어표현을 충분히 할 수 있는 연령이므로 자신의 의사를 표현할 수 있어야 합니다. 이후에도 신체적/정서적으로 위해를 가할 때에는 자신을 보호하는 차원에서 대적해야 할 필요가 있습니다. 때로는 적극적인 대응을 하는 것이 자신을 보호할 수 있는 최선의 방법입니다. 다만, '선빵'이라고 하는 먼저 공격행위를 하는 것은 옳지 않음을 알려 줘야 합니다. 곧 학령기에 접어들기 때문에 유사한 상황이 빈번하게 발생할 가능성이 더 높아지므로 또래보다 신체적으로 왜소한 아동일수록 자신을 보호할 방법을 강구하고 가정 내에서 일상생활을 통하여 충분한 연습이 필요합니다. 아이가 매번 당하는 것에 대해 아이의 편이 되기보다 아이를 비난하거나 그것으로 인해 혼을 내는 것은 도움이 되지 않습니다. 아이에게 항상 스스로에 대한 보호가 필요하고, 또래들에게 혼자서 대항하기 어려운 부분은 어떤 부분일지 함께 나눠 보고 부모님이 어떻게 도와주면 좋을지를 묻는 것이 이후로도 혼자서 끙끙 앓지 않고 도움이 필요할 때 도움을 요청할 수 있는 창구가 될 수 있습니다. 반복적이고 일방적으로 당할 때는 개입이 필요합니다. 아이들에게 어려움이 발생할 때 이를 성인의 기준으로 확대해석하는 것은 아닌지도 면밀히 살펴보는 것이 중요합니다.

친구들과 다른 학교로 입학하게 되었어요.

'초등학교 입학을 친구들과 다른 학교로 가게 되었습니다.'

아이들에게는 환경변화로 인하여 적응에 어려움을 겪을 수 있습니다. 이를 미리 예측할 수 있도록 안내를 하고, 입학하게 될 초등학교 근처 놀이터나 사교육 기관 등을 이용할 경우 또래관계를 미리 구축할 수 있습니다. 이렇게 하는 것은 아동이 초등학교에 입학 후 가끔씩이라도 접촉하였던 경험이 있거나 한 번이라도 놀이 활동 등을 함께한 경우라면 새로운 또래관계 형성에 도움이 되기 때문입니다. 조금씩 익숙해지면 아이들은 성인들이 염려하는 것과는 달리 의외로 금세 친구관계를 형성하게 됩니다.

TV 시청 때문에 혼이 나는 아이

'유치원에 다녀와서 TV 시청을 2시간 정도 합니다. 전원을 끄라고 하면 계속 버티고 결국엔 혼을 내고 끄게 됩니다.'

유치원에서 하원하여 귀가를 하게 되면 아이들도 무장해제가 됩니다. 가장 편안한 집안에서 충분한 휴식을 취하고 싶은 마음이 들게 되는 것은 성인과 다름이 없습니다. 그렇지만, 현재 아동은 TV 시청시간이 너무 길고, 그 시간 동안 어떤 프로그램을 시청하는지도 모니터링이 되어야 합

우리 동네 상담사가 전하는 정서중심 실천 육아

니다. 살펴볼 것은 TV 시청 말고 아이가 재미있는 활동거리가 없어서 그럴 수도 있습니다. TV 시청이나 미디어 기기와의 접촉은 늦을수록 좋으며 TV 시청 시간은 매일 30분(최대 1시간) 정도까지만 가능하다고 알리고, 시청 가능한 프로그램을 정한 후 지켜 나가는 연습을 하는 것이 좋습니다. 아이가 지킬 수 있도록 돕기 위해서는 TV 시청을 끝내고 스스로 전원을 끌 수 있도록 지지해 주고, 바로 즐거운 놀이활동으로 전환할 수 있도록 도와주는 것이 좋습니다. 아이들이 미디어 기기에 몰입하고 그 안에서 즐거움을 찾는 것은 그것보다 더 즐거운 활동에서의 경험이 없기 때문입니다. 아이들이 미디어 기기로 혼자 노는 것보다 함께 놀이하는 휴먼플레이 또는 아날로그 놀잇감을 통하여 즐거움을 알게 되면, 미디어 기기에 몰입하거나 의존하는 것을 줄일 수 있습니다. 인간의 시력은 만 6세까지의 시력이 평생 지속될 가능성이 있으므로 시력 보호 차원에서도 관리가 되어야 함을 기억해야 합니다.

＼ 사소한 것들도 경쟁구도인 형제

'동생이 만 2세입니다. 첫째가 아침에 유치원 갈 때면 엘리베이터를 타게 되는데 이때 버튼을 서로 누르려고 합니다. 동생이 울면 첫째에게 양보하라고 합니다. 형제간에 대부분이 경쟁구도여서 힘이 듭니다.'

첫째도 아직 어린아이인데 자꾸 첫째라서, 형이니까 양보하고 참으라고 하면 억울한 마음이 누적될 수 있습니다. 아침에 엘리베이터 버튼을 누르는 것이 매일 이어지므로 요일을 정해 두고 현관문을 나설 때 아이들에게 오늘은 누가 엘리베이터 버튼을 누르는 날인지를 확인하는 것이 서로 양보하고 사소한 것이지만 약속을 지킬 수 있도록 도울 수 있습니다. 또는 등원할 때는 동생이 누르고, 하원할 때는 형이 누르는 방법도 연습을 통하여 할 수 있습니다. 이렇게 약속하였지만 아직 더 어린 동생의 입장에서는 형이 눌렀을 때 울음을 터뜨릴 수도 있습니다. 이때에도 동생에게 양보하라고 하기보다는 동생에게 끝까지 약속을 지킬 수 있도록 하는 것이 좋습니다. "형아가 눌러서 속상했구나. 그렇지만 지금은 형아 차례야. 내일 아침엔 네가 누를 수 있단다." 라고 얘기를 해 주는 것이 좋습니다. 그러고 나서, 울음을 그치는 행동 등을 할 때는 "형아 차례를 잘 기다려 줘서 기특하다." 등과 같은 표현을 하고 안아 주면 됩니다. 이렇게 같은 패턴으로 꾸준히 하게 되면 아이들도 알게 됩니다. 아이들이 혼란스러운 것은 성인들의 기준이 모호하기 때문에 그럴 가능성이 높습니다.

＼ 단짝인 친구와만 놀이를 하려고 하는 아이

'만 5세 된 딸아이와 단짝인 친구가 있습니다. 딸아이는 이 친구와의 사이에 다른 친구가 끼어들면 힘들어합니다. 친구랑 잘 놀다가 다른 친구가 끼어들면 그 자리를 떠나서 친구가 놀아 주지 않는다고 말합니다. 유치원에서도 그렇고 평상시 놀이를 할 때도

그렇습니다.'

    아이가 단짝친구와 함께 놀이하고 싶은 마음은 읽어 주되, 함께 놀아도 되고 그러고 싶지 않다면 엄마나 선생님과 놀이를 할 수도 있음을 이야기해 주면 됩니다. 만 5세 정도가 되었는데도 친구가 놀아 주지 않는다고 하는 것은 아이의 의존성이 높다는 것을 파악할 수 있는 부분입니다. 내가 놀고 싶으면 노는 것이고, 놀고 싶지 않으면 놀지 않아도 된다는 것을 경험하도록 하는 것이 좋습니다. 놀이나 활동은 누가 해 주는 것이 아니고 자신이 주체가 되어서 하는 것임을 일상에서 경험하도록 먼저 부모님과 함께 역할놀이 등을 통하여 연습해 보기를 권합니다. 아이의 친구관계를 돕고자 아이들 사이에 성인이 지나치게 끼어드는 것은 의존성을 더 키워 줄 뿐만 아니라 다른 또래들이 보기에도 아이를 미숙한 존재로 인식할 수 있습니다. 익숙한 또래들과 성인, 익숙한 환경에서의 경험을 자주 갖도록 하고 아이가 원하는 것은 무엇일지를 선택하고 선택한 것에 대한 경험을 하도록 하는 것이 좋겠습니다. 아이가 단짝친구와만 놀고 싶은 것처럼 단짝친구는 다른 친구와 놀고 싶은 마음도 있을 테고, 다른 친구들도 여러 아이들과 놀고 싶은 마음들이 있다는 것을 경험적으로 알아 가는 것이 중요합니다. 스스로 선택했을 때의 경험이 어땠었는지 이야기를 나누고 주체적으로 하였을 때 훨씬 더 적극적이었던 아이의 모습에 대해서 이야기를 전해 주는 것도 좋습니다. "양보하는 것이 너에게 유리한 점이 있지." 양보나 배려를 강요할 필요는 없습니다만, 아이가 긍정적인 행동을 하였을 때 긍정적인 반응을 보여 주는 것이 좋습니다. 소소한 긍정적인 행동에 대해서는 격려의 표현을, 누가 봐도 칭찬받아 마땅한 것에는 확실한 칭찬(다소 과해도 좋음)이 효과적입니다.

＼ 첫째가 하는 것은 맘에 들지 않아요.

'세 살 아래 둘째 딸이 태어난 이후로 첫째의 모든 행동이 맘에 들지 않습니다. 스스로 하지 않고, 동생에게 양보하지 않고……. 그것을 떠나 첫째에게 정이 없습니다. 맞벌이로 생후 6개월째부터 가정어린이집에 맡겨서 더 그런 것일까요?'

현재 아이의 생활연령은 겨우 만 6세 정도입니다. 이는 이 세상에서 산 세월이 6년밖에 되지 않았다는 뜻입니다. 이렇게 어린아이가 스스로 척 척 해낸다는 것은 불가능한 것이고, 양육자의 지나친 기대입니다. 또한 '아이에게 정이 없다'라고 하였는데요. 너무 어린 시기에 아이와 분리되다 보니 엄마와의 안정애착이 형성되지 않은 데 원인이 있습니다. 모든 첫째 아이들의 공통점은 미숙한 부모 아래에서 태어나고 성장한다는 것입니다. 육아와 관련된 직접적 경험이 없는 양육자는 미숙할 수밖에 없습니다. 부모가 아동 관련 전문가여도 아이들의 특성과 부모가 처한 상황에 따라 어려움을 겪게 됩니다. 안정애착이 형성되어야 하는 인생 초기에 분리가 되었기 때문에 모와 자녀의 안정적 애착 형성에 어려움이 있었을 것입니다. 둘째를 낳고 키우면서 새롭게 모성이 형성되는 과정에 놓인 것 같습니다. 첫째를 너무 큰 아이로 생각하기보다 그동안 온전히 보살펴 주지 못한 시간들을 회복하는 시간으로 채워 가는 노력이 필요합니다. 아이가 엄마와 떨어져서 그 어린 시기에 다른 사람들 손에서 자랐다는 것만으로도 안타까운 일임에 틀림없습니다. 그저 밉다는 생각이 드는 것은 아이가 행동하는 것에서 양육자 자신의 모습이 투영되었을 가능성도 있습니다. 아직 미숙한 것들에 대해 양육자도 아이도 새롭게 함께 알아 가는 과정이라 여기면 좋겠습니다. 둘째에게는 한없이 자비롭고 허용적이면서 상대적으로 첫째를 자꾸 혼내는 것은 형제간 위계질서에도 도움이 되질 않습니다. 모성애라는 것도 아이와 함께하는 시간을 통하여 길러지는 것이고 단단해지는 것이므로 어린아이가 노력하기를 바라지 말고 부모로서 아이를 따뜻하게 품어 주는 게 먼저입니다. 첫째가 그 어린 시기에 기관에 다니고 엄마가 직장을 계속 다닐 수 있게 희생되었다는 생각을 해 본다면 아이에 대한 안쓰러움과 미안함이 먼저 들게 될 것입니다. 이 아이가 가장 먼저 자신을 엄마로 만들어 준 대상임을 기억하길 바랍니다.

＼ 조건을 다는 아이

'초등학교 입학을 앞둔 딸아이가 무엇을 하든 조건을 답니다. 예를 들면, 놀이를 끝내고 정리정돈을 할 때 빨리하면 뭐 해 줄게 하면 잘합니다. 최근에는 엄마에게 뭐 하면 뭐 해 줄 거냐고 합니다. 이래도 괜찮을까요?'

어린 시기부터 아이의 행동을 긍정적으로 이끌기 위한 전략으로 조건부를 달았던 것을 아이가 커서 똑같이 사용하는 것입니다. 이러한 조건부는 일시적이고 단적인 효과만 있을 뿐 지속성을 유지하기는 쉽지 않습니다. 이는 아동의 내적 동기보다는 외부적 동기나 자극에 따라 행동이 달라질 수 있으므로 매우 주의해야 합니다. 아동이 스스로 할 수 있도록 하고 이를 위해서는 양육자로서 어떤 도움을 주기를 바라는지, 어떻게 해야 하는지 등에 대해 명확히 알려 주어야 합니다. 꼭 물질적 보상이 아니더라도 긍정적인 메시지, 사회적 또는 정서적인 보상 등이 장기적인 효과와 아동의 내적 동기 부여에 도움을 줍니다. 사례처럼 정리정돈을 빨리하면 뭐 해 주는 게 아니라, "너의 놀이가 끝났기 때문에 놀잇감을 정리정돈해야 해. 그래야 다음에 놀 때 무엇을 갖고 놀지 꺼내기가 좋고, 바닥에 흩트러져 있지 않아서 다칠 염려가 없지." 라고 명확히 알려 주면 조건과 단서를 달지 않고 지금 행해야 하는 것을 알게 됩니다.

＼ 엄격한 훈육을 하는 아빠

'곧 초등학교에 입학할 예정입니다. 남편의 훈육하는 방법이 너무 엄격합니다. 아이들은 엄격하게 때려서라도 가르쳐야 한다고 하고, 실제로 체벌도 합니다. 자신도 그렇게 맞고 자랐는데 아무 이상 없었다고 합니다.'

양육태도의 세대전수로 인한 것으로 보입니다. 예전의 부모님들은 때려서라도 가르쳐야 한다고 하였지만, 체벌은 곧 학대에 해당됩니다. 아이들에게도 생각이 있고 자신의 의견이 있는데 체벌을 하여서라도 가르친다는 접근은 아이들의 마음속에 상처를 남기게 됩니다. 배우자와 대화가 가능한 때, 아이들 양육과 관련하여 이야기를 나누기를 권합니다. 어렸을 때 자신이 부모님으로부터 매를 맞았을 때를 떠올려 보면, 어떤 감정이 떠오르는지를 탐색해 보는 것이 좋습니다. 아이들이 체벌로 인하여 받을 상처를 함께 생각해 보고, 혼을 내서 가르치지 않아도 충분히 친절하게 잘 가르칠 수 있는 방법들이 있음을 함께 공유해 보는 게 좋습니다. 다만, 아이들을 때려서라도 잘 가르치고 싶다는 그 마음의 핵심에는 아이들을 잘 키우고 싶은 욕구가 있음을 읽어 주는 것도 좋습니다. "당신도 아이들이 잘 자라기를 바라는 마음에 그렇다는 것을 나도 알아요. 아이들에게 상처 되지 않고도 잘 키울 수 있는 방법을 우리 함께 실천해 봐요." 아이들을 혼내거나 체벌한 후에는 부모도 상처받는답니다.

＼ 없었던 분리불안이 나타났어요.

'58개월 된 유치원생인 첫째 딸이 더 어린 시기에는 없었던 분리불안이 최근에 나타나고 있습니다. 아이에게 괜찮다고 자주 말해 주어도 개선되지 않습니다. 등 · 하원할 때 차량을 담당하는 선생님이 바뀌었고, 방과 후 특별활동을 할 때 담임 선생님이 안 보이면 활동에 참여하는 것을 거부한다고 합니다. 그전에 등원할 때는 친구와 함께 친구 어머니의 차를 타고 등원했었습니다. 그때는 엄마 없이도 잘 등원하였습니다.'

아이들의 분리불안과 관련된 증상은 그 정도의 차이는 있으나 어느 때고 나타날 수 있습니다. 이전에는 친한 친구와 친구 어머니가 동행하여 안정된 분위기로 함께 등원하여 일과도 함께할 수 있어 불편감이 없었을 수

우리 동네 상담사가 전하는 정서중심 실천 육아

있습니다. 익숙했던 차량 선생님이 바뀌고, 방과 후 특별활동에 또 새로운 선생님을 만나게 되는 것이 아이로 하여금 불안하고 불편한 상황이 되었을 가능성이 있습니다. 엄마는 아이가 이런 상황이 싫다고 말을 하여도 "뭘 그런 것 갖고 그러느냐. 다 같은 선생님인데 괜찮아." 라고 말하지만, 아이가 접하는 상황에 대한 진짜 공감은 되지 않기에 마음이 힘든 상태에서도 힘들다고 말하지 않을 가능성이 있습니다. 이런 경우, "그래, 차량 선생님이 낯설어서 마음이 불편했구나. 그래도 이렇게 집까지 하원할 수 있도록 도와주셨네. 아직 익숙하지 않은 선생님이지만 너희 유치원 선생님이니까 선생님들도 돌아가면서 차량을 담당하시는 거야. 또 이전에 익숙했던 선생님이 담당하시는 날이 올 거야. 그래도 이렇게 불편했던 마음을 엄마에게 이야기해 주니, 우리 ○○이가 많이 힘들었을 것을 알 수 있었네." 방과 후 특별활동 프로그램도 마찬가지입니다. 담임 선생님과 상의하고 특별활동 프로그램에 적응하는 시기까지는 협조 요청을 하는 것이 아이를 돕는 길입니다. 아이들은 자신의 불편한 마음을 털어놓고 그 불편했던 마음을 수용 받는 것만으로도 위안이 됩니다. 성인들이 어떤 문제를 해결해 주는 것도 좋지만 아이들의 말에 귀 기울여 들어 주는 것, 공감해 주는 것으로도 힘을 얻을 수 있습니다. 이렇게 불편한 마음을 겪고 분리불안 증세를 보이는 것에 양육자나 보호자가 더 불편해하고 불안해하는 모습을 보이는 것은 아이로 하여금 그 증상을 더 악화시키도록 합니다. 자신이 불안했던 것이 불안할 수밖에 없었다는 것을 양육자나 보호자의 반응을 통해 더 확신하게 되기 때문입니다. 큰일이 아니라면 성인들은 덤덤하게 반응하는 것이 때로는 도움이 될 수 있습니다. 그렇더라도 아이가 지속적으로 불안을 호소한다면, 이는 조금 더 면밀하게 살펴볼 필요가 있습니다.

＼ 너무 착하기만 한 아이

'딸아이가 유치원에서나 친구들과 함께 지낼 때 무엇이든 양보하고 배려합니다. 조금 더 어린 시기에는 착하다, 착하다 하면서 칭찬을 하였지만 이제 학교에 입학하게 되면 또래들 사이에서 불이익을 당하지 않을까 염려가 됩니다. 유치원 담임교사도 아이가 너무 착하다고 말합니다. 아이를 키우는 동안 엄격한 훈육을 하였던 영향인지 아이는 말을 잘 듣는 아이여서 특별한 어려움은 없었습니다. 그렇지만 기관에 다니기 시작하면서 너무도 수동적이고 또래들에게 끌려다니는 모습을 보면, 뒤늦은 후회와 자책이 듭니다. 어떻게 해야 할까요?'

부모님의 엄격하고 권위적인 양육태도는 아이들의 수동적인 측면을 더 강화시키기도 합니다. 어린 시기부터 말을 잘 들었고 특별한 어려움이 없었다고 하는 것으로 봤을 때, 아이의 본래 기질 특성도 배제할 수는 없을 것입니다. 어쩌면 아이 입장에서는 친구들과 잘 지내고 싶은 본능으로 배려하고 양보할 수도 있습니다. 이러한 아이들의 성격이나 기질의 특성을 소중하게 받아들일 수 있도록 하고 또래관계나 자신의 행동 특성에 변화를 줘야 한다는 부담감이 없도록 부족한 부분이 있다면 도움을 줄 수 있도록 접근을 해야 합니다. 양보하고 배려하는 것이 분명히 자신에게 유리한 점이 있기도 합니다. 또래나 타인으로부터 긍정적인 반응을 이끌어 내기도 하지요. 이런 긍정적인 측면이 있음에도 부모님들이 보기에는 내 아이가 손해 보는 것 같고, 또래들에게 이용당하는 것처럼 느껴질 수도 있

우리 동네 상담사가 전하는 정서중심 실천 육아

습니다. 양보나 배려를 강요할 필요는 없지만, 스스로 양보나 배려를 하고서 편안해하고 기뻐한다면 긍정적인 측면으로 받아들이는 것이 좋습니다. 다만, 아이가 어쩔 수 없는 포기를 선택함으로써 양보를 하는 것 같다면 곧 학교에 진입하는 시기이므로 자신의 의사표현을 할 수 있도록 일상생활에서 연습이 필요합니다. 가정 내에서 부모님과 함께 역할놀이 등을 통하여 연습을 하는 것이 도움이 되고, 놀이 상황에서도 자연스럽게 아이의 속마음을 들어 보고 자신의 욕구나 의견을 타인에게 전달할 수 있는 기회를 갖도록 하는 것이 좋겠습니다. 아이가 또래들 사이에서 반복적이고 일방적으로 당한다고 생각될 때는 부모님이나 성인의 개입이 필요합니다만, 아이들 사이에서의 어려움이나 갈등이 발생하였을 때, 무조건 성인의 기준으로 확대해석하는 것은 주의할 필요가 있습니다. 또한, 아이들은 5학년 이후에 단짝이 더 필요하게 됩니다. 이를 돕기 위해서는 어린 시기부터 친구관계를 통하여 사회성 발달이 이뤄져야 합니다. 또래경험을 통하여 타인의 감정과 생각, 의도를 읽게 되며 공감도 배우게 됩니다. 아이들끼리 놀 기회가 많아야 놀이에서의 재미를 알게 되고, 친구와 놀면서 사회성 발달을 이루게 됩니다. 사회성을 키울 수 있도록 돕기 위해서는 초기에는 1:1로 노는 것이 좋습니다. 초등학교 저학년 때까지는 부모의 도움이 효과적일 수 있으므로 친구와 놀 수 있도록 기회를 만들어 주는 것이 좋습니다.

＼ 스마트폰 이외의 활동은 하지 않으려는 아이

> '61개월 된 외동아들이 스마트폰을 너무 많이 사용합니다. 외동이어서 혼자 심심할 것 같아 심심한 시간을 줄여 주고자 스마트폰을 사용하도록 하였습니다. 최근에는 유치원을 가기 전, 다녀온 후에도 너무 많이 사용하여 다른 놀이나 활동은 하지 않으려고 합니다.'

혼자 자라는 아이들은 집에서 심심하다는 말을 자주 하곤 합니다. 이 심심하다는 말에 부모들은 불편해합니다. 아이를 심심하지 않도록 해야 한다는 마음에 압도되기도 합니다. 가장 간편한 것이 미디어 기기를 접촉하는 것이고 부모들도 자신의 시간을 확보하게 되어 좋은 점이 있기도 합니다. 그렇지만 아이들에게 미디어 기기는 놀잇감이 아닙니다. 현재의 몰입 행동을 더 가중할 가능성이 있으므로 사용시간을 줄여 가도록 하여야 하고, 부모와의 놀이계획, 친한 또래와 함께할 수 있는 시간계획, 외부활동 등을 계획하는 것도 좋겠습니다. 아이에게 모델링이 되는 부모의 태도는 무엇보다도 강력한 교육의 도구입니다. 심심해도 된다는 생각을 부모부터 갖도록 하고, 그 심심한 시간 동안 뒹굴뒹굴하면서 재미있는 무엇인가를 탐색하는 시간도 아이에게는 필요합니다. 지루한 시간을 견딜 수 있는 것은 매우 강력한 자원이 되기도 합니다. 아이와 놀이를 통하여 아이 스스로 주도성을 갖도록 매일 일정한 시간을 정하여 온전히 몰입하는 상호작용 시간을 확보하기를 권합니다. 또한 스마트폰 사용 시간을 정하여 지킬 수 있도록 돕고 점진적으로 줄여 갈 수 있도록 일주일 단위로 계획하

우리 동네 상담사가 전하는 정서중심 실천 육아

는 것이 좋겠습니다. 더 늦기 전에 스마트폰과 적절히 거리를 둘 수 있도록 일상의 다른 것에서도 흥미를 느낄 수 있도록 함께 탐색해 보기를 바랍니다.

＼ 무기력한 아이

> '초등학교 입학을 앞둔 유치원생인 아들아이가 유치원을 마치고 집에 돌아오면 아무것도 하지 않고 뒹굴기만 합니다. 친구들과 따로 놀고 싶어 하지도 않고, 집에만 있으려고 합니다. 제가 보기엔 무기력해 보이는데 어떻게 해야 할지 모르겠습니다. 참고로 저희 부부는 결혼생활 9년이 되었는데 부부갈등이 깊어 이제는 서로에게 무관심한 상태입니다.'

현재 어머님이 보기에 아이가 많이 무기력해 보여 염려가 되는 것 같습니다. 아이의 무기력의 원천이 무엇일지를 살펴보면 좋겠습니다. 부모님의 갈등으로 인하여 서로에게 무관심하다고 표현한 것으로 보아, 집안 분위기가 상당히 경직되고 긴장상태일 가능성이 높습니다. 이러한 상황에서 어린 아들의 입장에서 봤을 땐 뭐든지 조심스럽고 위축될 수밖에 없을 것입니다. 아이는 부모의 모습을 보고 자라는데요. 건강한 기운도 활기찬 분위기도 가정에서 얻어지는 것들이 외부에서도 발산됩니다. 어린 시기부터 무기력한 아이였는지, 어느 시점부터 그랬었는지를 살펴보고 지금이라도 부부갈등부터 해결을 하는 것이 아이에게 좋은 에너지를 전달할 수 있을 것입니다. 당장에 부부갈등의 해소가 어렵다면, 최소한 부모 중의 한 분이라도 아이의 무기력함을 조금이라도 줄여 줄 수 있도록 아이가 흥미로워할 만한 활동들을 찾아서 함께해 보길 바랍니다. 이렇게 아이가 무기력하다고, 아무것도 하지 않으려 한다고 걱정만 하여서는 아이의 이러한 행동 패턴이 습관화될 수 있으므로 건강한 성장에 도움이 되지 않습니다. 아이와 함께할 수 있는 재미있는 활동과 또래관계를 배울 수 있는 운동을 해 볼 수 있도록 계획하는 것도 도움이 됩니다. 현재로서는 가장 기운을 내야 되는 대상은 상담을 요청한 어머니이고 어머니부터 먼저 변화가 필요합니다. 어린 시기의 아이들은 자신과 양적인 시간을 가장 많이 보내는 사람의 영향을 많이 받기 때문입니다.

＼ 정해진 시간을 지키지 않아요.

'매일 TV 시청을 하는데요. 정해진 시간을 지키지 않고 '더, 더, 더' 보고 싶다고 말합니다. 강제로 꺼 보기도 하였지만, 아이의 반발심만 커지고 재미있게 보고 있는 프로그램을 시간이 다 되었다고 끄자고 하면 저도 마음이 편치 않습니다.'

보통 아이들의 미디어 기기 사용을 시간으로 제한을 두게 됩니다. 시간으로 정하는 것은 언제든 끝내도 괜찮을 콘텐츠나 프로그램일 경우에는 가능합니다. 그렇지만 최근 TV 프로그램이나 미디어 콘텐츠 등의 동영상은 편수로 정하시는 것이 좋습니다. 아이들이 좋아하는 프로그램의 동영상 송출 시간 등을 체크하여 연령에 따라 적용하고, 시청 전에 아이와 미리 약속을 정하는 것이 좋습니다. 예를 들어 30분짜리 한 편을 보기로 약속하였다면, 아이가 끌 것인지 시간 되어서 보호자가 끌 것인지를 정하는 것도 좋습니다. 가장 좋은 것은 아이가 스스로 끌 수 있도록 하는 것이 좋습니다. 스스로 끄는 행동을 자주 하는 아이들은 조절력을 키울 수도 있기 때문입니다. "○○아, TV(또는 동영상) 시청을 30분(또는 무슨 프로그램 한 편)만 할 거야. 너는 아직 어리기 때문에 엄마가 너의 시청시간을 조절하는 것을 도와줄 거야. 이 프로그램이 끝나면 오늘의 TV 시청은 끝나는 거야. 그리고 TV 시청이 끝나면 무엇을 할지 생각해 두는 것이 좋을 것 같아. 잘 모르겠으면 엄마랑 함께 생각해 보자. 끝나기 5분 전에 엄마가 시간을 알려 줄게." 라고 미리 알려 준 후 시청할 수 있도록 합니다. 그리고 아이가 잘 지킬 수 있을 것이라 말해 주세요. 시청하고 있는 동안은 간섭하지 않도록 하고, 끝나기 5분 전에 시간을 알려 주고 동영상이 다 끝나면 아이가 끌 것인지 아니면 어머니가 끌 것인지를 정하고 아이가 계속 보고 싶다고 한다면 마음(더 보고 싶어 하는)만 읽어 주되 오늘은 끝났다고 전하고 끝내면 됩니다. 아이가 툴툴거려도 흔들리면 안 됩니다. 아이들의 습관을 길들이는 데에는 함께 버텨 주는 부모님이 필요합니다. 그리고 이후의 활동을 재미있는 활동으로 전환할 수 있도록 해 주든지, 간식 등으로 전환하여도 좋습니다. 아이가 끄기 싫었을 텐데도 약속을 잘 지켰음을 지지해 주는 것이 다음 날도 그다음 날도 스스로 끌 수 있도록 하게 됩니다.

＼ 초등학교 입학을 앞두고 산만한 것 같아요.

> '예비 초등학생으로 엄마가 보기에는 활동적으로 보입니다만, 아
> 빠는 과잉활동 성향이 있다고 하면서 병리적인 것은 아닐까 염려
> 하고 있습니다. 예를 들어, 밥 먹을 때 가만히 앉아서 먹는 경우가
> 없고, 돌아다니며 먹기를 자주 합니다. 특히 8개월 된 동생이 태어
> 난 이후로 그 빈도가 높아졌습니다. 학습지를 하거나 다른 체육
> 활동을 하는 때에는 집중하는 모습을 보이기도 하여서 헷갈립니
> 다. 유치원 담임교사의 보고로는 크게 어려움을 감지할 수 없었다
> 고 합니다. 우리 아이 괜찮을까요?'

초등학교 입학을 앞두고 염려가 많으실 겁니다. 유독 밥 먹을 때 돌아다
니면서 먹는 상황을 자세히 관찰할 필요가 있습니다. 혹시라도 TV를 켜
났다거나, 8개월 된 동생이 기어 다니는 등의 행동을 따라다니는 것은 아
닌지도 궁금합니다. 같은 대상을 두고 사람에 따라 다르게 평가하는 것으
로 봤을 때, 상황에 따라 대상에 따라 아이가 다르게 행동을 하는 것일 수
도 있습니다. 아이의 긍정적인 행동은 작은 부분일지라도 관심을 두고,
긍정적인 피드백을 자주 해 주는 것이 도움이 됩니다. 아이의 전반적인
심리상태나 발달에 대해 염려가 된다면 전문적인 심리검사를 받아 보는
것도 도움이 됩니다. 조금 더 객관적이고 구체적인 검사를 통하여 아이에
게 맞는 적극적이고 적절한 도움을 줄 수 있습니다.

우리 동네 상담사가 전하는 정서중심 실천 육아

＼ 학교에 대한 부정적인 시각

> '초등학교 입학을 앞두고 있는데, 아이가 학교에 대해서 부정적인
> 생각을 합니다. 학교에 들어가게 되면 힘들고 어려울 것이라는 이
> 야기를 자주 합니다.'

아이에게 어린이집과 유치원도 무사히 잘 마쳤고, 어려운 과정이 있었
지만 그때마다 잘 지낼 수 있는 방법들을 찾았던 이야기를 해 주는 것이
좋습니다. 학교 입학을 앞두고 여러 가지 막연하고 불안해하는 아이의 마
음을 충분히 수용해 주고, 조금 힘들 수는 있지만 지금까지 해 왔던 것처
럼 또 잘 해낼 수 있다는 것을 이야기해 주면 좋겠습니다. 학교도 유치원
과 많이 다르지는 않고 이제는 형이 되고 누나가 되었으니 학교를 가는
것이 자연스러운 일이라고 조곤조곤 이야기를 해 주는 것이 좋습니다. 또
한 부모님이 아이를 바라보는 시각이 '학교 가서 잘할 수 있을까, 적응을
잘 못 해서 왕따를 당하면 어떡하지.' 등과 같은 불안한 시선으로 바라보
면 아이들에게도 불안감이 그대로 전이되므로 주의해야 합니다. 잘할 수
있고, 도움이 필요할 때면 언제든지 도움을 주는 든든한 부모님이 있다는
것을 이야기해 주면 됩니다.

\ 충분한 사랑을 주었다고 생각했는데 부족했을까요?

> '형제를 키우고 있습니다. 첫째가 65개월, 둘째가 26개월로 같은 어린이집에 다닙니다. 둘째가 태어나기 전까지 첫째에게 충분한 사랑을 주었다고 생각합니다. 혼자서 외동이로 자라서 양가 어른들의 사랑을 독차지하고 살았는데 동생이 태어나면서부터 마음이 불안한지 엄마에게서 떨어지지 않으려 하고, 어린이집에 가서도 퇴행 양상을 보인다고 합니다. 자꾸 다른 아이들을 공격하고 때리는 행동을 한다고 합니다.'

아이들을 양육하고 사랑하는 방법에는 여러 가지가 있습니다. 양육자를 포함한 주변의 성인들이 아이에 대한 충분한 사랑을 줬다고 하는 것이 무엇을 의미하는 것인지 탐색해 볼 필요가 있습니다. 무조건적이고 허용적인 사랑과 양육태도는 성인의 입장에서는 사랑이지만 아이 입장에서는 그 무엇도 한계설정이 안 되어 있으므로, '되고, 안 되고'가 명확하지 않기 때문에 유아기관에 갔을 때 교사의 지시에 불응하는 일들이 벌어지게 됩니다. 또한 또래관계에서도 충분한 설명과 안내 없이 무조건 아이가 하고 싶은 대로 다 하면서 자란 아이들의 특성상 친구들 사이에서는 자기 마음대로 하는 아이로 인식이 될 수 있습니다. 아이에게는 무엇을 해도 되는지, 하면 안 되는지에 대한 합리적이고 논리적인 설명과 안내가 필요합니다. 만일, 안 되는 행동에 대해서는 그것에 대한 대안을 제시함으로써 거부당했다는 마음이 들지 않도록 하는 것이 중요합니다. "친구 놀잇감을 뺏을 수는 없어. 먼저 물어보고, 허락하지 않는다면 저쪽에 있는 다른 놀잇감으로 놀이를 할 수 있단다."로 대안을 주는 것은 아이에게 안 되는 행동(빼앗지 않기, 방해하지 않기)을 알려 주고, 또 다른 선택지를 줌으로써 불편한 마음을 덜 수 있게 합니다. 온전한 사랑은 아이가 거부당하지 않으면서도 다른 사람과 잘 지낼 수 있는 상식적인 규칙을 배울 수 있게 하는 것으로 시작할 수 있습니다.

과도한 시부모님의 손자 사랑으로 인한 스트레스

> '3대째 독자 집안이고 독재적인 시부모님의 손자 사랑으로 너무 힘듭니다. 함께 살지는 않지만, 매일 수차례씩 시도 때도 없이 영상 통화를 원하여 스트레스가 너무 심합니다.'

조부모님들의 손자 사랑은 당연한 것이라 할 수 있습니다. 그렇지만 현대인들은 각자의 생활방식을 존중하는 것이 매우 중요한 가치라 여깁니다. 손자 사랑의 표현방식에도 먼저 주 양육자인 부모의 양육방식에 따라 어느 정도까지 허용할 것인지를 서로 합의해야 할 필요가 있습니다. 배우자의 원가족 특성상 독재적인 분위기라면 소통하고 합의하는 과정에서 어려울 수는 있습니다만, 초기부터 이 관계를 명확히 하는 것이 이후에 서로의 선(경계)을 지킬 수 있게 합니다. 여기에서 중요한 사람은 배우자입니다. 의사소통이나 협의 과정에서 배우자의 적극적이고 명확한 의사전달이 중요합니다. 원가족과 현재 핵가족 간의 건강한 경계에 따른 약속이 필요한 부분에 대해서는 예의를 갖추고, 아이를 잘 성장시킬 수 있도록 부부관계가 원만해야 하므로 원가족으로부터 심리적 독립의 필요성을 전하는 것이 좋습니다. 매일 시도 때도 없이 손자의 동영상을 요구하고 영상통화를 요청하는 것에 대한 규칙도 서로의 사생활을 존중하는 선에서 언제 영상통화가 가능할지, 하루에 몇 차례 또는 며칠 간격으로 할 것인지 등에 대해 부부간 합의를 거친 후 배우자가 원가족에게 전하는 방식으로 하는 것이 좋습니다. 물론, 배우자가 나서는 것을 꺼리고 원가족과의 관계에서 자신의 목소리를 낼 수 없다면, 며느리 입장에서 예의를 갖추고 명확하게 요청하고 전하는 것이 좋습니다. 초기부터 경계가 명확하지 않은 관계는 이후에 좋지 않은 관계로 이어질 가능성이 매우 높습니다. 불편한 마음을 숨기고 아이와의 영상통화 등에 응할 때, 양육자의 불편함이 고스란히 아이에게 전달이 되어 아이는 조부모님을 싫어하게 되고 엄마를 불편하게 하는 사람으로 여길 가능성이 있습니다. 아이에게 안정적인 양육환경은 성인들 모두가 함께 노력하고 합의하여 물리적, 정서적인 환경 등에 아이를 위한 최선이 무엇일지를 근본적으로 함께 고민해야 합니다. 아이에게는 주 양육자의 심신건강이 안정적일 때 더욱 안정적인 양육환경을 제공할 수 있게 됩니다.

＼ 가부장적인 남편 때문에 더 힘듭니다.

'가부장적인 가정에서 성장한 남편은 가사 및 육아에 참여를 거의 하지 않아 두 아이 모두 나홀로 육아로 힘든 상황입니다. 갑상선 질환으로 호르몬제를 평생 복용해야 하나, 아내의 힘든 상황에 전혀 공감하지 못하는 남편에게 배신감과 원망이 깊습니다. 남편은 다른 집도 다 그렇게 살지 않느냐고 합니다. 자영업자인 남편은 주야가 바뀐 업장의 특성으로 가사나 육아, 배우자와의 관계 및 소통이 원활하지 않아 극심한 스트레스와 결혼생활의 어려움이 있습니다.'

가부장적인 가정에서 성장한 영향으로 남성 위주의 사고가 깊을 수 있고, 보통의 직장인들과는 다른 생활패턴으로 일상에서 더 고달플 수는 있습니다. 그렇지만 아내의 갑상선 질환이 얼마나 힘든 질환인지, 일상생활에서 어떤 불편함이 있는지에 대한 정보를 알려 주는 것으로 이해를 도울 수 있습니다. 또한 부부관계에서도 서로 자신의 힘든 부분만 이야기하고 상대방의 힘든 부분은 이해하지 않으려 하면 소통하기 어렵고 좋은 관계를 유지하기 어려울 수 있습니다. 먼저 상대방의 일과 관련하여 힘든 부분을 이해해 주고, 가장으로서 가족들의 생계를 위해 애쓰고 있음에 감사 표현을 자주 하는 것이 좋습니다. 말로써 표현하는 것이 자연스럽지 않다면, 메신저 등을 통하여 글로 전하는 것도 좋습니다. 손 편지로 전한다면 더 깊은 마음이 전달될 수도 있습니다. 먼저 감사의 마음을 전하고, 상대방의 힘든 부분에 대해 공감을 해 줍니다. 그리고 나서 자신의 힘든 부분이 무엇이며, 현재 가장 절실하게 도움이 필요하거나 아이들을 위해서 꼭 필요한 아버지의 역할에 대해서 배우자의 현 상황에서 실천할 수 있는 3가지 정도로만 요청하는 것이 좋습니다. 배우자의 답변이나 행동 실천이 즉각적으로 이루어지지 않더라도 화를 내지 않도록 하고, 시간을 두고 기다려 주는 것이 좋습니다. 이러한 메시지를 전해 받고 생각할 시간이 필요할 수도 있습니다. 어느 정도 기다릴 수 있는 수준까지 기다려 보고도 답이 없을 때에는 다시 메신저 등을 통해서 또는 아이들이 자는 동안이라도 시간을 마련하여 조용히 대화를 시도해 보는 것이 좋습니다. 아주 작은 부분이라도 배우자가 노력하려고 하는 부분이 있다면 배려해 줘서 고맙다는 표현을 하는 것이 그다음 행동을 이끌어 낼 수 있습니다. 갑상선 질환으로 인하여 느껴지는 무기력감, 우울감 등이 지속되면 심리상담 전문가를 찾아 상담을 받아 보는 것도 도움이 됩니다. 전문가를 찾을 때 부

우리 동네 상담사가 전하는 정서중심 실천 육아

부가 동반하여 배우자와 함께 전문가의 소견을 듣는다면 객관적인 이해를 도울 수 있습니다.

\ 경제적인 독립이 되지 않아 시가의 간섭을 피할 수 없어 힘듭니다.

'혼전 임신으로 20대 중반에 결혼하게 되었습니다. 경제적인 독립이 어려워 시가에 합가하여 살았습니다. 주변에 친척들까지 살고 있고 유교적인 시가 문화에 가부장적인 시부로 인하여 심리적으로 힘든 상황이 지속되고 있습니다. 그 와중에 저는 자격증 시험을 준비하고 있었고, 그 중간에서 남편은 방관자적인 역할만을 하였습니다. 이를 견디지 못하여 둘째를 임신하고선 세대 분리를 원하고 있으나, 여전히 경제적인 독립을 하지 못하여 시부모님의 반대에 부딪히게 되었습니다. 현재, 남편은 우울증 진단으로 약물치료 중에 있고, 금연을 하였다가 다시 흡연을 하게 되었습니다. 여러 가지 갈등상황으로 인하여 이혼 위기까지 있었으나, 둘째를 출산하고 두 아이를 잘 기르기 위해서 이혼은 하지 않았지만 앞으로 어떻게 독립적인 생활을 할 수 있을지 걱정이 됩니다.'

현재 3대(친척들까지)가 동일 생활권에서 살고 있으므로, 세대 분리를 하였다면 자신들의 핵심가족의 안정적이고 안전한 생활을 위하여 건강한 경계선을 갖는 것이 좋습니다. 세대 분리에 대한 필요성을 일목요연하게 정리하고, 경제적인 부분까지도 스스로 어떻게 독립을 할 수 있는지를 부부가 함께 시부모님께 전하는 게 좋습니다. 처음 맞닥뜨릴 때 쉽지는 않겠지만, 이러한 내용을 전하는 것의 주도자는 남편이 되는 것이 조금 더 유리합니다. 부모님들의 세대 분리에 대한 반대는 '자식들의 고생에 대한 염려'의 표현임을 알고, 이제 한 가정의 가장이 되었으니 성인으로서, 아이들의 부모로서, 한 가정의 가장으로서 온전한 독립을 위하여 힘들더라도 해 보겠다고 전하는 게 좋습니다. 세대 분리(물리적인 독립)는 원가족과의 거리를 가능한 자동차로 20~30분 정도의 이동 거리에 마련하기를 권유합니다. 심리적인 독립을 위해서는 시부모님의 아들인 남편이 현재 우울증으로 힘들어하고 있는 상황을 전하고, 왜, 무엇 때문에 힘든 것인지를 진솔하게 전하는 것이 좋습니다. 결혼생활의 위기에 대해서도 말씀드리고 스스로 선택한 결혼생활과 부모로서의 역할, 배우자로서의 역할을 어렵더라도 잘 해내고 싶다는 강력한 의지를 보이는 것이 좋습니다. 또한 경제적인 독립까지 해야 온전한 독립을 할 수 있음을 설명하고, 현재 직장생활의 급여가 그렇게 윤택한 생활을 보장할 수는 없지만 자신들이 충분히 함께 해 보겠다는 의지를 전하는 게 좋습니다. 현재 어려움을 겪고는 있지만, 원가족과의 갈등이라도 줄일 수 있다면 지금보다는 훨씬 부부 간의 원활한 소통을 통하여 개선될 수 있으므로 세대 분리가 꼭 필요함을 시부모님께 전하는 게 좋습니다. 원가족과의 건강한 경계 짓기를 실천함으로써 보다 나은 부부체계를 구축하고 자녀를 양육하는 데 보다 나은 심리적 환경을 제공할 수 있습니다. 성인으로서 결혼을 하였고 두 아이의 부모가 되었으므로 핵심가족의 체계를 건강하게 구축하는 것이 현재로선 매우 중요한 과업입니다.

＼ 매일 이혼을 생각하고 있습니다.

'현재 저는 30대 중반이고 남편은 40대 초반입니다. 남편은 결혼 전의 생활 그대로 자신이 하고 싶은 것들을 하고 사는 데 저는 첫째에 이어서 둘째도 여전히 나홀로 육아로 힘듭니다. 매일 이혼을 생각하고 있으며, 지금 이혼을 해도 더 나은 상대를 만나 행복한 결혼생활을 할 수 있을 것 같다는 생각을 자꾸 하게 됩니다.'

  나홀로 육아를 하고 있기 때문에 모든 것이 힘들 수 있습니다. 부부 모두 부모가 될 준비가 되지 않은 상태에서 부모가 되었으므로 부모의 역할을 어떻게 해야 할까를 끊임없이 함께 고민하고 아이들의 성장에 따른 부모의 역할에 대해서도 공부가 필요합니다. 아이를 낳은 것으로 자동적으로 부모는 될 수 있지만, 좋은 부모가 되기 위해서는 부모역할을 협력적으로 해야 합니다. 남편에게 아버지의 역할을 강요하기보다는 현재 아이들이 성장하는 단계에서는 어떤 도움이 필요하고, 부모로서의 역할을 어떻게 해야 아이들의 건강한 성장에 도움이 되는지를 함께 공유해야 합니다. 부모역할에 대한 것도 시간을 들이고, 아이들과의 정서적 접촉을 해야 부모-자녀 관계에도 좋은 영향을 끼칠 수 있습니다. 우선적으로 남편이 실천하기 쉬운 간단한 것들을 구체적으로 요청하기부터 시작하는 것이 좋습니다. 아빠가 할 수 있는 신체놀이 등을 제안하여 함께 놀이를 할 수 있도록 하고, 둘째(아들)의 목욕을 일주일에 몇 회 정도(가능한 요일 정하기) 실천할 수 있는지를 나눠 본 후 실천할 수 있도록 하고, 실천을 하고 난 후에는 애씀과 협력에 대한 지지표현 및 감사함을 전하는 것이 좋습니다. 함께하니 좋고, 힘이 덜 들어서 좋고, 아이들이 아빠와 함께하는 시간들을 기뻐한다는 등의 내용을 전하는 것이 좋습니다. 또한 매일 이혼을 생각하고 다른 상대를 만날 수 있을 것이라는 기대는 허황된 기대일 수도 있고, 현재의 결혼생활을 잘하도록 노력하는 것이 새로운 사람을 만나 또 적응하는 것보다 시간적으로도 이로울 수 있습니다. 아이들에 대한 책임감 있는 부모가 되어야 함을 깊이 생각하고 실행하기를 바랍니다.

＼ 남편과 시모 그리고 저, 삼각관계입니다.

'결혼 후 홀로 사시는 시모님의 경제적 지원을 계속하고 있습니다. 효자인 남편은 아내인 저의 고충은 아랑곳하지 않고 가사와 육아 참여에도 무관심합니다. 시모와 남편의 사이에서 심리적 어려움이 있어 개인 심리치료와 우울증으로 약물치료를 병행하고 있으나 스트레스는 더 가중되고 있습니다. 남편과 의사소통이 제대로 이뤄지지 않고 있어 심각하게 이혼을 고려하고 있습니다. 그렇지만 아직은 아이들이 어려서 이혼을 하기도 쉽지 않아 혼자서 속만 태우고 있습니다.'

이러한 사례는 먼저 부부 상담이 필요합니다. 부부 상담을 통하여 상담 장면에 남편이 참여할 수 있도록 하고, 건강한 가족 세우기 작업을 해야 하며, 아이들의 부모로서 제대로 된 역할 수행을 위해서는 부부관계가 단단해져야 합니다. 부부 상담을 진행하면서 원가족과의 관계 탐색을 통

우리 동네 상담사가 전하는 정서중심 실천 육아

한 홀시모님과 남편 그리고 아내의 삼각관계를 해체하는 작업이 필요합니다. 건강하지 못한 삼각관계를 해체하고 원가족과의 건강한 가족 경계 구축을 통하여 서로 간의 이해를 도울 수 있습니다. 현재 개인 심리치료와 약물치료를 하고 있다고 하였는데요. 이러한 사례는 개인치료로는 해결에 한계가 있습니다. 건강한 가정을 세우기 위해서는 부부 상담을 함께 받으며 함께 해결하고, 서로에게 지지체계가 되어 줌으로써 의외로 해결의 실마리를 쉽게 찾을 수 있습니다.

\ 둘째의 분리불안이 있습니다.

'형제 둘에 막내딸이 6개월입니다. 유치원에 다니는 첫째와 어린이집에 다니는 둘째가 엄마와의 분리를 어려워합니다. 세 아이를 양육하면서 항상 아이들과 지내며 심신이 너무 힘든 상태에서도 가능한 아이들을 편애하지 않으려 합니다만 쉽지가 않습니다. 누구하나를 편애하기보다는 아이들에게 골고루 관심을 줄 수가 없어서 힘들고, 이런 영향으로 아이들이 엄마와 떨어지지 않으려는 것 같습니다.'

어머니 입장에서 얼마나 힘들지 충분히 이해가 됩니다. 아이들은 부모가 분리하고자 하면 유기 불안의 본능이 발동하게 됩니다. 아이가 성장해서 기관에 가는 것이고 "네가 잘 적응하는 것을 생각하면 엄마는 기쁘단다." 라고 꾸준히 전달하면 됩니다. 아이들 모두가 부모님의 세심한 관심이 필요한 시기라 더 힘들 겁니다. 이런 경우 대부분은 첫째 아이에게 소홀할 가능성이 높고 아동의 연령보다 훨씬 더 높은 기대를 갖게 됩니다. 특히 현재 셋째 아이가 6개월 된 여아이고 자신들과는 다른 성의 어린아이를 항상 엄마가 끼고 있다고 느낄 가능성이 높습니다. 또한 첫째와 둘째가 유아기로 자기중심적 사고를 하는 시기로 각자가 느끼기엔 자신이 가장 관심과 애정을 덜 받는다고 느낄 수 있습니다. 그렇기 때문에 엄마와 헤어지지 않으려 하고 끊임없는 애정에 대한 갈구를 하게 될 가능성이 있습니다. 세 아이를 양육하는 동안 어쩔 수 없이 겪게 되는 일이긴 합니다만 가능한 첫째와 둘째가 남아이므로 아버지와의 활동시간을 높일 수 있도록 하는 것이 좋습니다. 한창 활동량이 증가하는 아이들의 발달단계상 그 활동성을 해소할 수 있는 즐거운 프로그램을 계획해 보는 것도 좋을 것입니다. 평일 동안 직장일 등으로 바빠서 시간 내기가 힘들더라도 가능한 아이들과 30분 동안이라도 함께 접촉할 수 있는 시간을 계획하기를 권합니다. 엄마와 세 아이가 함께하는 것은 아이들에게는 그리 큰 의미가 없습니다. 어쩔 수 없이 함께하는 시간 이외에 각각의 아이와 엄마가 함께할 수 있는 정기적인 데이트 시간을 마련하는 것이 아이들이 느끼기엔 온전히 엄마(또는 아빠)와 함께하는 시간이라 느낄 것이고 자신이 모든 관심을 받게 되는 특별한 경험들이 쌓이게 됩니다. 매일이 아니더라도 격일로 순서를 계획해 보고, 긴 시간이 아니더라도 괜찮습니다. 아이들 각자와 부모 서로가 교차로 함께할 수 있는 시간도 효과적일 수 있습니다. 그렇게 안정적이고 서로의 신뢰가 견고한 관계가 구축이 되면 아이들의 분리에도 도움이 됩니다. 아이들이 안정적으로 분리가 되려면 먼저 부모님이 아이들과 분리되는 것에 대한 불안을 거두어야 합니다. 부모님

우리 동네 상담사가 전하는 정서중심 실천 육아

의 불안은 아이들에게 그대로 전이가 되기 때문입니다.

＼ 첫째와 둘째를 편애하는 엄마

'첫째가 초등학생으로 육아에서 어느 정도 자유로워진 시기에 둘째를 출산하면서 다시 새로운 양육환경에 접어들다 보니 첫째 때의 육아 부담보다 더 크게 느껴집니다. 둘째는 아기여서 무엇을 하여도 예쁘지만 첫째는 무엇을 하여도 예쁘지 않고 엄마를 힘들게만 하는 것으로 느껴집니다.'

아이를 출산하여 키우다 보면 육아 부담은 누구나 겪게 마련입니다. 하나일 때는 뭘 몰라서 그렇고 둘째나 셋째는 아이들이 많아짐에 따라 육아 부담이 더 커지게 됩니다. 후순위의 아이들은 상대적으로 어리다고 느끼고, 부모님들도 앞선 아이를 키워 봤으니 덜 힘들어할 수도 있습니다. '경험이 깡패'라는 말처럼, 둘째나 셋째의 육아 측면에서는 덜 힘들어할 수도 있습니다. 그렇지만 현재 첫째 아이가 초등생이고 둘째는 갓 돌이 지났으니 둘째는 너무 아기 같고, 첫째는 엄청나게 큰 아이라는 착각이 들 수도 있을 것입니다. 엄마의 양육 스트레스가 첫째 때문만은 아닐 텐데도 첫째가 크다는 이유로 그리고 가장 말이 살 통하고 스스로 할 수 있는 나이라 생각하기 때문에 더 그럴 가능성이 있습니다. 둘째를 늦게 낳은 것이 사실은 첫째 탓은 아닌데 말입니다. 첫째도 동생이 이렇게 늦게 태어나지 않았더라면 그동안 외동이로서 누릴 수 있던 것을 계속 누릴 수도 있었을 것입니다. 첫째 아이의 입장에서 보면, 어쨌거나 억울할 수밖에 없습니다. 어머니 양육 부담의 근원이 어디에서 왔는지 살펴보는 것이 선행되어야 하고, 어쩌면 양육에서 해방되었는데 또다시 양육의 터널에 갇힌 자신이 억울해서 그런 것은 아닐지부터 살펴보는 것이 좋습니다. 이런 양육 부담이 아이들에게로 탓이 돌아가서는 안 되는 것이고 배우자와의 깊이 있는 대화를 통하여 협조할 수 있는 방법에 대해 함께 고민하고 해결 방법을 찾아보는 것이 좋습니다. 그리고 첫째의 긍정적인 측면을 찾아보고, 아이에게 그대로 전해 주는 것이 좋습니다. 아이가 건강하게 학교를 잘 다녀 주는 것만으로도 아이는 자신의 몫을 이미 충분히 하고 있습니다. 아이들이 성장하는 동안 그 시기에 할 수 있는 것들만 하는 것도 이미 아이들은 훌륭하게 자기 몫을 하고 있는 것입니다.

＼ 손·발톱을 물어뜯는 아이

손톱이나 발톱을 물어뜯는 아이들에게는 무엇보다 근원적인 마음을 편안하게 해 주는 것이 중요합니다. 불안한 아이들의 경우 부산하게 움직이거나 손을 물어뜯거나 하는 행동을 합니다. 어떤 아이들은 과잉행동으로, 어떤 아이들은 손톱과 발톱, 입술을 물어뜯는 것으로 불안을 해소하려고 합니다. 이런 아이들은 심심하지 않고 불안하지 않도록 손과 관련된 놀이(피젯 토이-손으로 만지작하는 놀잇감, 클레이, 큐브 맞추기 등)가 도움이 될 수 있습니다. 무료한 시간이나 모호한 시간 등을 즐거운 활동으로 채우면서 지나가다 보면 개선할 수 있습니다. 부모나 보호자들은 감시자가 되지 말고 함께 해결할 수 있는 방법을 찾아보는 것이 좋습니다. 보호자가 감시자 역할을 하면 아이들은 눈치를 보게 되어 관계가 나빠집니다. 아이들에게 어떤 행동을 하든지 사랑한다는 것을 전하고, 어떤 때 그와 같은 행동을 하는지 살펴보고 도와주는 것이 좋습니다. 손톱을 물어뜯지 않는 경우, "너도 노력하는구나." 라는 반응을 보여 주어야 합니다. 손톱 물어뜯는 아이들에게는 손을 깨끗이 정리해 주고, 소중히 여기는 모습을 보여 주는 것이 좋습니다. 손톱을 물어뜯는 아이에게는 조용하고 다정한 목소리로 "손톱." 이라고만 말해 주고 즐거울 수 있는 활동으로 전환시키는 것이 효과적입니다.

✏ 높은 곳에 올라가는 아이

아이들 중에 유난히 높은 곳에 올라가는 아이들이 있습니다. 이런 아이들에게는 위험에 예비하고 높은 곳에 올라가 떨어져도 안전한 환경을 조성해 주는 것이 좋습니다. 떨어지고 약간 다치는 행동이 조절력을 키울 수 있도록 도울 수도 있습니다. 높은 곳에 올라가는 걸 좋아하는 것은 아이들이 자신의 유능감을 확인하고자 하는 본능일 수 있습니다. 보호자가 모니터링할 수 있는 놀이터(약간의 위험한 놀이터)에서 신체 조절력을 기를 수 있도록 하는 것은 아이들의 성장과 도전, 자신의 신체를 활용하며 조절력을 기르게 되고 유능감을 배우게 됩니다. 그렇지만, 습관적으로 높은 곳에 올라가 위험한 행동을 하는 아이들의 경우는 그 행동의 원인이 무엇일지를 면밀히 살펴보아야 합니다.

＼ 책 먹는 아이

아이를 키우다 보면 책을 먹는 경우가 있습니다. 이런 아이들에게는 책을 읽어 줄 때만 꺼내서 읽어 주고 책 놀이를 할 때는 찢어지는 책은 제공하지 않아야 합니다.

＼ 내 아이가 자폐스펙트럼은 아닐까 헷갈리는 경우

언어발달이 느려서 언어발달 지연은 아닐까 하는 염려를 합니다. 아이가 어린 시기에도 자폐스펙트럼을 스크리닝할 수 있는 가장 중요한 지표 중 하나가 공동관심(Joint Attention)입니다. 공동관심은 여러 발달과정과 여러 가지 기술이 포함되어 있는 능력입니다. 아이가 보호자와 관심을 공유하는 것, 주의집중을 공유하는 것이 잘 안 된다고 느끼게 되면 섣부른 판단을 내리는 것은 위험할 수 있지만, 아이가 매우 어린 시기부터 이루어지는 발달의 하나입니다. 이 공동관심은 정상발달의 경우 9개월쯤부터 시작하여 14~18개월쯤, 만 1세 반쯤에는 잘 알 수 있습니다. 언어사용 이전에도 아이들은 이 능력이 발달된다는 것입니다. 기존의 연구에 따르면 자폐스펙트럼을 90% 이상 변별해 낼 수 있는 매우 강력한 지표입니다. 전문기관에서 사용하는 검사판별 기준 도구인 M-CHAT, ADOS와 같은 자폐스펙트럼을 진단하는 도구에 반드시 포함되는 내용입니다.

공동관심은 자폐스펙트럼뿐만 아니라 언어발달을 예견할 수 있는 강력한 지표이기도 합니다. 또한 타인의 관점을 수용하는 능력과 관련이 있어

사회성 발달과도 연관이 깊습니다. 내 아이가 만 1세 반이 되었는데 언어 발달 지연이나 자폐가 의심이 된다면, 공동관심의 유무는 어떠한지를 먼저 살펴보고 전문기관을 찾아서 검사를 받아 보기를 권유합니다. 아이들의 발달을 돕기 위한 개입은 빠르면 빠를수록 그 효과가 크기 때문입니다.

[자폐스펙트럼 징후]

0~6개월	· 크게 웃거나 즐거운 표현이 거의 없거나 전혀 없는 경우 · 눈 맞춤이 제한적이거나 없는 경우
~9개월	· 소리를 내거나 미소 짓기 혹은 다른 표정의 공유가 전혀 되지 않는 경우
~12개월	· 옹알이가 거의 없거나 전혀 없는 경우 · 목표하는 것을 향해 손을 뻗거나, 손가락으로 뭔가를 가리키거나, 보호자에게 무언가를 보여 주거나 손을 흔드는 것과 같은 제스처가 거의 없거나 전혀 없는 경우 · 호명반응이 거의 없거나 전혀 반응하지 않는 경우
~16개월	· 의미 있는 단어를 거의 말하지 않거나 전혀 말하지 않는 경우
~24개월	· 의미 있는 두 단어 구문이 거의 없거나 전혀 없는 경우(모방어 또는 반복하여 말하는 경우 제외)
모든 연령대	· 이전까지는 잘하던 말이나 옹알이, 사회적 기술을 상실한 경우(기능적 퇴행이 관찰되는 경우) · 눈 맞춤을 회피하는 경우 · 지속적으로 혼자 놀기를 선호하는 경우 · 다른 사람의 감정을 이해하기 어려워하는 경우 · 또래 아동에 비해 언어발달이 지연되는 경우 · 단어 혹은 문장을 지속적으로 반복하여 말하는 경우 · 일상 및 환경의 사소한 변화에 대해 매우 싫어하거나 저항하는 경우 · 관심사가 제한되어 놀이가 다양하지 못하고 무엇인가에 집착하는 경우

모든 연령대	· 반복적인 행동을 하는 경우(머리를 흔들거나 제자리에서 빙글빙글 돌기를 반복하는 행동 등) · 소리, 냄새, 맛, 질감, 조명 혹은 색상에 대해 비정상적이고 강렬하게 반응하는 경우

＼ 자폐스펙트럼과 ADHD의 가장 큰 차이점은 무엇인가요?

가장 큰 차이점은 공동관심에 따른 의미 있는 상호작용의 유무와 호명 반응, 눈 맞춤입니다. 자폐스펙트럼 아동은 어렵고, ADHD 아동은 가능합니다.

ADHD(주의력 결핍 과잉행동 장애)를 앓고 있는 어린이 중 70%는 청소년기까지, 50%는 성인기까지 증상이 이어집니다. 대한 소아청소년 정신의학회(2018)의 조사결과에 따르면, 어린이의 5~10%, 청소년의 4~8%, 성인의 3~5%가 ADHD를 앓고 있는 것으로 추산됩니다. 이를 인원으로 환산하면 어린이는 36만 명, 청소년은 20만 명, 성인은 150만 명에 이른다고 합니다. ADHD 아동의 뇌를 발달단계에 따라 MRI로 확인해 보면 전두엽 발달이 또래 아이들에 비해서 느리다는 것을 알 수 있습니다. ADHD는 주의·집중 능력을 조절하는 뇌의 발달에 문제가 있습니다. 그러므로 가능한 어린 시기에 ADHD를 조기 발견하여 약물치료를 하게 되면, 주의·집중 능력을 담당하는 전두엽의 발달이 또래와 비슷한 정도로 회복되는 것으로 알려져 있습니다. ADHD를 가능한 조기 발견하여 조기 치료하는 것이 중요합니다. 이러한 ADHD를 앓고 있는 아동의 대표적인 증상으로

우리 동네 상담사가 전하는 정서중심 실천 육아

는 주의력 결핍, 산만하고, 과잉행동과 충동적이고 공격적인 행동을 보이는 등 다양한 모습을 보입니다. 간혹, 산만하지 않더라도 집중력에 곤란을 겪는다면 조용한 ADHD일 수도 있습니다. 특히 여아들에게서 그 비율이 높으므로 주의 깊은 관찰이 필요합니다. 이들은 주변으로부터 자주 지적받고 야단맞는 일이 빈번하여 '말 안 듣는 아이', '문제아', '늘 혼나는 아이' 등과 같은 부정적인 낙인이 찍히고 또래 관계에서도 기피대상이 되기도 합니다. 아동에게 이러한 부정적인 경험은 자신감과 자존감 저하와 우울, 불안 등과 같은 2차, 3차의 정서적인 문제를 야기하게 됩니다.

ADHD가 성인기까지 이어지게 되면, 주의력 결핍과 충동성이 더욱 부각됩니다. 직장을 자주 옮기거나 업무이행 중 실수가 잦고, 쉽게 화를 내거나 충동적으로 결정을 하게 됩니다. 이를 간과하여 증상이 심각해지면 우울장애와 불안장애 등과 같은 더 큰 문제를 야기할 수 있어 조기치료가 중요합니다. ADHD에서 가장 중요한 것은 약물치료입니다. 약물을 투약한 아동과 청소년의 70~80% 정도가 집중력과 기억력, 학습능력이 전반적으로 호전되는 것을 알 수 있습니다. 약물치료와 병행하여 ADHD에 대한 정확한 정보를 토대로 아이를 도와줄 수 있게 하는 부모교육과 아동의 충동성을 감소시키고 자기조절 능력을 향상시키는 인지행동치료, 또래 관계를 도와주기 위한 사회성 그룹치료, 기초학습능력 향상을 위한 학습치료 등 다양한 치료가 아동의 ADHD 호전을 도울 수 있습니다. ADHD 치료제가 성장에 방해되거나 약물에 대한 중독 위험성 등 부작용을 걱정하여 치료를 꺼리는 부모님이 있습니다. 최근에는 중독되거나 내성의 우려가 없는 치료제가 개발되었고, 약의 부작용이 발생할 경우 투약을 중단하면 바로 회복되기 때문에 안전하다고 할 수 있습니다. 약물치료를 함으로써 얻게 되는 이득이 치료를 하지 않아 겪게 되는 해악보다 훨씬 많으므로 안전한 약물치료와 함께 어린 시기의 ADHD를 조기 발견하여 도와야 합니다.

＼ 지금은 말이 느린데 괜찮아지긴 할까요?

아이의 발달 수준에 따른 이정표를 참고하여 내 아이가 현 연령에서 어떤 행동들이 가능하고 어떤 모습을 보여야 하는지를 아는 것이 중요합니다. 내 아이의 발달 수준이 일반적인 발달 수준과의 차이가 현저하다면 발달을 도울 수 있는 더욱 적극적이고 직접적인 방법을 고려해야 합니다. 수용 언어능력, 표현 언어능력, 사회적 언어능력, 나누기, 놀이하기, 공동관심, 모방하기, 텐트럼(분노 폭발), 놀잇감 활용하기 등을 살펴봄으로써 체크할 수 있습니다. 단순히 말이 느린 것인지, 아이만의 비언어적인 표현 능력과 표현 언어능력, 수용 언어능력은 어떠한지, 주변의 상황에 따른 맥락과 단서에 대해 이해가 가능한지 등을 살펴보는 것이 먼저입니다. 만일, 다른 것은 다 괜찮고 표현 언어능력만 느린 것이라면 도움을 주는 것이 조금은 용이할 수 있습니다. 아이의 표현 능력이 의사소통의 기능으로써 사용이 가능한지, 단순한 명사만을 말하는지, 자신의 요구를 표현할 수 있는지, 가리키기, 호명에 반응하는지, 눈 맞춤의 어려움 등을 토대로 살펴보아야 합니다. 이러한 부분에서 이상이 없다면, 단순히 말이 느린 아이일 가능성이 있습니다. 전반적인 발달영역과 언어발달을 함께 살펴보고 또래와의 격차가 있다면 이는 단순히 말이 느린 경우에 해당하지 않을 가능성이 있습니다. 이러한 점을 살펴보고도 확실해질 때까지 기다리다가 도움의 적기를 놓칠 수도 있습니다. 아이들의 발달지연을 돕기 위해서는 하루라도 빨리 개입하는 것이 시간과 비용을 버는 것입니다. 전문기관에서 검사를 받으려면 대기 기간이 소요되므로 일단 이상이 감지되었다면, 검사신청을 해 놓고 가정 내에서 양육자들이 할 수 있는 것들을 하면서 대기하는 것을 권유합니다.

＼ 편애하는 부모

아이들에게 편애는 편애를 받는 입장에서도 편애를 당하는 입장에서도 좋지 않습니다. 부모가 나한테 잘해 주지만 다른 형제에게 엄하게 대하는 부모를 보고 자라다 보면 부모를 두려운 존재로 인식하게 됩니다. 언젠가는 자신도 부모의 마음에 들지 않는 행동을 할 때 저런 대우를 받을 것이라는 불안감으로 항상 부모의 마음에 드는 행동을 하려고 애쓸 것입니다. 그렇게 성장하는 아이는 사회적인 관계에서도 타인의 마음에 드는 행동을 하려고 애쓰게 됩니다. 결국엔 자신의 주체적인 사고보다는 타인의 평가에 예민한 사람이 될 수 있습니다. 편애를 받는 입장에서도 이럴진대, 편애를 당하는 아이의 입장에서는 오죽할까요. 언제나 부당한 대우를 받았다는 억울함과 분노감, 원망의 마음을 갖게 됩니다. 부모도 사람이기 때문에 자신에게 조금 더 마음에 드는 아이가 있을 수 있습니다. 그렇지만 아이들은 모두가 지금 현재를 살아가는 천재들이므로 그 천재성이 사장되지 않도록 성인들은 아이들 각각의 특별함과 개성을 인간적으로 존중하는 것이 필요하고 올바른 방향으로 안내하는 역할을 해야 합니다.

＼ 승부욕이 지나친 아이

게임 활동을 할 때 지는 것을 받아들이지 못하는 아이들이 있습니다. 이런 아이들의 일상에서 게임 활동이나 놀이패턴을 가만히 들여다보면 부모나 형제들 간의 게임에서 보고 배웠을 가능성이 있습니다. 매번 부모가 져 줬던 게임을 했거나, 반대로 부모가 절대 봐주지 않고 승부에 집착하는 모습을 보였을 수 있습니다. 아이들의 게임은 운과 관련한 게임을 경험하며 승부에 크게 좌우되지 않고 즐길 수 있도록 가르칠 기회(배울 기회)로 제공되는 것이 좋습니다. 게임에서의 승패는 '다만, 운이 없었을 뿐이야'라고 느끼고 지더라도 이긴 쪽을 기분 좋게 축하해 줄 수 있어야 합니다. 이런 경험은 일상생활에서 자연스럽게 하는 것이 좋습니다. 승부에 집착하는 아이들은 꼭 게임과 관련된 승부가 아니더라도 다른 승부, 즉 성적과 관련된 것에서도 좋지 않은 성적을 받았을 때 충격을 받을 수 있습니다. 아이들은 성장과정에서 작은 실수나 실패들의 경험이 이후에 더 큰 성공의 토대가 됩니다. 실수나 실패를 받아들일 수 있어야 작은 성공에 대해서도 기뻐할 수 있고 성취욕구나 동기부여가 될 수 있습니다. 작은 실패조차 받아들이기 힘들게 되면 도전하지 않으려 합니다. 도전하지 않으면 실패의 두려움을 경험하지 않아도 되기 때문입니다. 아이들에게 게임이나 놀이는 즐거움이 되어야 하고, 실수를 통해서 더 성장할 수 있다는 것을 배우는 기회가 되어야 합니다.

우리 동네 상담사가 전하는 정서중심 실천 육아

＼ 아이들이 자기 방을 갖는 시기

아이들에게 독립적인 자기 방을 갖게 하는 시기는 사춘기로 접어드는 초등학교 고학년 시기가 적절합니다. 각 가정의 상황이나 자녀의 수에 따라 다를 수 있습니다만. 이 시기에는 가능한 아이에게 독립된 공간을 제공하는 것이 좋습니다. 만일 상황이 여의치 않아 방을 제공하기 어렵다면, 책상이나 서랍장만이라도 제공하여 자신만의 물건을 보관할 수 있는 프라이버시 공간에 대한 열망을 채워 주는 것이 좋습니다.

＼ 처음 부모가 된 후에 도대체 알 수 없는 내 아이에 대해서 어떻게 이해해야 될지 모르겠어요.

부모라는 이름으로 모든 것을 알 수는 없습니다. 부모라는 역할이 처음이고 연습해 보지 않았기 때문에 모르고 미숙한 것은 당연합니다. 자신이 부모가 되었다는 것을 알아 가고 정체감이 확립되는 시간이 필요합니다. 내 아이를 이해하고 부모와 자녀 간에도 서로에 대해 믿을 만한 시간이 필요합니다. 아이와 함께하는 절대적인 시간을 통하여 알아 가게 되는 것이고, 세상에 공짜로 되는 시간은 없습니다. 부모도 아이와 함께 부모로서 성장해 가는 시간이 질적으로도 양적으로도 필요합니다. 함께 지내다 보면, 알게 되고 보이게 됩니다. 내 아이가 보내는 신호가 무엇인지, 어떤 것을 좋아하고 싫어하는지, 이러한 것들은 단순한 이론으로 아는 데는 한계가 있습니다. 함께 경험하는 게 많을수록 더 많이 알아 가게 됩니다. 아는 만큼 보이고, 보는 만큼 알아 간다는 것은 부모됨에도 해당되는 말입니다.

＼ 이성에 대해 궁금해해요.

'초등학교 1학년인 아들아이가 최근 들어 엄마의 신체구조를 궁금해합니다. 학교 담임 선생님의 전언에 의하면, 반 여자아이들의 화장실을 엿보려고 한 경우가 있었다고 해서 아이를 혼냈습니다.'

아이가 한 행동의 원인이 정확히 무엇인지를 아이에게 물어보기를 권합니다. "선생님이 그런 말씀을 하시던데, 왜 그랬는지 너의 생각을 듣고 싶어." 라고 묻는다면, 단순한 호기심 또는 장난으로 그랬을 가능성도 있습니다. 최근에 엄마의 신체구조에 대해 궁금했다고 하는 것으로 미루어 보아 여성의 신체구조와 관련된 이슈가 있었던 것으로 추측됩니다. 무엇을 보았거나 어떠한 자극이 있었기 때문일 것이므로 무작정 혼내기보다는 차근차근 이야기를 나눠 보면 근간이 파악될 것입니다. 어린아이들의 경우엔 성인들이 생각하는 심각한 성과 관련된 일이 아닐 가능성이 매우 높습니다. 이런 경우 성교육의 적기가 될 수 있으므로 교육의 기회로 삼기를 바랍니다. 잘 만들어진 동화책 등을 활용하여 아동이 궁금해하는 부분에 한해서 아동의 수준에 맞게 함께 이야기를 나눠 보면 되겠습니다. 가끔씩 아이들 성교육을 돕는 자료들을 살펴보면 발달 수준에 부적합한 내용을 포함하는 경우와 너무 적나라한 묘사의 글과 이미지 등이 포함되는 경우들이 있습니다. 이런 부분을 잘 살피는 것이 중요하므로 아동이 궁금해하는 수준을 먼저 파악하는 것이 우선입니다. 아이들이 성과 관련된 질문을 하는 것에 성인들은 당황해하고 피하려고 대충 얼버무리는 경우가 있습니다. 아이들은 이러한 성인들의 모습을 통하여 잘못된 성 인식을 형성하거나 금기시해야 한다는 메시지를 얻게 되므로 덤덤하고 객관적으로 대해야 합니다. 특히, 남아들의 특성상 아버지와의 목욕이나 신체활동을 통하여 자신의 신체에 대한 특성을 알고, 성인이 되면 어떻게 변화하는지를 자연스럽게 경험하는 것이 좋습니다. 또한 만 5세 이후에는 이성의 부모와 벌거벗은 상태에서의 함께 목욕하는 것은 주의해야 합니다. 아이들도 이성의 신체구조가 다르다는 것을 여러 매체 또는 기관에서의 교육을 통하여 알게 되면서 아이들에 따라 이성의 부모 신체구조에 대해 더 관심을 보이는 경우가 있습니다. 부모의 입장에서도 자신의 신체를 뚫어지게 관찰하거나 쳐다보는 것에 대한 불편감을 가질 수 있습니다. 특히 딸과 아버지의 목욕은 더욱 주의하기를 권합니다. 아이들이 성장하는 동안 언제고 한 번쯤은 내 아이가 성과 관련된 질문을 할 것이란 걸 예측하고, 이에 대한 대비를 해 두는 것도 좋습니다. 왜 생식기를 보호해야 하는지, 타인의 몸을 엿보아서는 안 되는지 등을 아이의 수준에 맞게 전하면 됩니다.

＼ 아이가 짜증이 많고 분노가 많을 때

아이들을 모방의 천재라고도 하고, 어른을 비추는 거울이라고도 합니다.

이는 아이들이 자신에게 중요한 타인인 보호자의 영향을 많이 받기 때문입니다. 부모가 짜증 나는 일이 많으면 아이들도 짜증을 많이 냅니다. 부모가 화를 많이 내면 아이들도 화를 많이 냅니다. 아이들이 비춰 주는 모습을 보고, 혹시 부모인 자신은 어떤 기분상태를 보이고 있는지 먼저 살펴보는 것이 필요합니다. 부모 자신의 마음상태를 알아차리고 현재 어떤 생각을 하고 있는지를 살펴보면, 그 생각이 현재의 감정상태를 불렀을 가능성이 있습니다. 자신의 생각과 기분이 태도가 되지 않도록 하여야 합니다. 내 아이에게 중요한 사람인 부모가 평정심을 유지할 수 있을 때, 비로소 내 아이도 안정적인 아이로 지낼 수 있습니다.

＼ 양육에 참여하는 시간과 상호작용 방법

'양육에 참여하는 시간의 양과 질은 어떤 것이 더 중요하고, 상호
작용은 어떻게 해야 할까요?'

아이와 함께하는 시간 동안 상호작용 반응의 양식에는 적극적인 반응과 소극적인 반응으로 나뉩니다. 적극적인 반응은 아이에게 전하는 반응

우리 동네 상담사가 전하는 정서중심 실천 육아

의 양과 액션을 크게 하는 것이고, 소극적인 반응은 반응의 양과 간격을 조절하여 액션은 과하지 않도록 하는 것입니다. 이렇게 하는 것은 아이가 성장함에 따라 혼자서도 놀이할 수 있도록 적응을 돕는 과정입니다. 아이와 함께하는 시간과 거리도 참고가 될 것입니다. 어린 시기일수록 ① 시간은 길게(양적), 아이와의 물리적 거리는 가깝게, 성장해 갈수록 ② 시간은 길게(양적), 거리는 조금 떨어져서, ③ 시간은 짧게(질적) 하고 거리는 가깝게, ④ 시간은 짧게(질적) 하고 거리도 조금 멀리. 이렇게 하다 보면, 성장 초기에는 보호자와 함께하는 긴 시간과 같은 공간에서 놀이와 상호작용이 발달되고, 성장해 갈수록 보호자와 조금 떨어져 있더라도 한 공간에 있기만 하여도 아이는 혼자서 놀이를 할 수 있게 됩니다. 아이가 어릴수록 더 적극적인 반응으로 시간의 양도 많이(길게), 아이와의 거리도 가까워야 적응적이고 안정적인 발달을 도울 수 있습니다. 이러한 방법은 일상생활에서 아이들이 안정된 환경에서 자연스럽게 분리할 수 있는 경험을 함께할 수 있고, 혼자 놀이로의 발달을 도울 수 있게 합니다. 아이들은 어린 시기에 안정적인 대상으로부터 자신을 안정적으로 바라봐 주고 눈으로 마음으로 보호받고 신뢰받았던 경험이 많을수록 이후에 보호자로부터 분리되더라도 그동안 쌓아 왔던 자기신뢰성과 자기확신성으로 내적 안정감을 유지할 수 있습니다. 인간은 누구나 자신을 믿고 사랑해 주는 대상이 있으면 비록 물리적으로 떨어져 있어도 그 대상을 심리적 안전기지로 삼으며 보호자가 자신에게 그랬듯이 스스로를 믿고 사랑하게 됩니다.

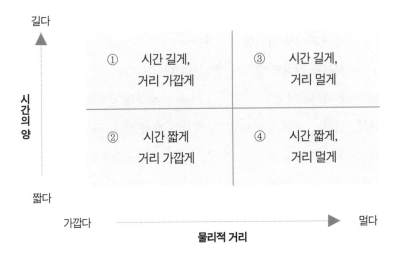

[성장에 따른 함께하는 시간의 양과 물리적 거리의 변화]

＼ 다자녀 간의 갈등 중재법

'2녀 2남을 키우고 있습니다. 나홀로 육아자로 다둥이 자녀들 간의 갈등을 어떻게 중재해야 할까요? 위로 둘은 딸, 아래 둘은 아들입니다. 첫째 아이는 큰 어려움 없으나, 둘째 딸아이가 특히 욕심이 많고 잦은 거짓말을 하고 누구에게든 지기 싫어합니다. 친구의 물건을 어린이집에서 가져오기도 하고 자기중심적인 경향이 매우 높습니다. 둘째와 셋째가 특히 갈등이 잦습니다. 셋째는 넷째를 예뻐하지만 과격하게 동생을 대합니다.'

우리 동네 상담사가 전하는 정서중심 실천 육아

다둥이를 키우는 가정에서는 어린 시기에 흔히들 겪는 풍경일 수 있습니다. 아이들의 출생순위 특성상 둘째가 끼인 상태이고 동생이 남자아이로 부모님과 어른들의 귀여움을 독차지하는 모습을 자주 보고 성장했을 가능성이 있습니다. 그런 이유로 셋째가 맘에 들지 않을 수 있고, 다른 형제들보다 더 갈등관계를 구축했을 수 있습니다. 아이가 거짓말을 하는 것에 '거짓말하는 아이'와 같은 낙인을 찍기보다는 이 시기에 착한 아이 콤플렉스가 있을 수 있으므로 이를 토대로 아이가 하는 말에 먼저 귀 기울여 들어 주고 어떤 마음상태에서 그런 거짓말을 하는 것인지 탐색해 볼 필요가 있습니다. 양육자의 마음에 들고 싶은 마음에 거짓말을 했을 수도 있고, 더 잘 보이고 싶거나 관심받고 싶은 욕구로 인한 거짓말일 수도 있습니다. 행동의 결과보다는 그 행동 이면의 아이 마음을 살펴보는 것으로 원인을 찾을 수 있습니다. 아이가 하는 말을 잘 듣고 나서, 양육자가 알고 있는 사실에 대해서 친절하게 전하는 게 좋습니다. 예를 들어, 어린이집에서 친구의 물건(물건의 종류에 따라 성인의 허락이 필요한 경우가 있음)을 가져오고선 친구가 주었다고 하는 아이에게 "거짓말이지?" 라고 하기보다는 "친구가 준 거구나." 라고만 반응하고, "그런데 이 물건은 친구 부모님의 허락이 필요한 물건인 것 같은데 혹시 친구가 부모님 허락을 받지 않고 네게 줬다면 다시 돌려줘야 될 수도 있으니 허락을 받았는지 확인해 보는 게 좋겠다." 라고 얘기해 주면 아이도 나름대로 생각을 할 것입니다. 일단은 자신의 말을 믿어 준 부모님을 실망시키고 싶지 않은 마음이 들 것이고, 솔직하게 말할 수도 있습니다. 아이가 솔직하게 말하면 아이에게 솔직하게 말해 줘서 고맙다고 표현하면 되겠습니다. 나중에라도 혹시 필요한 물건이 있는 경우, 부모님에게 얘기할 수 있도록 하면 됩니다. 셋째가 막내에게 간혹 과격하게 대하는 것은 앞서 언급한 내용처럼 동생을 예뻐한다는 것으로 봤을 때, 연령(만 3세)과 남아의 특성상 힘의 조절을 익숙하게 할 수 없으므로 그럴 가능성이 있습니다. 아직 어린(10개월) 동생과 함께할 때는 어떻게 하는 것인지를 알려 주는 것이 필요합니다. 아이들을 면밀히 살펴보고 긍정적인 행동을 하였을 때 긍정적인 메시지나 격려를 자주 해 주는 것이 긍정적인 행동을 더 잘 이끌어 낼 수 있습니다. 특히, 다둥이 자녀의 가정에서는 형제간의 위계설정을 잘하는 것이 중요하고 특히 첫째 아이에게 도움을 요청하고 인정의 표현과 감사표현을 자주 전하는 것으로 동생들로 하여금 첫째의 위계설정을 도울 수 있고 형제자매들 간의 위계질서를 구축하게 합니다. 가능한 아버지의 가정 내 참여시간을 증가할 수 있는 방안을 모색하기를 권합니다. 아이들의 인생 초기인 어린 시기는 다시 돌아오지 않고 아이들이 성장하여 자신들의 독립된 시간이 필요한 때는 부모가 함께하자고 하여도 그때는 이미 늦을 수 있습니다. 아이들과 함께하는 시간을 선물하는 것은 그 어떤 선물보다 가치 있는 선물이 됩니다.

╲ 일과 가정(가사-육아)의 양립이 힘듭니다.

'딸 둘에 막내아들을 양육하고 있습니다. 첫째는 초등학교 2학년, 둘째는 6세, 막내는 두 돌이 되었습니다. 아이들을 출산하고도 계속 맞벌이를 하고 있습니다. 세 아이 모두에게 충분한 양육

우리 동네 상담사가 전하는 정서중심 실천 육아

의 시간을 함께하지 못하였고, 지금도 여전히 주말에만 아이들과 온전히 지낼 수 있습니다. 첫째와 둘째는 정서적으로 불안한 것이 원인인지, 손가락을 빠는 행동을 계속합니다. 특히 첫째 아이는 성장하는 동안 손톱을 한 번도 깎아 주지 않아도 될 정도로 손톱을 깨물었습니다. 둘째 또한 손톱을 깨물고 있어, 막내인 셋째에게만이라도 그동안 하지 못했던 온정적인 양육태도를 취하려고 하지만 주말 동안 집에 있게 되면 산적해 있는 집안일이 우선이게 됩니다. 가사도우미를 알아보았으나 마음에 드는 분을 만나기란 쉽지가 않은 상태입니다. 아이들의 마음을 읽어 줘야 한다는 것은 이론적으로 알고 있지만 실제적으로 활용하기는 쉽지가 않습니다.'

아이 셋을 온전히, 제대로 양육하지 못하였다는 죄책감이 매우 큰 상태인 것 같습니다. 현재, 무엇보다 우선적으로 해결되어야 하는 것은 어머니의 시간 확보가 최우선입니다. 시간에 쫓기다 보면 알고 있어도 하지 못하고 그로 인한 죄책감이 더 가중될 수 있습니다. 차라리 이것저것 모른다면 죄책감이라도 덜 수 있겠지만 아이들을 어떻게 키워야 한다는 것을 알고 있고 그렇게 해야 하는데… 라는 생각을 갖고 있게 되면 지속적인 죄책감에서 벗어나기 힘듭니다. 어머니의 시간을 최대한 확보할 수 있는 방법(예: 가사도우미를 적극적으로 알아보고 지인들의 네트워크 등을 활용하여 소개받는 방법, 배우자의 자원을 적극 활용하고 동참 유도 등)이 먼저 선행되어야 합니다. 하루의 짧은 시간이라도 할애하여 정서적인 민감성을 밀도 있게 활용하여 최대한 아이들에게 성의를 보여야 합니다. 아이들의 연령 편차가 있음을 잘 활용하는 것도 한 방법입니다. 첫째와 둘째는 자신의 생각을 표현할 수 있는 연령이므로 함께 이야기를 나눠도 좋고, 지금 가장 힘든 부분은 무엇일지, 부모님이 무엇을 도와주었으면 좋겠는지 등에 대해 매일 조금씩이라도 이야기를 나눠 보기를 바랍니다. 이는 아이들이 느끼기에 자신들에게서 무엇을 캐묻는다는 느낌이 드는 것이 아닌, 부모님의 관심이라고 느껴야 하는 접근을 해야 합니다. "요즘에 우리 첫째가 조금 기운이 없어 보이는데, 무슨 걱정이 있는 것 같은데……." 등과 같이 접근하는 것이 좋습니다. 아이들이 보내는 비언어적인 신호 등에 대해 민감하게 살펴보는 것은 아이들과의 대화를 시도하는 데에 유리한 부분이 있습니다. 첫째로서 느끼는 힘든 부분, 둘째가 언니에게 잘 협조하는 부분, 동생을 도와주는 부분 등에 대해서 자주 표현해 주는 것이 아이들로 하여금 자신들이 수용받고 인정받았다는 느낌과 함께 관심받고 있음을 알게 합니다. 또한 맞벌이 가정이므로 배우자와의 협업은 매우 중요합니다. 서로가 어떻게 가사를 분담할 것인지, 어느 부분이 각자에게 익숙하게 접근할 수 있는 영역인지를 상의하고 적절한 분담으로 부부의 균형 잡힌 역할을 도울 수 있습니다. 아이들을 돌보는 것을 노동으로 여겨 감당하기 어려운 '일'이라는 관점이 되어 서로가 회피하다 보면 그 피해는 고스란히 아이들이 받게 됩니다. 사랑해서 낳은 우리 둘의 아이들, 사랑으로 키워야 맞습니다. 첫째 아이의 손톱 깨무는 것은 이미 고착이 된 것 같습니다. 이를 돕는 것은 정서적으로 안정감을 갖게 하는 것이 가장 중요하고 부모와의 안정된 관계로부터 시작될 수 있습니다. 언어적 비언어적 따뜻한 말과 시선, 행동 등으로 아이에게 전달이 되어야 합니다. 아이가 소중하기 때문에 손톱 또한 소중하다고, 예쁜 내 딸의 손톱 예쁘게 지켜 주자는 표현도 좋겠습니다. 어떤 때 자꾸 손톱을 깨물게 되는지 등을 함께 이야기 나눠 보고 그것으로 인해 불편한 점은 무엇인지, 그것을 고쳐 보기 위해 어떤 노력들을 하고 있는지 등에 대해서 이야기를 나눠 보는 것도 좋겠습니다. 둘째 아이는 언니의 손톱 깨무는 것을 보고 따라 하다 보니 그랬을 수도 있고, 첫째와 같은 정서적인 어려움이 있을 가능성도 배제할 수는 없습니다. 퇴근 후 아이들과 만날 때는 반가운 마음을 갖고, 서로의 애씀에 대해 인정하고 지지하는 행동(아이들 각각 꼬옥 안아 주기)을 하는 것으로 시작하고, 아이들이 실수하고 고집 피우는 것을 빠르게 해결하고자 힘을 행사하기보다는 아이들과의 상호작용 시간을 통하여 탐색하여야 합니다. 초등학생인 첫째 아이와는 특별한 시간을 한 달에 한 번 정도 따로 데이트하는 날을 확보하여 실행한다면 그동안의 관계를 안정적으로 회복하는 데 도움이 될 것입니다. 엄마와 데이트하는 날 무엇을 함께하고 싶은지, 어디에 가고 싶은지 등에 대해 이야기를 나누어 계획하는 것이 좋습니다. 아이들의 정서적인 어려움은 대부분 부모와 가정 내에서의 안전함을 느끼게 되면 개선이 되긴 합니다. 그렇지만 현재 상황으로 봤을 때는 꽤 오랫동안 첫째와 둘째는 정서적인 어려움이 있을 것으로 판단됩니다. 전문기관을 찾아 심리검사를 받고 적극적인 개입을 해 주는 것이 이후의 정서적인 안정에 도움을 줄 것입니다. 전문기관에서 심리검사를 받는 것은 꼭 아이만을 위한 것은 아닙니다. 아이의 문제 증상을 통하여 우리 가족의 핵심 문제점을 파악하게 되어 구체적인 해결방법을 찾는 데 도움이 되고, 배우자를 참여시키는 데 객관적인 자료를 제시할 수 있는 효과도 있습니다.

＼ 시부와 남편, 그리고 저의 삼각관계

> '시부와 남편과의 관계가 좋지 않습니다. 결혼 후에도 여전히 관계가 나쁜데 이 두 사람의 사이에 며느리인 제가 끼게 되었습니다. 음주를 하고 나서 자꾸 며느리인 제게 전화를 하여 곤혹스러운 때가 자주 있습니다.'

현대는 결혼하여 며느리가 되었다고 해서, 모든 걸 감내하던 시대는 아닙니다. 건강한 핵가족을 이루기 위해서는 원가족과의 건강한 경계선을 설정하고 유지하는 것이 중요합니다. 또한 남편의 원가족과의 관계 개선을 위해 혼자서 고군분투할 필요도 없습니다. 이렇게 삼각관계에 끼게 되면 모두에게 좋지 않은 영향을 끼치게 되므로 각자의 원가족에 대해 발생되는 문제들은 서로가 합의하여 협조할 부분과 각자 원가족끼리 해결해야 하는 부분을 명확히 하는 것을 권합니다. 모든 관계에서는 서로가 노력하고 이해를 바탕으로 이뤄져야 하는데, 가족관계에서는 이러한 부분이 더욱 중요합니다. 하물며 결혼 전까지는 생면부지였던 관계가 결혼으로 인하여 가족이라는 관계로 정립되다 보니, 서로의 경계를 인정하지 않고 자꾸 침범하게 되어 불편함을 초래하는 경우가 많습니다. 무엇보다 중요한 것은 결혼한 부부간의 관계가 안정적이어야 하고, 서로의 원가족에 대해 적응하는 시간이 필요합니다. 모든 것을 속속들이 알고 관여하는 것이 서로가 느끼기에 불편함이 없다면 별문제가 없겠지만, 자꾸 부정적인 사안들이 개입되게 되면 부부관계에도 악영향을 끼칠 수 있습니다. 서로가 이해하고 포용할 수 있다면 상관없겠지만, 원가족으로 인하여 분리되고 독립된 핵가족에게까지 불편함을 끼치지 않도록 합의점을 정하여 지켜 주는 것이 좋습니다.

＼ 친정어머니와 남편 그리고 저의 삼각관계

'직장생활로 인하여 초등학생인 아들아이를 출산하면서부터 홀로 사시는 친정어머니와 합가를 하여 육아와 가사의 전반적인 부분을 도움받고 있습니다. 처음 합가하여 아이가 어린 시기에는 저희 부부와 친정어머니 그리고 아이 모두 편안하였습니다. 아이가 어린이집에 가기 시작하고 유치원, 학교에 입학하고 현재 3학년이 되는 동안까지 모두가 불편한 관계가 되어 버렸습니다. 어디서부터 잘못된 것인지는 잘 모르겠지만, 육아 부분에서 저의 권리는 거의 없습니다. 아이는 저와 남편의 말을 듣지 않고 외할머니 말씀만 듣습니다. 부모가 지시를 하여도 외할머니의 허락이 떨어져야 가능하고, 외할머니인 친정어머니는 아이를 응석받이로 키우는 것 같아 어떻게 해야 할지 모르겠습니다. 남편은 언젠가부터 꼭두새벽에 출근하여 자정이 지나서 퇴근하곤 합니다. 대화를 나눠 보려고 하지만 회피하곤 합니다. 특별히 친정어머니와 남편은 갈등이 발생할 기회는 없습니다. 저희 부부관계 또한 그냥 의무적으로 살아가는 것 같습니다.'

주 양육자의 부재와 역할의 부적절함, 조용한 장서(丈壻)갈등, 가족 내에서의 부부체계 붕괴와 부모-자녀 관계가 약해진 상태로 볼 수 있습니다. 아이가 어린 시기에는 기본적인 욕구충족과 안전한 양육환경이 우선일 수 있습니다. 아이를 양육하면서도 양육자의 경력을 계속 유지하기 위해서 홀로 사시는 친정어머니의 도움이 절실했을 것입니다. 처음에는 친정어머니에게 도움을 받고 신세 지는 것 같아 가정 내의 전반적인 부분을 의존하였을 것입니다. 아이에게 적절한 훈육이 필요한 때에 모든 것을 수용하고 허용만 하는 조부모님의 양육태도는 이후에 아이가 성장하는 동안 응석받이 또는 자기 마음대로 하는 아이, 지시를 따르지 않는 아이 등의 부작용을 초래하기도 합니다. 또한 초등학생인 지금까지 부모의 권위 부재로 인하여 지시에 순응하는 훈련이 되지 못하였을 것입니다. 이는 부모-자녀 관계에서 아이의 성장에 따라 적정한 시간을 함께하며 정서적인 경험과 서로를 면밀히 알아 갈 수 있는 상호작용 등을 통하여 누적되어야 가능한 일입니다. 아이들은 정서적으로 친밀한 대상의 지시를 잘 따르기 때문에 현재 외할머니의 말씀만 잘 듣는 것입니다. 남편의 입장에서 보면, 대부분의 여성들이 느끼는 시가와의 불편감과 유사한 심리일 수 있습니다. 부부가 함께 대화를 하고자 하여도 친정어머니의 눈치가 보이고, 대화 중 큰 소리가 나는 경우나 갈등이 발생할 수도 있기에 대화를 회피할 수도 있습니다. 대화를 하더라도 가벼운 소재의 대화만 하려 하고 깊이 있는 대화가 어려워질 수 있을 것입니다. 이런 생활이 지속되다 보니 남편의 입장에서는 마치 처가에 얹혀사는 듯한 느낌이 있을 수 있을 테고, 이런 생각이 깊이 자리를 잡게 되면 점점 더 불편해질 수 있습니다. 이런 불편함을 최소화하기 위해 현재 자신이 취할 수 있는 가장 안전한 방법으로 택한 것이 직장 핑계로 합리적인 회피를 하고 있을 가능성이 매우 높습니다. 전체적인 가족관계의 현 상태를 점검할 필요가 있습니다. 아이

우리 동네 상담사가 전하는 정서중심 실천 육아

가 사춘기를 맞이하기 이전에 어른들 각자의 역할을 어떻게 해야 건강하고 안정적인 가족관계를 구축할 수 있는지, 아이가 제 맘대로 하지 않고 규칙과 어른들의 지시에 순응할 수 있는지 등을 살피고 개선해야 합니다. 배우자와 외부에서 둘만의 대화시간을 확보하여 현재 불편할 수 있는 것들에 대해 먼저 언급하고, 지금까지 불편했을 것 같은데 양보하고 감내하느라 힘들었을 것에 대해 공감과 감사의 마음을 전하는 것이 좋겠습니다. 친정어머니와도 따로 대화를 통하여 그동안 여러 가지로 도움 주셔서 감사하다는 내용과 힘드셨을 부분에 대해 공감해 주는 것이 필요합니다. 분리 독립할 필요성에 대해 친정어머니와 이야기를 나누고 친정어머니의 의견을 듣고, 현재 연세가 그리 많지 않기 때문에 지금이라도 친정어머니의 독립적이고 자율적인 생활을 할 수 있도록 세대 분리부터 하는 것이 좋겠습니다. 이전에 따로 살았던 것처럼, 가까운 곳에 독립적인 주거지를 둠으로써 아이가 보고 싶을 때는 정기적인 시간을 정하여 볼 수 있도록 하고 그동안 애써 주신 부분에 대해 실질적인 감사의 표시를 하는 것이 좋습니다. 부부체계 중심의 가정을 회복하기 위해서는 부부 둘 모두의 노력이 필요합니다. 다시 신혼기 때와 같은 적응과 합의된 내용들을 바탕으로 아이와 함께 핵심 가족체계를 구축해야 합니다. 아이에게 아버지와 어머니의 정서적 친밀성을 회복하여 부모의 권위를 찾음으로써 두 가족의 건강성을 회복할 수 있을 것입니다. 그동안 친정어머니의 도움을 받았기에 본인이 감당해야 할 가사와 육아에 대한 두려움이 있을 수 있겠지만 아이가 초등학생이기 때문에 각자의 역할을 할 수 있기에 겁내지 않아도 될 것입니다. 가족이라는 관계도 부모와 자녀 간의 관계도 서로 노력하고 알아 가는 시간 속에서 단단한 관계가 구축될 수 있습니다. 문제라고 인식되는 그 시기가 바로 가장 적극적으로 개선할 수 있는 시기입니다.

＼ 시가와의 갈등

'결혼 10년 차로 결혼 초기에는 주말부부로 지냈습니다. 1살 연하 남편과의 결혼과정이 순탄치 않았고 시가의 반대도 있었습니다. 남편은 위로 누나 셋이 있고 막내입니다. 시모는 심근경색을 앓고 대체적으로 시가의 분위기는 가부장적이며 아들이 결혼하면서 사업자금과 결혼자금 등을 지원해 주면서 며느리인 저에 대한 기대가 매우 높습니다. 남편의 누나들이 모두 합세하여 저를 공격하는 태세입니다. 이런 어려움 속에서도 지난 10년 동안 참으면서 현재까지 결혼생활을 유지해 오고 있습니다. 이런 영향으로 현재 우울증을 앓기도 하고 무기력하여 최근에 이혼까지 고려하였으나, 아직은 아이들이 어려서 부부 상담을 받기도 하면서 어떻게든 다시 살아 보기로 결심한 상태입니다. 친정 부모님과 남편의 노력, 신앙생활 등으로 근근이 살아가고 있는 듯합니다.'

현재, 사례자는 우울감과 무기력감 등으로 매우 힘든 상황으로 파악됩니다. 이렇게 너무 힘든 상황을 그냥 지나치지 말아야 합니다. 자신을 먼저 보살피고 배려해야 합니다. 남편과는 한 팀으로 현재의 핵가족을 건강하게 이끌어 살아가야 합니다. 자신의 모든 것을 억눌러 가면서까지 희생한다고 해서 시가에서의 그 기대감을 채울 수 없는 것이 현실이라는 것을 직시해야 합니다. 자신의 생각과 의견을 전하고 배우자가 자신에게 힘을 실어 줄 수 있도록 함께 방안을 모색하는 것이 좋겠습니다. 자신을 둘러싼 모든 사람들에게 좋은 사람이 되기 이전에 자신에게 먼저 좋은 사람이 되어야 합니다. 다행인 것은 부부 상담을 함께 받으며 노력하고 있다는 것입니다. 이를 통하여 구체적인 솔루션에 대한 대안이 나올 테고 그에 대한 실행을 부부가 함께하다 보면 지금보다는 나은 결혼생활이 될 것입니다.

＼ 아이들과 놀기 힘들어하는 아빠

'동갑인 부부로 결혼 5년 차입니다. 아직 어린 남매를 키우고 있습니다. 남편은 직장생활을 하고 저는 전업맘으로 가정에서 아이들을 돌보고 있습니다. 남편이 퇴근하고 돌아오면 아이들이 아빠에게 놀아 달라고 하는데 아이들과 놀아 주는 것보다는 설거지, 집 안 정리 등을 하는 것이 훨씬 편하다고 합니다. 아이들은 아빠에게 놀아 달라고 하는데, 이렇게 놀아 달라고 하는 것에 짜증과 화를 내고 심지어는 체벌을 하기도 합니다.'

남편의 현재 상태가 stressful 상태는 아닌지, 아이들과 어떻게 놀이를 해야 할지 그 방법을 몰라서 그러는 것인지, 아이들과 함께 무언가를 하는 것이 고된 노동이라고 생각하는 것은 아닌지 등을 살펴볼 필요가 있습니다. 퇴근하고 집에 들어오면 어지럽혀 있는 집 안 상황 때문에 짜증을 가중시키는 것으로 아이들에게 화살이 돌아가는 것은 아닌지도 살펴보길 바랍니다. 설거지나 집 안 정리 등을 하는 것은 빨리 자신의 할 일을 마무리하고 자신의 시간을 갖고 싶어서 그럴 수도 있습니다. 피로가 누적된 상태지만 그래도 가정 내에서 자신이 할 일을 해야 마음이 편할 수 있어서 그런 선택을 할 수도 있습니다. 이러한 부분을 부부가 함께 소통하여 어떻게 하는 것이 아이들의 부모로서 적절한지 현재 성장하는 어린 시기의 아이들에게 정서적으로 안정적인 환경을 제공할 수 있을 것인지를 함께 고민하고 협조하는 것이 좋습니다. 아이들이 놀아 달라고 요구하였을 때는 아이들이 아빠와 함께 시간을 보내고 싶다는 신호이므로 아빠의 역할이 작용해야 하는 매우 중요한 시간이고 기회입니다. 아이들에게 아빠가 자신들을 사랑하고 있다는 것을 말로만 전하는 것으로 아이들이 그 마음을 알기엔 한계가 있습니다. 아빠가 직장에서 자신들을 위해서 경제활동을 하고 있다는 것을 이해하기에 아이들은 너무 어리고 지금의 성장발달 시기에는 부모와 충분한 스킨십과 눈 맞춤 등을 통한 정서적 상호작용을 가능한 충분히 경험해야 이후의 성장에도 긍정적일 수 있습니다. 이 시기가 다시 돌아오지 않고 그리 길지도 않습니다. 아이들이 초등학교 저학년까지는 충분한 상호작용을 하루에 20~30분 정도의 짧은 시간이라도 지속적으로 마련하기를 권합니다. 아이들은 언어적인 표현보다 행동으로 전해지는 것들, 자신들이 실제로 경험했던 것들을 온몸으로 강력히 기억합니다.

우리 동네 상담사가 전하는 정서중심 실천 육아

＼ 아이에게 과격하게 대하는 아빠

'남편이 아이를 대하는 태도에서 갑자기 돌변하여 화를 내는 경우가 있습니다. 외동이를 키우고 있고 아직은 어린아이로 아빠와 놀이를 하면서 신체조절이나 행동조절의 미숙으로 아빠를 때리거나 아프게 하면 버럭 화를 내고 아이의 뺨을 때립니다. 어린 시기에 시부로부터 언어폭력과 신체폭력을 경험하여 내면에 상처가 깊은 것 같고 이러한 영향으로 아이에게도 과격하게 대하는 때가 있어 가끔은 두려운 생각이 듭니다.'

이러한 상황이 벌어졌을 때 먼저 아이를 다독여서 안정을 취하게 한 다음, 남편의 놀랐을 마음도 읽어 주어 자신의 행동을 객관적으로 볼 수 있도록 도와야 합니다. 남편의 내면에 아직 성장하지 못한 상처받은 내면아이의 자아가 깊이 자리하고 있을 가능성이 있습니다. 어렸을 때의 상처가 비슷한 상황에 마주하게 되면 그 기억의 투사로 이성적으로 생각할 수 있는 힘을 상실하게 되어 패턴화된 행동으로 나타날 수 있습니다. 지속적으로 남편의 마음을 읽어 주고, 어떤 부분 때문에 그런 것인지 알아보고 아이의 발달과정상의 특성도 함께 이해하는 것이 중요합니다. 한 아이의 부모가 된다는 것은 그리 쉬운 일은 아닙니다. 부부가 함께 노력하여 서로가 부모로서 성장할 수 있도록 서로의 마음의 상처를 다독여 줘야 합니다. 남편의 이러한 미해결된 상처는 개인 상담을 통하여 치유가 필요한 부분이므로 전문 상담기관을 함께 방문하여 도움을 받으면 더 빨리 회복될 수 있습니다.

＼ 나의 모습을 그대로 보여 주는 아이

'군인인 남편과 성격차이로 힘듭니다. 잦은 근무지의 변경으로 결혼 기간 5년 정도를 대부분 따로 지내고 있습니다. 외동이를 나홀로 육아하고 있으며, 양가의 대소사에 대해서 모든 것을 책임져야 하는 현실이 너무 버겁습니다. 잘하자는 마음을 가져 보지만 어느 정도의 시기가 되면 참을 수 없을 정도의 분노가 치밉니다. 누구에게 마음 터놓고 속내를 얘기할 수도 없고, 상의할 수도 없습니다. 최근에 다섯 살이 된 딸아이가 인형을 두고 제가 하는 것처럼 인형을 마구 때리고 혼내는 모습을 보여서 충격을 받았습니다.'

나홀로 육아로 혼자서 양가의 대소사 등을 책임지고 있다는 것으로도 힘들고 남편과의 성격차이로도 힘든 상황인데 속 시원히 털어놓고 위로를 받을 곳도 상의를 할 수 있는 대상도 없는 것 같아 매우 안타까운 상황입니다. 사람에 따라 다소의 차이는 있겠지만, 대부분의 것들에는 총량의 법칙이 작용합니다. 인간의 감정에도 그렇습니다. 특히나 분노감은 어느 정도 한계점에 도달하기 이전에 그것을 덜어 내 줘야 하는데 그러지 못하면 이를 조절하는 데 어려움을 겪게 됩니다. 자신의 감정 상태를 스스로 살펴보고 현재 어떤 상태인지를 알아야 합니다. 자신이 화가 났을 때는 어떻게 화를 풀어내는지, 피곤할 때는 어떻게 해소하는지 등을 살펴보고 이를 긍정적으로 조금씩 해소할 수 있는 방법을 찾아야 합니다. 예를 들어, 자신이 좋아하는 것을 해 보는 것, 예전에 하고 싶었는데 사정상 하지 못하였던 것, 글쓰기를 좋아한다면 현재 자신의 상태를 적어 보는 것 등

우리 동네 상담사가 전하는 정서중심 실천 육아

의 방법도 다소 도움이 될 수 있습니다. 아이에게 화풀이를 하는 것은 엄마답지 못하고 가장 약한 존재에게 그렇게 하는 것은 또 다른 어려운 상황을 초래할 수 있습니다. 남편과의 성격차이, 군인이라는 직업적 특성도 영향이 있을 겁니다. 따로 지낼 수밖에 없는 상황에서도 가족과 함께할 수 있는 가능한 시간을 확보하여 결혼생활과 부부, 부모로서의 역할에 대한 부분을 서로 나눠 보는 것이 좋겠습니다. 그저 어느 한쪽에서만 결혼이라는 제도로 인하여 더 많은, 더 무거운 책임을 해야 한다는 것에 억울한 부분도 있을 것입니다. 이를 어떻게 책임을 분산할지, 어디까지 자신의 소임을 해야 하는지, 양가의 대소사 관련 부분까지 함께 툭 터놓고 이야기를 나눠서 적정한 수준을 찾고 어떻게 접근할 것인지를 정하기를 권합니다. 아주 작은 불만들이 쌓이게 되고 그것을 자주 해소하지 못하게 되면 언제 커다란 폭발이 될지 모릅니다. 자신도 모르게 아이에게 그런 작은 불씨들을 날리고 있는지도 모릅니다. 더 늦기 전에 배우자와의 소통과 협조 요청, 현재 아이와 양육자의 어려움 등에 대한 근본적인 도움을 받기를 바랍니다. 배우자와의 소통을 시도해 보고 어려움이 따르게 되면, 전문가의 도움을 받아 적절한 소통방법과 부부, 부모의 역할을 배워서 적용하는 것이 장기적인 효과가 있습니다.

✎ 어떻게 해야 공평하게 아이들을 대하는 걸까요?

'초등 4학년 딸과 초등 2학년 아들, 유치원생인 딸을 둔 엄마의 입장에서 공평하게 대한다고 생각하였으나 아이들 각자와 대화를 나눠 보면 모두가 불공평한 대우를 받는다고 합니다. 어떻게 해야 공평하게 대할 수 있을까요?'

아이들이 형제관계나 또래관계 등에서 완전히 공평하다고 생각하기는 어려울 것입니다. 남의 떡이 더 커 보이는 것은 아이들에게도 유효한 비유입니다. 양육자의 입장에서는 똑같이 나눠 준다고 생각하기도 하고, 똑같이 사랑스럽게 대하거나 똑같은 기준으로 혼을 낸다고 생각할 수도 있습니다. 물론, 그렇게 하려고 애쓰고 있을 겁니다. 그렇지만 아이들 입장에서는 자신을 대하는 표정, 말의 온도와 톤, 분위기 등으로 자신이 더 부당한 대우를 받는다고 느낄 수도 있습니다. 형제가 있는 아이들은 알게 모르게 끊임없이 상대적인 관점에서 비교하며 자신의 현 위치를 생각하기도 합니다. 양육자의 입장에서 자신이 갖고 있는 것의 100%를 공평하게 세 아이에게 33.3%의 애정과 관심을 준다고 생각할 수 있으나, 아이들이 받는 것은 모두가 부족하다고 느낄 수 있습니다. 이는 아이들이 요구하는 각자의 수준에서 생각해 보아야 할 문제이므로 양육자 편에서의 100%가 아닌 아이들 입장에서의 100%가 무엇인가를 고민해 보아야 합니다. 예를 들어, 아이들 모두와 같이 시간을 보내면서 공평하게 아이들에게 사랑을 나눠 준다고 생각하기보다는 아이들 각자와의 시간을 계획하여 양육자와 단둘이 보낼 수 있는 시간을 짧게라도 온전히 몰입하여 보내는 것이 훨씬 더 공평한 방법일 수 있습니다. 물론, 함께 지내는 때도 필요합니다. 현재 아이들이 어느 정도 성장하여 대화와 토론이 가능하기에 가

우리 동네 상담사가 전하는 정서중심 실천 육아

족 모두가 함께 회의를 하는 가족회의 등의 시간을 정기적으로 계획하여 가족생활에 필요한 안건 등에 대해서 아이들과 함께 의견을 나눠 보는 것도 좋겠습니다. 어떤 때는 성인들보다 아이들의 생각이

훨씬 더 반짝일 때가 있습니다.

＼ 시모의 지나친 개입

> '결혼 5년 차로 시모의 지나치게 권위적이고 모든 것(육아방식, 가사, 부부관계 등)에 개입하려는 태도로 인하여 현재의 핵심가족까지 휘둘리는 것 같습니다. 시가의 재산이 많고 경제적인 부분에 약간의 도움을 받고 있어서 그러는 걸까요? 어떻게 해야 할까요?'

현재의 핵심가족인 부부의 합의된 의견을 시부모님께 전달하고 자신의 핵심가족에 대한 건강한 경계선을 유지하는 작업이 필요합니다. 시가의 재산이 많고 경제적인 도움을 받는다고 해서 모든 것을 좌지우지하려는 것은 앞으로의 결혼생활이나 아이를 양육하는 데 부정적인 영향을 끼칠 수 있습니다. 가능한 온전한 독립(물리적 독립, 심리적 독립, 경제적 독립)을 하는 것이 원가족과의 건강한 경계선 확립에 도움이 됩니다. 어쩔 수 없는 상황으로 일정 부분 경제적 지원을 받는다면, 시모의 간섭을 피하기는 어려울 수 있습니다. 우리 인생을 대차대조표로 본다면, 그 또한 치러야 하는 대가(代價)이기 때문입니다. 그렇다고 해서 현재처럼 휘둘린다는 느낌이 들 정도로 원가족과의 고통스러운 밀착은 개선해야 할 과제입니다.

이런 상황이 지속된다면 앞으로도 원가족과의 관계와 핵심 부부체계까지도 더 나빠질 가능성이 있습니다. 여러 가지 지원받은 부분에 대한 감사를 먼저 전하고, 핵심가족의 독립성을 확보하기 위해서 진솔하게 시부모님께 자신들이 원하는 바와 자신들의 핵심가족의 일은 자신들에게 맡겨 달라고 정중히 전하는 게 좋겠습니다. 다소 기분 상하는 부분이 있을 테지만 지금 개선하지 않으면 이후에는 더욱더 힘든 관계가 될 것입니다.

＼ 다국적 가정에서 주 양육자인 조부모

'몽골인의 어머니와 한국인의 아버지 사이에 만 6세 된 아들이 있습니다. 만 4세 때까지 시가에 함께 살면서 주 양육자는 70대 후반의 조부모였습니다. 조부모의 양육태도는 아이에게 무엇이든 못 하게 하고, 안 된다고 하고 놀잇감을 모두 높은 곳에 올려놓고 놀지 못하게 하였습니다. 야단을 많이 치고 때리기도 하였습니다. 몽골인인 저는 이런 양육태도가 불편하고 시부모와의 갈등이 심해 직장을 핑계로 이런 상황을 회피하였다가 이대로는 안 될 것 같아 이후 2년을 몽골 친정에 아이를 맡기고 저는 한국으로 왔습니다. 아이가 학교에 입학할 시기가 되어 다시 한국으로 돌아온 지 며칠이 되지 않았는데 한글을 몰라 입학을 미뤘습니다.'

본 사례는 아이와 함께 방문하였고, 아이의 행동과 언어발달(한국어)의 정도, 눈 맞춤 등을 관찰하고 어머니와의 놀이상황을 통한 상호작용 평가로 봤을 때 ADHD 성향이 예측되었습니다. 이는 선천적인 것이 아닌, 후

천적인 환경에 의한 것으로 아동이 전혀 말을 알아듣지 못하는 것은 아니었습니다. 아이는 생후 가장 중요한 시기인 만 4년 동안을 긍정적인 관심과 애정을 제대로 받지 못하여 불안정 애착이 형성된 상태입니다. 부와 모가 아이를 버거운 대상으로 보고 있으며, 도움이 필요한 때에 회피와 거부에 이어 외가라고는 하지만 낯선 이국인 몽골이라는 곳에 유기 및 방임을 하였습니다. 아이의 성장환경에서 비롯된 여러 가지 불안했던 상황(조부모와의 비합리적인 태도, 아이가 느꼈을 유기 및 방임)으로 현재의 아이로 성장할 수밖에 없었을 것입니다. 가능한 빨리 전문기관을 찾아 전문적인 도움이 필요하고 부모-자녀 간의 애착 형성과 친밀성의 회복이 시급합니다. 또한 아이가 입학해야 하지만 한글을 몰라 어려움이 있으므로 방문교사 등을 섭외하여 그동안 채워 주지 못했던 성장과 발달의 간극을 줄여 줘야 합니다. 아이가 잘 자라기 위해서는 아이를 위한 최선의 방법이 무엇인지를 찾아 성인들이 먼저 노력해야 하고 변화되어야 합니다. 아이들을 둘러싼 중요 체계들이 올바르게 변화된다면 아이들은 건강하게 성장하고 발달하게 됩니다. 그 시기가 너무 늦지 않도록 항상 민감하게 살펴봐야 합니다.

＼ 잔소리하는 남편

'30대 중반에 현재 배우자를 만나 결혼을 하였습니다. 저는 초혼이고 남편은 재혼으로 남편에게는 딸이 하나 있었습니다. 결혼

할 무렵에 아이는 세 살이었고, 제 아이라 생각하고 키웠습니다. 아이가 초등학교에 입학한 이후 아들 둘을 연달아 낳았습니다. 첫째 아이를 지금까지 키우면서 차별 없이 사랑으로 키웠습니다. 그렇지만 가끔씩 남편은 제게 새엄마라서 그러느냐라는 말로 상처를 줍니다. 아이들이 셋이다 보니, 양육하는 데도 힘이 드는 때가 있지만 제가 선택한 일이고 감당할 몫이라 생각하고 열심히 하지만 남편의 비난 섞인 말투와 장난처럼 지나치려는 태도로 상처받을 때가 많습니다. 첫째 아이와 저는 사이가 좋습니다. 남편 때문에 속상해하고 있는 저를 첫째 아이가 위로해 주며 서로에게 힘이 되어 줍니다. 남편의 성정은 원래 착하고 잘하려는 것은 알고 있지만, 가끔씩 말로 모든 것을 허물어 버리는 경향이 있습니다. 또한 사사건건 잔소리와 청소에 집착하고 아이들의 발달과정에 대한 이해 부족으로 완전무결한 환경과 아이들의 행동 하나하나에도 못마땅해하며 잔소리가 많습니다.'

자신의 선택에 대한 책임감으로 현재까지 결혼생활을 잘 참으며 노력한 것을 잘 알겠습니다. 결혼생활이 더해질수록 배우자의 잔소리와 비수가 되는 말들에 상처를 받다 보면, 인내심에 한계를 느낄 수 있습니다. 진심을 다하여 첫째 아이를 양육하려 했기 때문에, 어쩌면 둘째와 셋째의 출산계획도 늦게 잡은 것이 아닌가 합니다. 배우자의 말하는 방식과 청결에 대한 집착으로 인하여 상처를 받는 것이 핵심으로 파악이 됩니다. 배우자의 성장과정에서 원가족 내에서의 상호작용 방식과 가정의 분위기 등의 영향으로 잘못된 상호작용 및 대화방식을 답습하여 어쩌면 배우자 또한 매우 고통스러울 수 있는 경험이 있었을 것입니다. 이를 탐색하여 도움을 주는 것이 좋겠습니다. 남편이 본래 착하다고 표현한 것을 보면, 배우자에 대한 애정으로 행동에 불만은 있으나 미운 마음이 느껴지지는 않습니다. 첫째 아이와 엄마의 관계가 좋다는 것은 그만큼 진심으로 키웠기 때문일 것입니다. 이러한 것만 보아도 사례자가 아이에게 기울인 정성과 애정의 결실이라는 것이므로 스스로에게 잘하고 있다는 위로와 격려를 하는 것도 좋겠습니다. 배우자의 잘못된 상호작용 방식과 대화법은 부부 상담을 함께 받으면서 함께 노력해 보기를 권유합니다. 일상에서 할 수 있는 방법들로는 배우자와 분위기가 좋을 때에 남편에 대한 인정과 감사를 전한 후, 요청하고 싶은 것을 아주 작은 것부터 조금씩 요청하는 방식을 취해 보는 것이 좋겠습니다. 또한, 배우자가 청소에 집착하여 스스로 청소를 한다면 "당신이 이렇게 깨끗이 치우고 다니니까 내가 할 일이 훨씬 줄어들어서 좋아요." 등과 같은 긍정적인 측면으로 대하면 되겠습니다. 또한 매일매일 청소를 하더라도 어차피 듣는 잔소리이므로 사례자는 청소에 집착하지 말고, 하루 동안 배우자가 퇴근하기 이전에 아이들과 함께 정리정돈하기를 권합니다. 정리정돈을 해 두고 아이들이 놀이하기를 원한다면 놀이할 수 있는 일정 공간에서 놀이를 하도록 하고, 귀가하는 배우자를 반갑게 맞이하는 게 좋습니다. 퇴근하여 들어서는 집 안이 지저분하게 되면 잔소리로 시작될 것이고, 최소한 정돈된 집 안을 보게 되면 잔소리가 줄어들 것입니다. 또한 반갑게 맞이해 주는 가족들을 향하여 잔소리를 하게 되더라도 강도는 줄어들게 될 것입니다. 아이들 셋을 양육하면서 가사를 전담하게 되는 양육자는 스스로의 개인 휴식시간이 거의 없을 것입니다. 매일 하루의 아주 짧은 시간이라도 자신에게 휴식할 수 있는 시간을 마련하기를 권합니다. 양육자의 스트레스가 높아지게 되면 아이들에게 전달이 됩니다. 번아웃(Burn-out)이 되지 않도록 수시로 자신 돌보기는 기본으로 챙겨야 합니다. 항공기에 이상이 생기게 되면 승무원이 가장 먼저 산소 호흡기를 쓰고 승객의 안전을 살피는 것과 같습니다. 양육자의 심신이 건강하고 안전해야 아이들을 건강하게 안전하게 양육할 수 있습니다.

＼ 분리수면을 하고 싶어요.

'자매(39개월, 6개월)를 양육하고 있습니다. 둘째를 출산한 후부터 아이들끼리 분리수면을 하였습니다. 이렇게 분리수면을 하게 된 계기는 엄마인 제가 너무 피곤하여 아이들에게서 벗어나서 잠이라도 푹 자고 싶은 욕구가 컸습니다. 자다 보면 첫째 아이가 자주 깨서 울면서 엄마를 찾아와 잠을 자곤 합니다. 분리수면 전과 후를 비교해 보니 푹 잘 수 없는 것은 별로 차이가 없습니다. 계속 분리수면을 해도 될까요?'

아이들끼리만 분리수면을 한다는 것은 수면 중에 예측하지 못한 상황들이 발생할 수 있어 불안할 수 있습니다. 만 3세까지는 주 양육자와의 안정애착을 잘 형성해야 이후의 삶에서도 신뢰감과 사회적 관계에서의 안정적인 관계를 도모할 수 있는 토대가 됩니다. 현재, 분리수면을 시도한 이후 양육자의 수면의 질 또한 별로 나아진 것도 없고 아이들 입장에서도 자다가 깼을 때 곁에 양육자가 없어 불안한 상황이라는 것을 첫째 아이의

우리 동네 상담사가 전하는 정서중심 실천 육아

행동에서 알 수 있습니다. 양육자 스스로 분리수면을 하면서도 진정으로 마음이 편했을지 살펴보고, 어쩌면 아이들을 밀어낸다는 죄책감이 들어 이와 같은 고민을 할 것입니다. 아이들이 조금 더 성장하여 건강하게 분리수면을 할 수 있을 때까지 양육자의 보호 아래 재우는 것을 권합니다. 아이들이 성장하면서 안정감을 느끼게 되면 독립수면은 자연스럽게 이뤄집니다. 특히 자매이기 때문에 더 유리한 면도 있습니다. 첫째가 유아기를 보내고 나면 두 아이의 분리수면을 연습하는 것으로 계획함으로써 조금 여유를 갖고 준비하는 것이 좋겠습니다. 분리수면을 연습하는 동안 아이들은 자다가 몇 차례씩 엄마를 찾아옵니다. 그때마다 잘 다독여 주고 다시 아이 방으로 함께 가서 재워 주거나 엄마 곁에서 잠든 후 아이의 방으로 이동시켜 아침에 일어날 때는 자신의 방에서 일어날 수 있도록 함께 노력해야 합니다. 독립수면을 한 이후에 매주 주말에는 가족 모두가 한 공간에서 자는 것으로 계획하는 것도 좋겠습니다. 이렇게 하는 것은 아이들이 독립수면을 하면서도 부모와 함께 자는 날에는 이야기도 나누면서 좋은 관계를 구축하는 데 도움이 됩니다. 또한 부모와 한 공간에서 잤던 좋은 추억을 선물하는 것이기도 합니다.

＼ 남편의 행동을 닮아 가는 늦둥이

'결혼생활 27년 차로 결혼생활 내내 부부갈등이 지속적으로 심각하여 이혼을 생각하고 있습니다. 배우자의 가족들을 향한 언어적

폭력으로 건강가정지원센터 등에서 부부 상담을 받기도 하였습니다. 그렇지만 기관에서 권유받았던 상담의 회기마저 채우지 못하였습니다. 첫째 딸아이가 현재 26세이고 늦둥이 아들아이가 7세입니다. 첫째 아이가 사춘기에 접어들면서 더 힘든 시기가 되었고, 설상가상으로 이 시기에 둘째를 출산하였습니다. 늦둥이 임신 중에 가능하면 태교에 힘을 기울이긴 하였지만 몇 차례 심리적으로 어려운 시기가 있었습니다. 늦둥이 아이가 인지적인 발달은 빠른 것 같으나, 예민하고 신생아 때부터 까다로웠고 간혹 과격한 행동과 공격적인 행동을 보입니다. 유치원에서의 생활은 크게 어려움이 없다고는 하지만 담임교사가 아이를 훈육한다며 6세반으로 내려보냈습니다. 주로 혼이 나는 상황은 하지 말라는 행동을 반복적으로 한다고 합니다.'

사례자의 결혼생활이 녹록지 않았을 것으로 느껴집니다. 상당히 긴 결혼생활 기간 동안 갈등이 고착되어 있을 것이고, 부모의 갈등상황에 지속적으로 노출되었을 자녀들의 심리상태가 불안한 것은 어쩌면 당연한 일일 것입니다. 첫째 아이의 경우 평생 동안 이 고갈등 상황에 놓였을 것이므로 사춘기 이후부터는 더욱 힘들었을 것입니다. 그 와중에 늦둥이까지 출산을 하여 첫째 아이에게는 어쩔 수 없었지만 둘째에게만큼은 그 힘든 경험을 다시 겪게 하고 싶지 않아서 부부 상담도 신청하였을 텐데, 비록 회기는 다 채우지 못하였지만 부부 모두 고갈등 상황에서 벗어나고 싶은 마음은 있는 것으로 여겨집니다. 부부 상담은 함께 참여하지 못하여도 어느 한쪽이라도 참여를 함으로써 간접적인 효과를 기대할 수 있습니다. 전문가와의 작업을 통하여 상담 및 교육, 코칭 등으로 구체적이고 실제적인 관계 개선을 도모할 수도 있습니다. 현재, 이혼을 심각하게 고민하면서도 상담의 욕구를 보이는 것은 조금 더 노력해 보겠다는 의지로 보입니다. 만일, 이혼을 선택하게 되더라도 부모-자녀 관계가 단절되는 것은 아니므로 이혼을 하기까지의 선택지를 두고 부부가 함께할 수 있는 노력은 해 보는 것이 이후에 후회가 덜할 것입니다. 부부 상담을 통하여 근본적인 원인부터 차근차근 풀어 나가다 보면 걱정하는 것보다 의외로 해결의 실마리를 찾을 수 있습니다. 부부관계 상담, 자녀 상담, 부모-자녀관계 상담과 가족 상담 등을 종합적이고 체계적으로 접근하여 현 상황의 어려움을 개선하기 위한 노력을 한 후에도 이혼이 최선의 선택이라면 그때 해도 늦지 않을 것입니다. 너무 오랜 기간 동안 힘들었을 테지만 자녀들에게 최소한 부모들이 헤어지지 않고 더 나은 부모역할을 하기 위해 노력하는 모습을 보이는 것만으로도 부모에 대한 상(像)을 긍정적으로 남길 수 있을 것입니다. 또한 유치원생인 늦둥이 아들의 부적응적인 행동 등은 모델링의 대상인 아버지와 항상 피해자인 어머니의 모습을 보면서 성장하였기에 단발적인 행동수정 등으로 개선되기는 쉽지 않을 것입니다. 유치원 담임교사, 기관장과 아이에게 잘 통하는 지도방법 등을 공유하고 아이의 마음에 상처(자존감 저하 등)가 가는 지도 방법은 지양해 달라는 요청을 하여야 합니다. 아이가 부정적인 관심을 유도하는 행동을 하지 않도록 해야 하고, 가능한 긍정적인 행동을 할 때마다 관심을 보여 주는 것이 좋습니다.

본문에 포함된 사례는 저자가 2011년부터 2015년까지 실시하였던 전문적 상담 사례 중 일부를 바탕으로 정리하였습니다.

우리 동네 상담사가 전하는

정서중심
실천 육아

ⓒ 배선미, 2021

초판 1쇄 발행 2021년 3월 26일

지은이	배선미
펴낸이	이기봉
편집	좋은땅 편집팀
펴낸곳	도서출판 좋은땅
주소	서울 마포구 성지길 25 보광빌딩 2층
전화	02)374-8616~7
팩스	02)374-8614
이메일	gworldbook@naver.com
홈페이지	www.g-world.co.kr

ISBN 979-11-6649-508-3 (13370)